Nomos Universitätsschriften

Recht

Band 995

Natalie Adrians

Der Bauvertrag mit Schutzwirkung zugunsten des Nachbarn

Nomos

Onlineversion
Nomos eLibrary

Die Deutsche Nationalbibliothek verzeichnet diese Publikation in der Deutschen Nationalbibliografie; detaillierte bibliografische Daten sind im Internet über http://dnb.d-nb.de abrufbar.

Zugl.: Düsseldorf, Univ., Diss., 2021

ISBN 978-3-8487-8713-5 (Print)
ISBN 978-3-7489-3104-1 (ePDF)

D61

1. Auflage 2022

Vorwort

Die vorliegende Arbeit wurde im Sommersemester 2021 von der Juristischen Fakultät der Heinrich-Heine-Universität Düsseldorf als Dissertation angenommen. Rechtsprechung und Literatur sind auf dem Stand von Anfang Juni 2020. Die mündliche Prüfung fand am 12. Juli 2021 statt.

Mein besonderer Dank gilt an erster Stelle meinem Doktorvater Herrn Prof. Dr. Jan Busche für die Betreuung dieser Arbeit. Herrn Prof. Dr. Dirk Looschelders danke ich für die zügige Erstellung des Zweitgutachtens.

Besonders danken möchte ich darüber hinaus Herrn Prof. Dr. Heiko Fuchs, der die Anregung zur Auseinandersetzung mit der vorliegenden Fragestellung gab.

Ganz herzlich danke ich zudem meinen Eltern Dr. Angela Wilms-Adrians und Günter Adrians sowie meinem Bruder Stefan Adrians, die mich während meines Studiums und meiner Promotionszeit stets unterstützt haben. Meinen Eltern danke ich außerdem für die Durchsicht dieser Arbeit.

Schließlich gilt mein besonderer Dank meinem Mann Dennis Stinshoff für seine Geduld und Rücksichtnahme während der Erstellung dieser Dissertation.

Mönchengladbach, im November 2021 *Natalie Adrians*

Inhaltsverzeichnis

Abkürzungsverzeichnis

a.A.	anderer Ansicht
a.F.	alte Fassung
AGB	Allgemeine Geschäftsbedingungen
Abs.	Absatz
AcP	Archiv für die Civilistische Praxis (Zeitschrift)
AG	Amtsgericht
AIA AG	Architekt-Ingenieur Assekuranz Aktiengesellschaft
Anh.	Anhang
Anm.	Anmerkung
ARGE	Arbeitsgemeinschaft
Art.	Artikel
Aufl.	Auflage
BAG	Bundesarbeitsgericht
BauO NRW	Bauordnung für das Land Nordrhein-Westfalen
BauR	Baurecht, Zeitschrift für das gesamte öffentliche und private Baurecht
BayBO	Bayerische Bauordnung
BeckOGK	Beck'scher Online Großkommentar
BeckOK BauVertrR	Beck'scher Online-Kommentar Bauvertragsrecht
BeckOK BGB	Beck'scher Online-Kommentar zum Bürgerlichen Gesetzbuch
BeckRS	Beck-Rechtsprechung
BGB	Bürgerliches Gesetzbuch
BGB AT	Bürgerliches Gesetzbuch Allgemeiner Teil
RegE	Regierungsentwurf
BGH	Bundesgerichtshof
BGHZ	Entscheidungen des Bundesgerichtshofs in Zivilsachen
BlmSchG	Bundes-Immissionsschutzgesetz
bspw.	beispielsweise
BT–Drs.	Bundestagsdrucksache
BVerwG	Bundesverwaltungsgericht

bzw.	beziehungsweise
c.i.c.	culpa in contrahendo
ders.	derselbe
DIN	Deutsches Institut für Normung e.V.
DNotZ	Deutsche Notar-Zeitschrift
etc.	et cetera
EWiR	Entscheidungen zum Wirtschaftsrecht (Zeitschrift)
f.	folgende
ff.	fortfolgende
Fn.	Fußnote
FS	Festschrift
gem.	gemäß
ggf.	gegebenenfalls
GoA	Geschäftsführung ohne Auftrag
Hess. NachbG	Hessisches Nachbarrechtsgesetz
HKK	Historisch-kritischer Kommentar zum Bürgerlichen Gesetzbuch
HOAI	Honorarordnung für Architekten und Ingenieure
Hs.	Halbsatz
i.S.d.	im Sinne des/der
i.V.m.	in Verbindung mit
IBR	Immobilien- und Baurecht (Zeitschrift)
IBRRS	Immobilien- und Baurecht, Rechtsprechung
JA	Juristische Arbeitsblätter (Zeitschrift)
JR	Juristische Rundschau (Zeitschrift)
Jura	Juristische Ausbildung (Zeitschrift)
jurisPK–BGB	Juris Praxiskommentar BGB
JuS	Juristische Schulung (Zeitschrift)
JW	Juristische Wochenschrift (Zeitschrift)
JZ	Juristenzeitung (Zeitschrift)
KG	Kammergericht
LG	Landgericht
m	Meter
m.N.	mit Nachweisen
m.w.N.	mit weiteren Nachweisen
MDR	Monatsschrift für Deutsches Recht (Zeitschrift)

MüKoZPO	Münchener Kommentar zur Zivilprozessordnung
MüKoBGB	Münchener Kommentar zum Bürgerlichen Gesetzbuch
NachbG NRW	Nachbarrechtsgesetz Nordrhein-Westfalen
NJOZ	Neue Juristische Online-Zeitschrift
NJW	Neue Juristische Wochenschrift (Zeitschrift)
NJW-RR	Neue Juristische Wochenschrift Rechtsprechungs-Report Zivilrecht (Zeitschrift)
NK-BGB	Nomos Kommentar Bürgerliches Gesetzbuch
Nr.	Nummer
NVwZ	Neue Zeitschrift für Verwaltungsrecht
NZBau	Neue Zeitschrift für Baurecht und Vergaberecht
NZM	Neue Zeitschrift für Miet- und Wohnungsrecht
OLG	Oberlandesgericht
PWW-BGB	Prütting/Wegen/Weinreich, Kommentar zum Bürgerlichen Gesetzbuch
RabelsZ	Rabels Zeitschrift für ausländisches und internationales Privatrecht
RG	Reichsgericht
RGZ	Amtliche Sammlung von Entscheidungen des Reichsgerichts in Zivilsachen
Rn.	Randnummer
Rspr.	Rechtsprechung
S.	Seite
s.	siehe
SachenR	Sachenrecht
SchuldR	Schuldrecht
SchuldR AT	Schuldrecht Allgemeiner Teil
SchuldR BT	Schuldrecht Besonderer Teil
Syst.	Systematische Darstellungen
u.a.	unter anderem
v.a.	vor allem
VersR	Zeitschrift für Versicherungsrecht
Vgl.	vergleiche
VOB/B	Vergabe- und Vertragsordnung für Bauleistungen, Teil B: Allgemeine Vertragsbedingungen für die Ausführungen von Bauleistungen

VOB/C	Vergabe- und Vertragsordnung für Bauleistungen, Teil C: Allgemeine Technische Vertragsbedingungen für Bauleistungen
Vor.	Vorbemerkung
VwGO	Verwaltungsgerichtsordnung
WM	Wertpapiermitteilungen, Zeitschrift für Wirtschaft und Bankrecht
z.B.	zum Beispiel
ZfBR	Zeitschrift für deutsches und internationales Bau- und Vergaberecht
ZgS	Zeitschrift für die gesamte Staatswissenschaft
ZPO	Zivilprozessordnung
ZRG (GA)	Zeitschrift der Savigny-Stiftung für Rechtsgeschichte – Germanistische Abteilung
ZIP	Zeitschrift für Wirtschaftsrecht

1. Teil: Einführung

I. Nachbarschäden infolge von Bauarbeiten

Nach Forschungsberichten des Instituts für Bauforschung ist die Zahl der Bauschäden in den vergangenen Jahren deutlich gestiegen.[1] Eine Auswertung von Bauschäden aus den Jahren 2002 bis 2016 ergab einen Anstieg der Schadenszahlen um 377 %, der sich bei Weitem nicht im vergleichsweise geringeren Wachstum des Branchenumsatzes von 31 % widerspiegelt.[2] Gründe für den überproportionalen Anstieg der Schadensfälle sind unter anderem eine Vielzahl unterschiedlicher Baubeteiligter, der wachsende Fachkräftemangel und die steigende Komplexität von Bauvorhaben.[3]

Schäden treten häufig nicht nur auf der Baustelle selbst, sondern darüber hinaus auf umliegenden Grundstücken auf und betreffen dort befindliche Bauwerke.[4] Ein besonders prominentes Beispiel hierfür ist der durch U-Bahn-Baumaßnahmen ausgelöste Einsturz des Kölner Stadtarchivs und zweier benachbarter Gebäude im Jahre 2009. Auch wenn Schadensfolgen in solchem Ausmaß nur äußerst selten auftreten und der Gebäudeeinsturz einen Extremfall darstellt, so kommen sonstige Schädigungen an Nachbarbauwerken infolge von Bauarbeiten in der Praxis häufig vor. Klassischerweise treten infolge von Vertiefungen des Baugrundstücks Setzungen und Rissbildungen am Nachbargebäude auf; daneben kommen zahlreiche weitere Schadensursachen in Betracht.[5]

---

1 Institut für Bauforschung, Analyse der Entwicklung der Bauschäden und der Bauschadenskosten, Forschungsbericht vom 19.02.2015; Analyse der Entwicklung der Bauschäden und der Bauschadenskosten – Update 2018, Bericht vom 30.09.2018.

2 Institut für Bauforschung, Analyse der Entwicklung der Bauschäden und der Bauschadenskosten – Update 2018, Bericht vom 30.09.2018, S. 8.

3 Institut für Bauforschung, Analyse der Entwicklung der Bauschäden und der Bauschadenskosten, Forschungsbericht vom 19.02.2015, S. 4; Analyse der Entwicklung der Bauschäden und der Bauschadenskosten – Update 2018, Bericht vom 30.09.2018, S. 4.

4 Laut des Forschungsberichts des Instituts für Bauforschung, Analyse der Entwicklung der Bauschäden und der Bauschadenskosten – Update 2018, Bericht vom 30.09.2018, S. 13 ergab eine Erfassung der „Schäden nach ‚Schadensstellen'" bei der AIA AG, dass 1,87 % aller Schäden beim Nachbarn auftreten.

5 Vgl. hierzu Boisserée, S. 5 ff.; s. auch S. 27 ff.

II. Problemstellung

Möchte der geschädigte Nachbar Ersatz für die ihm entstandenen Schäden geltend machen, stehen ihm mehrere Baubeteiligte gegenüber. Dies sind in einem einfach gelagerten Fall der Bauherr, ein oder mehrere Bauunternehmer sowie deren Mitarbeiter, die zwar untereinander (zum Teil) vertraglich miteinander verbunden sind, zu dem Nachbarn dagegen in der Regel in keinerlei vertraglicher Beziehung stehen.[6] Nach dem Grundsatz der Relativität der Schuldverhältnisse kann der Nachbar aus den Verträgen zwischen den Baubeteiligten daher grundsätzlich keine unmittelbaren Ansprüche herleiten.[7]

Auch das Deliktsrecht wird dem geschädigten Nachbarn oftmals nicht zu umfänglichem Schadensersatz verhelfen können.[8] Ein deliktischer Anspruch gegen den Bauunternehmer aus § 831 Abs. 1 S. 1 BGB kann an einer Exkulpation scheitern.[9] Nach § 831 Abs. 1 S. 2 BGB tritt die Ersatzpflicht nicht ein, wenn der Geschäftsherr bei der Auswahl und Überwachung der bestellten Person die im Verkehr erforderliche Sorgfalt beobachtet oder wenn der Schaden auch bei Anwendung dieser Sorgfalt entstanden sein würde.[10] Ansprüche gegen einen unmittelbaren Schädiger aus § 823 Abs. 1 BGB werden zwar regelmäßig zu bejahen sein, oftmals aufgrund fehlender Solvenz des Schädigers aber wertlos sein.[11] Wesentlich attraktiver wären demzufolge vertragliche Ansprüche gegen den Bauunternehmer, bei denen gemäß § 278 S. 1 BGB eine Verschuldenszurechnung

---

6 Nur in Sonderfällen bestehen vertragliche Beziehungen zwischen den Nachbarn; vgl. auch Boisserée, in: Boisserée/Fuchs, S. 183; Boisserée, S. 37 ff.; Fuchs, S. 203 ff.

7 Vgl. auch Boisserée, in: Boisserée/Fuchs, S. 183; Boisserée, S. 37, Fuchs, S. 203 f.; Vgl. näher zum Relativitätsgrundsatz Olzen, in: Staudinger, § 241 BGB, Rn. 299 ff.; Neuner, JZ 1999, 126; Karampatzos, S. 32 ff.; Looschelders/Makowsky, JA 2012, 721.

8 Vgl. allgemein zu den Nachteilen des Deliktsrechts gegenüber vertraglichen Ansprüchen Gottwald, in: MüKoBGB, § 328 BGB, Rn. 166; Klumpp, in: Staudinger, § 328 BGB, Rn. 90 ff.; Brox/Walker, SchuldR AT, § 33, Rn. 4 f.; Looschelders, SchuldR AT, § 9, Rn. 2; Karampatzos, S. 38 ff. mit zahlreichen weiteren Nachweisen.

9 Vor allem die Exkulpationsmöglichkeit wird als erhebliches Defizit deliktischer Haftung betrachtet, vgl. hierzu Grüneberg, in: Palandt, § 328 BGB, Rn. 13; Klumpp, in: Staudinger, § 328 BGB, Rn. 91 m.w.N.; Looschelders, SchuldR AT, § 9, Rn. 2; Sonnenschein, JA 1979, 725, 726.

10 Vgl. zu den Anforderungen an den Entlastungsbeweis Wagner, in: MüKoBGB, § 831 BGB, Rn. 35 ff.; Förster, in: BeckOK BGB, § 831 BGB, Rn. 42 ff.; Looschelders, SchuldR BT, § 67, Rn. 10 ff.; jeweils m.w.N.

11 Vgl. allgemein so auch Sonnenschein, JA 1979, 225, 226.

erfolgt. Ein weiterer Vorteil vertraglicher Haftung liegt in der günstigeren Beweislastverteilung des § 280 Abs. 1 S. 2 BGB.[12]

Auch wenn die überwiegende Zahl der Nachbarschädigungsfälle über das Deliktsrecht gelöst wird, so hat die Rechtsprechung in den vergangenen Jahren doch in einigen Entscheidungen angenommen, dass der Nachbar in den Schutzbereich des Bauvertrages einzubeziehen sei.[13] Die Einbeziehung führt dazu, dass der Vertragsschuldner nicht nur dem Gläubiger, sondern auch dem Dritten gegenüber – in diesem Falle also dem Nachbarn – gemäß § 241 Abs. 2 BGB zur Rücksichtnahme verpflichtet ist. Wird der Dritte infolge einer Verletzung dieser Pflicht geschädigt, so stehen ihm eigene vertragliche Schadensersatzansprüche zu.[14]

Eine drittschützende Wirkung des Bauvertrages zugunsten des Nachbarn wurde erstmals – allerdings in einer Sonderkonstellation, in der es um die fehlerhafte Errichtung einer gemeinsamen Grenzmauer ging – im Jahre 1964 vom OLG Düsseldorf angenommen.[15] Im Jahre 1999 folgte ein Urteil des OLG Koblenz, in dem ein vertraglicher Schadensersatzanspruch des Nachbarn angenommen wurde, nachdem es durch Fundamentarbeiten an der Grundstücksgrenze zum Einsturz einer Mauer auf dem Nachbargrundstück gekommen war.[16] In den folgenden Jahren schlossen sich auch andere Gerichte dem OLG Koblenz an und entschieden zugunsten einer nachbarschützenden Wirkung des Bauvertrages.[17]

Dass die entsprechenden Urteile – mit Ausnahme des vom OLG Düsseldorf – alle aus jüngerer Zeit stammen, entspricht einer generellen Ausweitung des ursprünglich streng begrenzten Rechtsinstituts des Vertrages mit Schutzwirkung zugunsten Dritter durch die Rechtsprechung.[18] Verlangte

---

12 Klumpp, in: Staudinger, § 328 BGB, Rn. 91; Grüneberg, in: Palandt, § 328 BGB, Rn. 13; Gottwald, in: MüKoBGB, § 328 BGB, Rn. 166; Brox/Walker, SchuldR AT, § 33, Rn. 5; Karampatzos, S. 41 ff. m.w.N.

13 So OLG Düsseldorf, NJW 1965, 539; OLG Koblenz, NJW-RR 2000, 544; KG, IBRRS 2003, 2417; OLG Jena, IBRRS 2012, 0028; KG, IBRRS 2015, 0388; AG Dülmen, NZBau 2002, 395.

14 Zu den Rechtsfolgen des Vertrages mit Schutzwirkung zugunsten Dritter vgl. etwa Klumpp, in: Staudinger, § 328 BGB, Rn. 129 ff.; Gottwald, in: MüKoBGB, § 328 BGB, Rn. 192; jeweils m.w.N.

15 OLG Düsseldorf, NJW 1965, 539.

16 OLG Koblenz, NJW-RR 2000, 544.

17 Vgl. KG, IBRRS 2003, 2417 (zustimmend Siegburg, EWiR 2004, 219); OLG Jena, IBRRS 2012, 0028 (ablehnend Feldmann, IBR 2012, 148); KG, IBRRS 2015, 0388; AG Dülmen, NZBau 2002, 395.

18 Vgl. zur Ausdehnung des Vertrages mit Schutzwirkung zugunsten Dritter S. 55 ff.

diese zunächst, dass der Gläubiger für das „Wohl und Wehe“ des Dritten mitverantwortlich sein müsse, weil dessen Schädigung auch ihn treffe, indem er ihm gegenüber zu Schutz und Fürsorge verpflichtet sei,[19] lässt sie es heute ausreichen, wenn der Gläubiger am Schutz des Dritten ein besonderes Interesse habe.[20] Da zwischen Nachbar und Bauherr kein Fürsorgeverhältnis besteht, schafft erst diese Ausdehnung die Möglichkeit, dass der Nachbar in den Schutzbereich des Bauvertrages einbezogen wird.[21]

Trotz dieser Entwicklung sind die Entscheidungen, die einen Drittschutz bejaht haben, auf Kritik gestoßen.[22] Im Vordergrund steht dabei der Einwand, dass zwischen den Nachbarn keine besondere Beziehung bestünde, die eine Einbeziehung in den Schutzbereich des Vertrages rechtfertige.[23]

Ob der Bauvertrag Schutzwirkungen zugunsten des Nachbarn entfalten kann, ist bislang also nicht abschließend geklärt und soll in dieser Arbeit thematisiert werden.

Zur genaueren Bestimmung des Untersuchungsgegenstandes bedarf es zunächst einer Auseinandersetzung mit dem Begriff des „Bauvertrages“. Hieran schließt sich ein Überblick über potentiell nachbarschädigende Baumaßnahmen an.

Es folgt eine allgemeine Darstellung des Vertrages mit Schutzwirkung zugunsten Dritter, wozu ein Blick auf dessen Funktion, die geschichtliche Entwicklung und die dogmatische Herleitung des Rechtsinstituts gehört.

Im Anschluss sind die Voraussetzungen des Haftungsinstituts im Hinblick auf den Bauvertrag und dessen Auswirkungen auf den Nachbarn zu untersuchen.

---

19 BGH, NJW 1969, 269, 272; NJW 1971, 1931 f. m.w.N.; Larenz, NJW 1956, 1194, vgl. zur Wohl-und-Wehe-Formel auch Klumpp, in: Staudinger, § 328 BGB, Rn. 117 f. m.w.N.

20 BGH, NJW 2014, 2577, Rn. 9; NJW 2018, 1537, Rn. 17 f.; Klumpp, in: Staudinger, § 328 BGB, Rn. 117 ff.; Gottwald, in: MüKoBGB, § 328 BGB, Rn. 185 ff.; Lorenz, in: Medicus/Lorenz, SchuldR I AT, Rn. 869 ff.; Grunewald, Bürgerliches Recht, § 18, Rn. 11.

21 Vgl. auch Inhuber, in: Motzke/Bauer/Seewald, § 12, Rn. 227.

22 Zum Urteil des OLG Düsseldorf vgl. Anm. Hodes, NJW 1965, 539, 540; ablehnend auch Herding/Schmalzl, S. 508; Hadding, in: Soergel, Anh. § 328 BGB, Rn. 40; zu den Urteilen des KG und des OLG Koblenz vgl. Pastor, in: Werner/Pastor, Rn. 2270; insgesamt ablehnend auch Boisserée, in: Boisserée/Fuchs, S. 188 ff.; Boisserée, S. 43 ff.; Fuchs, S. 208 ff.; Klumpp, in: Staudinger, § 328 BGB, Rn. 118; offenlassend Koeble, in: Kompendium des Baurechts, 10. Teil, Rn. 146.

23 Hodes, NJW 1965, 539, 540; Herding/Schmalzl, S. 508; Boisserée, in: Boisserée/Fuchs, S. 189 f.; Boisserée, S. 45 f.; Fuchs, S. 210 ff.

Abschließend stellt sich die Frage, ob sich die herausgearbeiteten Grundsätze auf den Architekten-, Ingenieur- und Gutachtervertrag übertragen lassen.

2. Teil: Grundlagen

I. Der Bauvertrag

1. Der „Bauvertrag“ als Untersuchungsgegenstand

Mit der Reform des Bauvertragsrechts wurde zum 01.01.2018 unter Titel 9 „Werkvertrag und ähnliche Verträge“ im Untertitel 1 „Werkvertragsrecht“ ein eigenes Kapitel für den „Bauvertrag“ geschaffen. Zuvor richtete sich der Bauvertrag nach allgemeinem Werkvertragsrecht, das nur wenige Spezialregelungen für ihn enthielt (z.B. die Regelungen zu Abschlagszahlungen in § 632a BGB sowie zu den Sicherheiten in §§ 648 a.F., 648a a.F. BGB). In den §§ 650a ff. BGB hat der Gesetzgeber nun Sonderregelungen geschaffen und dies damit begründet, dass das geltende Werkvertragsrecht mit Blick auf die unterschiedlichen möglichen Vertragsgegenstände sehr allgemein gehalten sei.[24] Um den besonderen Anforderungen des Baugeschehens gerecht zu werden, wurde insbesondere ein Anordnungsrecht des Bestellers (§ 650b Abs. 2 S. 1 BGB) mit entsprechenden Regelungen zur Vergütungsanpassung (§ 650c BGB) und zur einstweiligen Verfügung (§ 650d BGB) geschaffen. Wesentliche Neuerungen stellen zudem die Zustandsfeststellung bei Verweigerung der Abnahme (§ 650g BGB) sowie die Schlussrechnung als Fälligkeitsvoraussetzung (§ 650g Abs. 4 BGB) dar.

Zur Bestimmung des Anwendungsbereichs dieser Vorschriften wurde der Bauvertrag erstmals im BGB definiert.

In § 650a Abs. 1 BGB heißt es:

> „Ein Bauvertrag ist ein Vertrag über die Herstellung, die Wiederherstellung, die Beseitigung oder den Umbau eines Bauwerks, einer Außenanlage oder eines Teils davon.“

Weiter definiert § 650a Abs. 2 BGB:

> „Ein Vertrag über die Instandhaltung eines Bauwerks ist ein Bauvertrag, wenn das Werk für die Konstruktion, den Bestand oder den bestimmungsgemäßen Gebrauch von wesentlicher Bedeutung ist.“

---

24 BT-Drs. 18/8486, 1.

Nicht alle Bauleistungen unterfallen demzufolge dem Bauvertrag; Verträge über Bauleistungen, die weder von Abs. 1 noch von Abs. 2 erfasst werden, richten sich nach wie vor nach allgemeinem Werkvertragsrecht.[25]

In Kapitel 3 ist als weiterer Vertragstyp der Verbraucherbauvertrag mit besonderen Schutzvorschriften geregelt. Diesen fasst § 650i BGB wie folgt:

> „Verbraucherbauverträge sind Verträge, durch die der Unternehmer von einem Verbraucher zum Bau eines neuen Gebäudes oder zu erheblichen Umbaumaßnahmen an einem bestehenden Gebäude verpflichtet wird."

Ein Bauvertrag ist nach dieser Definition nicht bereits dann als Verbraucherbauvertrag einzuordnen, wenn ein Verbraucher Vertragspartei ist; auch die Anforderungen an den Vertragsgegenstand unterscheiden sich vom Bauvertrag.[26]

Demzufolge gibt es seit der Reform des Bauvertragsrechts eine „Stufenleiter von drei Werkvertragstypen über Bauleistungen".[27] Bei einer Abgrenzung ist zunächst festzustellen, ob Bauleistungen im Sinne des § 650a BGB Gegenstand des Vertrages sind, die allesamt als „wesentlich" (vgl. § 650a Abs. 2 BGB) bezeichnet werden können.[28] Sind die Voraussetzungen des § 650a BGB erfüllt und handelt es sich daher nicht um einen gewöhnlichen Werkvertrag, kann bei Beteiligung eines Verbrauchers darüber hinaus eine Abgrenzung zum Verbraucherbauvertrag notwendig werden.[29] Dessen besonders enger Anwendungsbereich beschränkt sich

---

25 Vgl. BT-Drs. 18/8486, 52, wonach die Definition insbesondere der Abgrenzung zum „einfachen" Werkvertrag dient; vgl. ausführlich zum Gegenstand des Bauvertrages Busche, in: MüKoBGB, § 650a BGB, Rn. 6 ff.; Leupertz, in: BeckOK BauVertrR, § 650a BGB, Rn. 4 ff.; W. Langen, in: Langen/Berger/Dauner-Lieb, § 650a BGB, Rn. 4 ff.; Kniffka, in: Kniffka Bauvertragsrecht, § 650a BGB, Rn. 4 ff.; Motzke, NZBau 2017, 515; Kniffka/Retzlaff, BauR 2017, 1747, 1781.

26 BT-Drs. 18/11437, 43; vgl. hierzu auch Busche, in: MüKoBGB, § 650i BGB, Rn. 3 ff.; Rückert, in: Langen/Berger/Dauner-Lieb, § 650i BGB, Rn. 4, 13 ff.; Retzlaff, in: Kniffka Bauvertragsrecht, § 650i BGB, Rn. 3 ff., 7 ff.; Motzke, NZBau 2017, 515; Kniffka/Retzlaff, BauR 2017, 1747, 1781, 1830 f.

27 Retzlaff, in: Kniffka Bauvertragsrecht, § 650i BGB, Rn. 5; Kniffka/Retzlaff, BauR 2017, 1747, 1830; vgl. auch Motzke, NZBau 2017, 515: „drei ‚Schubladen' mit unterschiedlichen Rechtsfolgenanordnungen".

28 Vgl. Motzke, NZBau 2017, 515, 516; Retzlaff, in: Kniffka Bauvertragsrecht, § 650i BGB, Rn. 4 f.; Kniffka/Retzlaff, BauR 2017, 1747, 1730.

29 Motzke, NZBau 2017, 515, 516; Retzlaff, in: Kniffka Bauvertragsrecht, § 650i BGB, Rn. 5 f.; Kniffka/Retzlaff, BauR 2017, 1747, 1730.

auf den „Bau eines neuen Gebäudes“ und „erhebliche“ Umbaumaßnahmen.

Diese Arbeit ist mit dem Titel „Der Bauvertrag mit Schutzwirkung zugunsten des Nachbarn“ überschrieben. Wie gezeigt unterfallen aber nicht alle Verträge über Bauleistungen der Definition des Bauvertrages. Dies gilt vor allem für kleinere Bauarbeiten, wie beispielsweise kleinere Malerarbeiten oder Heizungsreparaturen.[30] Nun werden solche Baumaßnahmen nur in den seltensten Fällen zu Schäden an benachbarten Grundstücken führen. Verträge über die Instandhaltung eines Bauwerks, die keine wesentliche Bedeutung für die Konstruktion, den Bestand oder den bestimmungsgemäßen Gebrauch haben (vgl. § 650a Abs. 2 BGB), werden meist erst recht keine Auswirkungen auf die Nachbarbebauung haben. Den Fallgestaltungen, in denen sich die Frage nach der Schutzwirkung zugunsten des Nachbarn stellt, werden daher regelmäßig Bauverträge zugrunde liegen. Doch auch gewöhnliche Werkleistungen können ein erhebliches Gefahrenpotential für die Nachbarbebauung aufweisen. Temporäre Hilfskonstruktionen, wie der Berliner Verbau, stellen mangels dauerhafter baulicher Funktion in der Regel kein Bauwerk dar,[31] sodass Verträge über deren Errichtung meist klassische Werkverträge sind. Und doch kann deren fehlerhafte Umsetzung sich massiv auf das Nachbargrundstück auswirken. Die mit der Erfüllung der unterschiedlichen Vertragstypen verbundenen Gefahren unterscheiden sich also nicht zwangsläufig.

Die Reform des Bauvertragsrechts begründete der Gesetzgeber damit, dass die Regelungen des Werkvertragsrechts für die komplexen und auf längere Erfüllungszeit angelegten Bauverträge häufig nicht detailliert genug seien.[32] Mit Einfügung spezieller Regelungen solle dem auf längere Erfüllungszeit angelegten Bauvertrag Rechnung getragen werden.[33] Die Schaffung verschiedener Vertragstypen über Bauleistungen und deren Abgrenzung beruht demzufolge alleine auf der Überlegung, wann die Anwendung der Sondervorschriften angebracht ist, wovon nach Auffassung des Gesetzgebers nur dann ausgegangen werden kann, wenn es sich „nach

---

30 Kniffka/Retzlaff, BauR 2017, 1747, 1781 unter Verweis auf die von § 634a Abs. 1 Nr. 2 BGB nicht erfassten Fälle und die Übersicht dazu von Kniffka, in: Kniffka Bauvertragsrecht, § 634a BGB, Rn. 25 f. mit weiteren Beispielen und Rechtsprechungsnachweisen.

31 OLG Hamm, NJOZ 2016, 8, Rn. 56; s. auch Kniffka, in: Kniffka Bauvertragsrecht, § 650a BGB, Rn. 11; Leupertz, in: BeckOK BauVertrR, § 650a BGB, Rn. 12.

32 BT-Drs. 18/8486, 1.

33 BT-Drs. 18/8486, 2.

Vertragsdauer und -umfang um einen auf längerfristige Zusammenarbeit angelegten Vertrag handelt".[34]

Auf die Fragestellung, ob ein Vertrag Schutzwirkung zugunsten des Nachbarn entfaltet, hat die Einordnung einer bestimmten Bauleistung als „Werkvertrag", „Bauvertrag" oder sogar „Verbraucherbauvertrag" demzufolge keine Auswirkungen. Maßgeblich hierfür sind alleine die von der Rechtsprechung entwickelten Abgrenzungskriterien zum vertraglichen Drittschutz, die bereits vom Reichsgericht geprägt wurden[35] und von der neueren Einteilung in unterschiedliche Vertragstypen nicht beeinflusst werden. In dieser Arbeit erfolgt daher unabhängig von der Vertragseinordnung eine Auseinandersetzung damit, ob Verträge über bestimmte Bauleistungen Nachbarschutz entfalten. Untersuchungsgegenstand ist demzufolge der „Bauvertrag im weitesten Sinne".

2. Die Vertragsparteien

Parteien des Bauvertrages sind der „Unternehmer" und der „Besteller" (vgl. etwa §§ 631 Abs. 1, 650b BGB). Synonym werden sie – insbesondere in der Vergabe- und Vertragsordnung für Bauleistungen (VOB/B) – als „Auftragnehmer" und „Auftraggeber" benannt, ohne dass hierdurch Bezug auf ein Auftragsverhältnis im Sinne des § 662 BGB genommen wird.[36]

In welchen Konstellationen der Bauunternehmer und der Besteller aufeinandertreffen, kann in unterschiedlicher Weise ausgestaltet sein.[37] Der Bauunternehmer kann entweder alleine oder aber neben anderen Unternehmern zur Realisierung eines Bauvorhabens eingesetzt werden.[38] Mehrere Bauunternehmer können nebeneinander jeweils auf der Grundlage einer eigenständigen Vertragsbeziehung zum Besteller am Bauvorhaben beteiligt sein, ohne untereinander aber rechtlich miteinander verbunden

34 BT-Drs. 18/8486, 53.

35 Vgl. etwa RGZ 127, 218; RGZ 87, 64.

36 Busche, in: MüKoBGB, § 631 BGB, Rn. 31.

37 Vgl. ausführlich zu den Vertragsparteien und den unterschiedlichen Formen des Aufeinandertreffens Thierau, in: Kapellmann/Messerschmidt, 3. Teil, Anh., Rn. 1 ff.; Ohler, in: Messerschmidt/Voit, I. Teil D, Rn. 1 ff.; Busche, in: MüKo-BGB, § 631 BGB, Rn. 31 ff.

38 Vgl. ausführlich zu den unterschiedlichen Einsatzformen Thierau, in: Kapellmann/Messerschmidt, 3. Teil, Anh., Rn. 7 ff.; Wolff, in: Messerschmidt/Voit, I. Teil D, Rn. 39 ff.; Richter, in: Messerschmidt/Voit, I. Teil D, Rn. 183 ff.; Busche, in: MüKoBGB, § 631 BGB, Rn. 34 ff.

zu sein.[39] Möglich ist darüber hinaus der Zusammenschluss mehrerer Bauunternehmer zu einer Arbeitsgemeinschaft[40] oder die Beteiligung als Haupt- und Subunternehmer[41].

Kontrahierende Partei des Bauunternehmers ist der Besteller, der oft gleichzeitig auch Bauherr sein wird, zwingend ist dies indes nicht.[42] Im Falle des Subunternehmereinsatzes ist der Hauptunternehmer Besteller, ohne gleichzeitig Bauherr zu sein.[43] Denn Bauherr ist derjenige, der das Baugeschehen bestimmt und das „Bauherren-Risiko“ trägt.[44]

Eine etwaige Schutzwirkung zugunsten des Nachbarn resultiert aus dem Bauvertrag, der gleichermaßen zwischen Bauherrn und Bauunternehmer als auch zwischen Haupt- und Subunternehmer existieren kann. Aus vertragsbezogener Sicht ist alleine die Person des Bestellers, nicht dagegen die Person des Bauherrn entscheidend.[45] Gegenstand dieser Arbeit ist dennoch in erster Linie eine Schutzwirkung aus dem Vertrag zwischen dem Besteller, der gleichzeitig die Bauherrenfunktion hat, und dem Bauunternehmer. Auf die Frage, ob der Bauvertrag in der Leistungskette Schutzwirkung zugunsten des Nachbarn entfalten kann, wird lediglich am Ende dieser Arbeit eingegangen.

3. Pflichten der Vertragsparteien

Die Einordnung eines Vertrages als Werk- oder Bauvertrag hat auf die Leistungspflichten des Bauunternehmers keinen Einfluss, da die §§ 650a ff. BGB nur „ergänzend“, also neben den allgemeinen Vorschriften zum Werkvertragsrecht (§§ 631 ff. BGB) anwendbar sind und die §§ 650a ff.

---

39 Busche, in: MüKoBGB, § 631 BGB, Rn. 42.

40 Vgl. zur ARGE Messerschmidt, in: Kapellmann/Messerschmidt, 3. Teil, Anh., Rn. 118 ff.; Wolff, in: Messerschmidt/Voit, I. Teil D, Rn. 39 ff.; Busche, in: MüKo-BGB, § 631 BGB, Rn. 35.

41 Vgl. hierzu Thierau, in: Kapellmann/Messerschmidt, 3. Teil, Anh., Rn. 17 ff.; Richter, in: Messerschmidt/Voit, I. Teil D, Rn. 183 ff.; Busche, in: MüKoBGB, § 631 BGB, Rn. 36 ff.

42 Thierau, in: Kapellmann/Messerschmidt, 3. Teil, Anh., Rn. 2.

43 Thierau, in: Kapellmann/Messerschmidt, 3. Teil, Anh., Rn. 2, Rn. 17.

44 BGH, NJW 1978, 1054, 1055; Thierau, in: Kapellmann/Messerschmidt, 3. Teil, Anh., Rn. 2 ff.; Ohler, in: Messerschmidt/Voit, I. Teil D, Rn. 5.

45 Vgl. Thierau, in: Kapellmann/Messerschmidt, 3. Teil, Anh., Rn. 3, der ausführt, dass sich bei enger Bezugnahme auf die am Bauvertrag beteiligten Parteien der Begriff des Bauherrn als irrelevant erweise.

BGB diesbezüglich keine Sonderregelungen treffen.[46] Der Bauunternehmer wird demzufolge gemäß § 631 Abs. 1 BGB zur Herstellung des versprochenen Werkes verpflichtet, während den Besteller die Pflicht zur Entrichtung der vereinbarten Vergütung trifft. Zur genaueren Bestimmung der Leistungspflichten des Bauunternehmers ist auf Leistungsbeschreibungen und Planungsunterlagen zurückzugreifen.[47] Darüber hinaus beziehen die Vertragsparteien häufig die Vergabe- und Vertragsordnung für Bauleistungen (VOB/B) in den Vertrag ein, die den Vertragsinhalt daher ebenfalls wesentlich prägt.[48]

Auch für die hier maßgeblichen Schutzpflichten ergeben sich aus den §§ 650a ff. BGB keine Besonderheiten, sodass der Bauunternehmer – ebenso wie der Auftraggeber – gemäß § 241 Abs. 2 BGB zur Rücksicht auf die Rechte, Rechtsgüter und Interessen des anderen Teils verpflichtet ist.[49]

II. Baumaßnahmen und deren Auswirkungen auf Nachbargrundstücke

Auf jeder Baustelle können Fehler auftreten, die zu erheblichen Schäden führen. Insbesondere in dicht bebauten Städten drohen nicht nur Schäden auf der Baustelle selbst, sondern auch jenseits der Grundstücksgrenze einzutreten. Baumaßnahmen, die sich in der Praxis besonders häufig auf die Nachbarbebauung auswirken, werden an dieser Stelle im Überblick dargestellt.[50]

1. Baugruben

Eine besondere Gefahr für die Nachbarbebauung stellt die Aushebung von Baugruben dar.[51] Die einzuhaltenden technischen Regeln richten sich

46 Vgl. auch Busche, in: MüKoBGB, § 650a BGB, Rn. 11.
47 Busche, in: MüKoBGB, § 650a BGB, Rn. 12 mit Verweis auf KG, NJW-RR 2009, 1180, 1181.
48 S. hierzu und zum erheblichen Einfluss der VOB/B auf den Bauvertrag Busche, in: MüKoBGB, § 650a BGB, Rn. 4, 12, 22 ff.
49 Vgl. Busche, in: MüKoBGB, § 650a BGB, Rn. 12.
50 Vgl. eine übersichtliche Darstellung der Baumaßnahmen, die häufig zu Schäden führen, bei Englert, in: Boisserée/Fuchs, S. 11 ff.; Boisserée, S. 5 ff.; Fuchs, S. 29 ff.
51 Vgl. auch Boisserée, S. 7 f.

nach der DIN 4124[52], dessen Abschnitt 4.1.1 bestimmt: „Die beim Aushub freigelegten Erd- bzw. Felswände von Baugruben und Gräben sind so abzuböschen, zu verbauen oder anderweitig zu sichern, dass sie während der einzelnen Bauzustände standsicher sind. [...] Außerdem ist darauf zu achten, dass Standsicherheit und Gebrauchstauglichkeit von benachbarten Gebäuden, Leitungen, anderen baulichen Anlagen oder Verkehrsflächen nicht beeinträchtigt werden, siehe 4.1.6.“ Nach Abschnitt 4.1.6 muss bei Ausschachtungen im Bereich benachbarter Gebäude die DIN 4123[53] beachtet werden. Diese sieht in Abschnitt 6.6 verschiedene Sicherungsmaßnahmen am bestehenden Gebäude vor.

a) Böschungen

Meist werden Baugruben mittels einer Böschung abgesichert.[54] Wird die Böschung nicht im korrekten Winkel gestaltet, der sich unter anderem nach der Höhe der Böschung und den Eigenschaften des Bodens richtet,[55] kann die Böschung abrutschen.[56] Erreichen die Rutschungen auch das Erdreich unterhalb von Nachbargebäuden, drohen diese im schlimmsten Fall einzustürzen.[57]

b) Verbau

Kann aufgrund der Beschaffenheit des Bodens oder mangels ausreichenden Platzes keine standsichere Böschung erhalten werden, ist die Baugrube zu verbauen.[58] Der Verbau stützt die Baugrubenwand ab und verhindert auf diese Weise Erdrutsche.[59]

---

52 DIN 4124:2012-01, Baugruben und Gräben – Böschungen, Verbau, Arbeitsraumbreiten.

53 DIN 4123:2013-04, Ausschachtungen, Gründungen und Unterfangungen im Bereich bestehender Gebäude.

54 S. näher hierzu Dierks, in: Dierks/Wormuth, S. 322 ff.; Hestermann/Rongen, in: Frick/Knöll, S. 41 f.; vgl. auch Boisserée, S. 9.

55 Dierks, in: Dierks/Wormuth, S. 322; Hestermann/Rongen, in: Frick/Knöll, S. 41 f.

56 Dierks, in: Dierks/Wormuth, S. 310; s. auch Boisserée, S. 9.

57 Boisserée, S. 9.

58 Hestermann/Rongen, in: Frick/Knöll, S. 42; s. auch Boisserée, S. 9; vgl. zu den Stützwänden auch Dierks, in: Dierks/Wormuth, S. 317 ff.

59 Vgl. Dierks, in: Dierks/Wormuth, S. 317; s. auch Boisserée, S. 9.

Bei der Wahl der richtigen Verbauart[60] und deren Errichtung ist den Bodenverhältnissen und den Belastungen durch Baustellenverkehr etc. Rechnung zu tragen.[61] Ansonsten besteht die Gefahr des Abkippens oder von Durchbiegungen des Verbaus.[62]

Auch die Entfernung von Stützwänden ist mit Gefahren verbunden. Während des Abbaus muss die Baugrube so verfüllt werden, dass die anstehende Erde nicht nachsacken kann.[63] Ist dies nicht möglich, muss die Stützwand im Boden verbleiben.[64]

c) Rückwärtige Verankerung des Verbaus

Je tiefer die Baugrube ist und je stärker die auf den Verbau einwirkenden Belastungen durch benachbarte Bauwerke, Verkehr etc. sind, desto größer ist der Druck, der auf dem Verbau lastet.[65] Zur Sicherung seiner Standfestigkeit gibt es verschiedene Möglichkeiten.[66]

Der Verbau kann durch Streben abgestützt werden.[67] Da diese jedoch innerhalb der Baugrube zu platzieren sind, stellen sie oftmals eine Behinderung dar.[68]

Günstiger ist die Vornahme einer rückwärtigen Verankerung.[69] Hierbei werden Anker in Bohrlöcher eingeführt, verpresst und anschließend auf Spannung gebracht.[70]

---

60 Vgl. zu den verschiedenen Arten des Verbaus, wie beispielsweise Spundwänden, Trägerbohlwänden, Bohrpfahlwänden etc. Dierks, in: Dierks/Wormuth, S. 317 ff.; Hestermann/Rongen, in: Frick/Knöll, S. 43 ff.; Schubert, in: Englert/Grauvogl/Maurer, 24. Kapitel, Rn. 18 ff.

61 Hestermann/Rongen, in: Frick/Knöll, S. 42.

62 Vgl. Hestermann/Rongen, in: Frick/Knöll, S. 46; Boisserée, S. 10.

63 Hestermann/Rongen, in: Frick/Knöll, S. 47.

64 Hestermann/Rongen, in: Frick/Knöll, S. 47.

65 Vgl. Hestermann/Rongen, in: Frick/Knöll, S. 46; Boisserée, S. 10 f.

66 Vgl. hierzu Dierks, in: Dierks/Wormuth, S. 318.

67 Dierks, in: Dierks/Wormuth, S. 318; s. auch Boisserée, S. 10.

68 Boisserée, S. 10.

69 Dierks, in: Dierks/Wormuth, S. 318 f.; vgl. hierzu auch Hestermann/Rongen, in: Frick/Knöll, S. 46 f.; Boisserée, S. 11.

70 S. hierzu Hestermann/Rongen, in: Frick/Knöll, S. 47; Schubert, in: Englert/Grauvogl/Maurer, 24. Kapitel, Rn. 17; Englert, in: Boisserée/Fuchs, S. 11 ff.; Boisserée, S. 11; Fuchs, S. 31 f.

Der Nachteil dieser Methode liegt darin, dass sie aufwendig ist[71] und es gerade bei enger Nachbarbebauung notwendig sein kann, dass die Anker bis in benachbarte Grundstücke hineinreichen[72]. Die nicht fachgerechte Einbringung der Anker unterhalb von Gebäuden kann zu Hebungen des Bodens und infolgedessen zu Schäden am Nachbargebäude führen.[73]

2. Gründungen

Da der Baugrund in seiner ursprünglichen Beschaffenheit regelmäßig nicht die Last des zu errichtenden Bauwerks aufnehmen kann, ist das Gewicht des neuen Bauwerks über speziellen Gründungskonstruktionen[74] sicher auf den Baugrund zu übertragen.[75]

Dennoch wird der Boden durch das aufgesetzte Gewicht regelmäßig zusammengepresst, wodurch es zu Setzungen kommen kann.[76] Um Schäden wie beispielsweise Rissbildungen an Gebäuden zu vermeiden, müssen Fundamente daher so angelegt werden, dass gleichmäßige und nur geringe Setzungen auftreten.[77] Besonders häufig treten schadensauslösende Setzungen auf, wenn benachbarte Gebäude unterschiedlich tief gegründet werden.[78] Bei unterschiedlicher Gründungstiefe ist das alte Fundament zu unterfangen.[79]

---

71 Dierks, in: Dierks/Wormuth, S. 319.

72 Englert, in: Boisserée/Fuchs, S. 17 ff.; Boisserée, S. 11; Fuchs, S. 32.

73 Boisserée, S. 11.

74 Vgl. hierzu Hestermann/Rongen, in: Frick/Knöll, S. 57; Dierks, in: Dierks/Wormuth, S. 311; Schubert, in: Englert/Grauvogl/Maurer, 24. Kapitel, Rn. 9 ff.

75 Dierks, in: Dierks/Wormuth, S. 283; Hestermann/Rongen, in: Frick/Knöll, S. 55; s. auch Boisserée, S. 6.

76 Hestermann/Rongen, in: Frick/Knöll, S. 55; Boisserée, S. 6.

77 Hestermann/Rongen, in: Frick/Knöll, S. 55; vgl. auch Boisserée, S. 6.

78 Hestermann/Rongen, in: Frick/Knöll, S. 55; Dierks, in: Dierks/Wormuth, S. 315; s. auch Boisserée, S. 7.

79 Hestermann/Rongen, in: Frick/Knöll, S. 66 ff.; Dierks, in: Dierks/Wormuth, S. 315; s. auch Boisserée, S. 12.

3. Bodenverbesserungsmaßnahmen

Ist der Grund zur Bebauung nicht ausreichend tragfähig, bieten sich in einigen Fällen Bodenverbesserungsmaßnahmen an.[80] Es kann ein Bodenaustausch erfolgen, bei dem der vorhandene Boden durch einen tragfähigeren Boden ersetzt wird.[81]

Darüber hinaus kann die Tragfestigkeit des Bodens mit einer Bodenverdichtung gesteigert werden, die durch den Einsatz von Walzen, Rüttelplatten oder Vibrationsstampfern durchgeführt wird (vgl. für Ramm-, Rüttel- und Pressarbeiten die DIN 18304 VOB/C).[82] Zu beachten ist hierbei allerdings, dass Verdichtungen sich auch auf den Boden unterhalb des benachbarten Gebäudes auswirken können, wodurch Setzungen drohen.[83]

Eine Bodenverfestigung wird mittels verschiedener Injektionsverfahren oder des Gefrierverfahrens durchgeführt.[84] Beim Injektionsverfahren werden Bindemittel in den Boden eingebracht.[85] Da sich die Ausbreitung der Injektion nicht exakt steuern lässt, droht eine Ausdehnung bis auf das Nachbargrundstück.[86]

Bei einer Bodenvereisung wird der Baugrund durch Zuführung einer Kühlflüssigkeit soweit herunter gekühlt, bis der Boden und das in ihm befindliche Wasser gefrieren.[87] Auch wenn die Verfestigung – anders als beim Injektionsverfahren – nur temporär ist,[88] kann sie nachhaltige Auswirkungen auf den Baugrund des Nachbargrundstücks haben;[89] etwa,

---

80 Vgl. Dierks, in: Dierks/Wormuth, S. 298; Hestermann/Rongen, in: Frick/Knöll, S. 35.

81 Dierks, in: Dierks/Wormuth, S. 298; Hestermann/Rongen, in: Frick/Knöll, S. 35; Fuchs, S. 33 f.; vgl. für Erdarbeiten die DIN 18300 der VOB/C und zu deren Ausgabe September 2012 Putzier/Goede/Katzenbach/Werner/Schuldt/Giere, in: Englert/Katzenbach/Motzke, VOB/C, DIN 18300, Rn. 141.

82 Hestermann/Rongen, in: Frick/Knöll, S. 35; vgl. hierzu auch Dierks, in: Dierks/Wormuth, S. 298; s. auch Fuchs, S. 34.

83 Dierks, in: Dierks/Wormuth, S. 298.

84 Hestermann/Rongen, in: Frick/Knöll, S. 35; vgl. hierzu auch Dierks, in: Dierks/Wormuth, S. 299 f.; s. auch Fuchs, S. 34 ff.

85 Hestermann/Rongen, in: Frick/Knöll, S. 35; Dierks, in: Dierks/Wormuth, S. 299.

86 Englert, in: Boisserée/Fuchs, S. 19; Fuchs, S. 36; vgl. für Einpressarbeiten die DIN 18309 der VOB/C und zu deren Ausgabe September 2012 Grauvogl/Schwarz, in: Englert/Katzenbach/Motzke, VOB/C, DIN 18309, Rn. 36 ff.

87 Schubert, in: Englert/Grauvogl/Maurer, 24. Kapitel, Rn. 35; Fuchs, S. 37.

88 Vgl. Schubert, in: Englert/Grauvogl/Maurer, 24. Kapitel, Rn. 35; Fuchs, S. 38.

89 Vgl. Fuchs, S. 38 f.

wenn der Gefriervorgang zu Hebungen des Bodens führt[90] oder wenn Wurzelwerk vereist.[91]

4. Unterfangungen

Unterfangungen sollen die Standfestigkeit vorhandener Bauwerke sichern und auf diese Weise Setzungserscheinungen vermeiden.[92] Unterscheiden lassen sich direkte und indirekte Unterfangungen.[93] Indirekte Unterfangungen sind solche, bei denen die Standsicherheit des bestehenden Gebäudes durch eine Sicherung der Baugrube mit Stützwänden gewährleistet wird.[94] Unter einer direkten Unterfangung ist die Tieferlegung der vorhandenen Gründungskörper zu verstehen.[95]

Maßgebliches Regelwerk für Unterfangungen ist die DIN 4123[96], die nach dessen Abschnitt 1 „für Ausschachtungen und Gründungsarbeiten neben bestehenden Gebäuden sowie für die herkömmliche Unterfangung von Gebäudeteilen in schmalen Streifen mit Mauerwerk, Beton oder Stahlbeton [gilt]. Sie gibt an, wie diese Arbeiten so durchgeführt werden können, dass Standsicherheit und Gebrauchstauglichkeit der bestehenden Gebäude erhalten bleiben, und welche Nachweise dafür erbracht werden müssen."

Unterfangungen können auf verschiedene Art und Weise vorgenommen werden.[97] Technische Regeln für die klassische Unterfangung enthält Abschnitt 7.3 der DIN 4123[98]. Darüber hinaus können die oben bereits beschriebenen Bodenverfestigungsmaßnahmen unterhalb des zu sichernden Nachbarfundaments vorgenommen werden.[99]

---

90 Vgl. Englert, in: Boisserée/Fuchs, S. 32.

91 Fuchs, S. 39, Fn. 113.

92 Fuchs, S. 44 f.

93 Schubert, in: Englert/Grauvogl/Maurer, 24. Kapitel, Rn. 26 ff.

94 Schubert, in: Englert/Grauvogl/Maurer, 24. Kapitel, Rn. 27.

95 Schubert, in: Englert/Grauvogl/Maurer, 24. Kapitel, Rn. 28.

96 DIN 4123:2013-04, Ausschachtungen, Gründungen und Unterfangungen im Bereich bestehender Gebäude.

97 Vgl. ausführlich zu den verschiedenen Varianten Dierks, in: Dierks/Wormuth, S. 315; Schubert, in: Englert/Grauvogl/Maurer, 24. Kapitel, Rn. 29 ff.

98 DIN 4123:2013-04, Ausschachtungen, Gründungen und Unterfangungen im Bereich bestehender Gebäude; vgl. hierzu auch Hestermann/Rongen, in: Frick/Knöll, S. 66 ff.; Schubert, in: Englert/Grauvogl/Maurer, 24. Kapitel, Rn. 29.

99 Dierks, in: Dierks/Wormuth, S. 316; vgl. auch Schubert, in: Englert/Grauvogl/Maurer, 24. Kapitel, Rn. 29.

Trotz Unterfangung treten regelmäßig geringere Setzungen des Nachbarbaus und infolge dessen Rissbildungen auf.[100] Im schlimmsten Fall wird hierdurch die Standsicherheit beeinträchtigt. In der Anmerkung zu Abschnitt 6.4 der DIN 4123[101] wird daher empfohlen, „im Rahmen eines Beweissicherungsverfahrens vor Beginn der Bauarbeiten unter Mitwirkung aller Beteiligten den Zustand der bestehenden Gebäude festzustellen [...]“.[102]

5. Bauwerkserschütterungen

Viele Arbeiten auf der Baustelle verursachen starke Erschütterungen, die sich schädigend auf die umliegende Bebauung auswirken.[103] Hierzu zählen vor allem Abrissarbeiten, verschiedene Verfahren zur Bodenverdichtung oder beispielsweise das Einrammen von Stützwänden.[104] Konkret drohen Rissbildungen an benachbarten Bauwerken,[105] wobei nicht nur die unmittelbar angrenzende Bebauung, sondern auch entferntere Grundstücke betroffen sein können.[106]

Bei der Auswahl dieser potentiell schädigenden Verfahren und der Steuerung der Arbeitsfrequenz ist die Nachbarbebauung daher stets im Blick zu behalten, um den Eintritt von Schäden zu vermeiden.[107]

---

100 Auf die regelmäßige Unvermeidbarkeit von Setzungen und Rissen wird bereits in Anmerkung 3 des ersten Abschnitts der DIN 4123:2013-04 hingewiesen; Dierks, in: Dierks/Wormuth, S. 315; Boisserée, S. 13.

101 DIN 4123:2013-04, Ausschachtungen, Gründungen und Unterfangungen im Bereich bestehender Gebäude.

102 Vgl. auch Dierks, in: Dierks/Wormuth, S. 315; Boisserée, S. 13.

103 Vgl. näher hierzu Achmus, Bauwerkserschütterungen, Bautechnik. September 2015, Volume 92 Issue 9; Englert, in: Boisserée/Fuchs, S. 27 ff.; Boisserée, S. 16 f.

104 Vgl. Achmus, Bauwerkserschütterungen, Bautechnik. September 2015, Volume 92 Issue 9; Englert, in: Boisserée/Fuchs, S. 27 ff.; Boisserée, S. 16.

105 Achmus, Bauwerkserschütterungen, Bautechnik. September 2015, Volume 92 Issue 9; Boisserée, S. 17.

106 Englert, in: Boisserée/Fuchs, S. 27.

107 Achmus, Bauwerkserschütterungen, Bautechnik. September 2015, Volume 92 Issue 9; Englert, in: Boisserée/Fuchs, S. 28.

6. Wasserhaltung

Baumaßnahmen unterhalb des Grundwasserspiegels erfordern regelmäßig eine Trockenlegung der Baugrube, die mittels einer Wasserhaltung durchgeführt wird.[108] Technische Vorschriften hierzu enthält die DIN 18305 der VOB/C. Danach sind bereits in der Leistungsbeschreibung Angaben sowohl zu Gründungstiefen, Gründungsflächen und Gründungsarten von Bauwerken im Einflussbereich der Wasserhaltung (0.1.1)[109] als auch zu besonderen Vorkehrungen zum Schutz von Grundstücken, Bauwerken, Pflanzenbeständen und dergleichen im Einflussbereich der Wasserhaltung zu machen (Abschnitt 0.2.20)[110].

Bei der offenen Wasserhaltung wird das Wasser in der Baugrube über Sammelgräben dem Pumpensumpf zugeführt.[111] Bei einem höheren Wasserstand erfordert die Trockenlegung dagegen meist eine Grundwasserabsenkung (geschlossene Wasserhaltung).[112] Diese ist für die Nachbarbebauung besonders gefährlich, weil das Grundwasser auch außerhalb der Baugrube in sogenannter „weiträumiger Trichterbildung" abgesenkt und somit nicht nur die unmittelbare Nachbarschaft betroffen wird.[113]

Die möglichen Auswirkungen einer Grundwasserabsenkung sind vielfältig: Problematisch ist vor allem eine Ausspülung des Bodens, wenn also feine Bodenpartikel mit dem Grundwasser abgepumpt werden.[114] Darüber hinaus beeinflusst der Wassergehalt die Beschaffenheit einiger Böden; feinkörnige Böden beispielsweise „schwinden", vermindern also ihr Volumen bei einer Austrocknung.[115] Ist ein Nachbargebäude auf Holzpfählen ge-

---

108 Vgl. hierzu Dierks, in: Dierks/Wormuth, S. 324 f.; Hestermann/Rongen, in: Frick/Knöll, S. 48 ff.; Schubert, in: Englert/Grauvogl/Maurer, 24. Kapitel, Rn. 41 ff.; Englert, in: Boisserée/Fuchs, S. 22 ff.; Boisserée, S. 14 ff.; Fuchs, S. 40 ff.

109 Vgl. hierzu (insoweit allerdings noch zur VOB/C Ausgabe September 2012) Englert/Haugwitz, in: Englert/Katzenbach/Motzke, VOB/C, DIN 18305, Rn. 12 f.

110 Vgl. hierzu (insoweit allerdings noch zur VOB/C Ausgabe September 2012) Englert/Haugwitz, in: Englert/Katzenbach/Motzke, VOB/C, DIN 18305, Rn. 30 f.; vgl. auch Englert, in: Boisserée/Fuchs, S. 25.

111 Vgl. hierzu Dierks, in: Dierks/Wormuth, S. 324; Hestermann/Rongen, in: Frick/Knöll, S. 48.

112 S. hierzu Hestermann/Rongen, in: Frick/Knöll, S. 48; vgl. auch Dierks, in: Dierks/Wormuth, S. 324; Boisserée, S. 14 f.

113 Englert, in: Boisserée/Fuchs, S. 23; vgl. auch Englert/Haugwitz, in: Englert/Katzenbach/Motzke, VOB/C, DIN 18305, Rn. 12.

114 Dierks, in: Dierks/Wormuth, S. 324; Hestermann/Rongen, in: Frick/Knöll, S. 48.

115 Dierks, in: Dierks/Wormuth, S. 284; vgl. auch Boisserée, S. 15.

gründet, drohen diese durch eine Grundwasserabsenkung auszutrocknen und zusammenzuschrumpfen.[116] All diese Effekte können erhebliche Setzungen auslösen, die die Standsicherheit betroffener Gebäude gefährden. Ggf. sind daher Maßnahmen zur Bodenverfestigung vorzunehmen.[117]

Weiträumigen Grundwasserabsenkungen kann durch die Einrichtung von Negativbrunnen entgegengewirkt werden, die entzogenes Wasser wieder in den Boden leiten.[118]

7. Schadensverursachung durch Maschinen und sonstiges Baumaterial

Nicht nur manche Bauverfahren, sondern auch der Einsatz bestimmter Maschinen oder Baumaterialien kann zu Schäden am Nachbargebäude führen: So können etwa Baukräne oder Bagger durch eine falsche Führung benachbarte Häuser erfassen oder nicht gesicherte Maschinen oder nicht ausreichend verankerte Baugerüste auf die Nachbarbebauung kippen.[119]

Darüber hinaus führt im Extremfall bereits der Baustellenverkehr mit schwerem Gerät zu Veränderungen des Bodens, die Setzungen nach sich ziehen.[120]

Weitere Beispiele betreffen die nicht ordnungsgemäße Lagerung explosiver oder leicht entzündlicher Baustoffe. Aber auch Materialien, die nicht von sich aus gefährlich sind, stellen infolge fehlender Sicherung eine Gefahr für die Nachbarbebauung dar, wenn sie beispielsweise infolge von Sturmböen aufgewirbelt und umhergeschleudert werden.

---

116 Englert, in: Boisserée/Fuchs, S. 23; vgl. auch Englert/Haugwitz, in: Englert/Katzenbach/Motzke, VOB/C, DIN 18305, Rn. 13.

117 Hestermann/Rongen, in: Frick/Knöll, S. 48.

118 Dierks, in: Dierks/Wormuth, S. 325; Englert/Haugwitz, in: Englert/Katzenbach/Motzke, VOB/C, DIN 18305, Rn. 30 f.

119 Vgl. auch Boisserée, S. 5.

120 Vgl. auch Boisserée, S. 5.

8. Arbeiten an gemeinsamen Grenzeinrichtungen oder Bauverbindungsteilen

Fehlerhafte Arbeiten an gemeinsamen Grenzeinrichtungen[121] oder Bauverbindungsteilen zwischen zwei Nachbargebäuden[122] betreffen in aller Regel von vornherein beide Nachbarn.

9. Sonstige Schäden

Daneben gibt es weitere Ursachen für die Schädigung von Nachbargebäuden, die hier nicht allesamt aufgezählt werden können. Beispielhaft sei noch zu nennen, dass nicht standsicher errichtete Bauwerke umstürzen und dadurch Nachbargebäude beschädigen können. Sprengungen und Abrissarbeiten wirken sich schädigend aus, wenn Bauteile oder Splitter unkontrolliert weggeschleudert werden. Ein Risikopotential bergen ebenso Arbeiten unter Einsatz von offenen Flammen, z.B. Schweiß- oder Lötarbeiten.

10. Einteilung der Baumaßnahmen mit typischen Nachbarschäden

Zu Gebäudeschäden führen – wie aufgezeigt – die unterschiedlichsten Ursachen. Einteilen lassen sich die aufgezeigten Baumaßnahmen in solche, die vor allem dem Zweck dienen, das Nachbargrundstück vor Schäden zu bewahren (z.B. Stützbauwerke, Unterfangungen von Nachbarbauwerken) und solchen, die alleine dem Vorhaben des Bauherrn dienen.[123]

Weiterhin lassen sich die Maßnahmen danach unterscheiden, ob sie auf dem Grundstück des Bauherrn vorgenommen werden und dennoch grenzüberschreitende Auswirkungen haben oder ob sie von vornherein auf dem Nachbargrundstück stattfinden, dieses also für die Baumaßnahmen unmittelbar in Anspruch genommen wird (beispielsweise für Unterfangungsarbeiten oder die Rückverankerung von Stützbauwerken).

---

121 Vgl. zu einem solchen Fall OLG Düsseldorf, NJW 1965, 539, das sich mit einem derartigen Fall auseinanderzusetzen hatte.

122 Vgl. zu einem solchen Fall AG Dülmen, NZBau 2002, 395.

123 Vgl. zu einer anderen Einteilungsmöglichkeit Englert, in: Boisserée/Fuchs, S. 11, der zwischen „unmittelbaren Einwirkungen" und „mittelbaren Einwirkungen" unterscheidet und im Anschluss jeweils zwischen „bewussten Einwirkungen" und „unvermeidbaren Einwirkungen" differenziert.

III. Haftung für Nachbarschäden

1. Schadensersatzansprüche des Nachbarn aus Vertrag

Wird das Nachbargebäude infolge der Bauarbeiten auf dem angrenzenden Grundstück geschädigt, stellt sich die Frage nach vertraglichen Ansprüchen des Nachbarn. Insofern ist zunächst zu prüfen, ob der Nachbar im Vorfeld der Bauarbeiten möglicherweise mit einem der Baubeteiligten vertragliche Absprachen getroffen hat oder aber von diesen vertraglich begünstigt wurde.

a) Vertragliche Beziehung zwischen den Nachbarn

aa) Nachbarschaftsvereinbarungen

Regelmäßig stehen Grundstücksnachbarn in keinerlei vertraglicher Beziehung zueinander, sodass es an einer Grundlage fehlt, auf die vertragliche Schadensersatzansprüche gegen den Nachbarn gestützt werden können.[124]

Einige bauliche Maßnahmen bedürfen allerdings einer Klärung mit dem Nachbarn und so werden vorab Verträge zwischen den Nachbarn, sogenannte Nachbarschaftsvereinbarungen, getroffen.[125] Dies kommt vor, wenn der Bauherr das Grundstück des Nachbarn für Baumaßnahmen in Anspruch nehmen will; hierunter fällt vor allem die Inanspruchnahme für Rückverankerungen von Stützwänden über die Grundstücksgrenze hinaus oder Unterfangungen des Nachbarfundaments.[126] Daneben werden häufig Vereinbarungen darüber getroffen, dass das Nachbargrundstück vorübergehend für Baustelleneinrichtungen oder als Lagerfläche genutzt werden darf.[127]

---

124 Vgl. ausführlich hierzu auch Boisserée, in: Boisserée/Fuchs, S. 183 ff.; Boisserée, S. 37 ff.; Fuchs, S. 203 ff.

125 Vgl. hierzu Inhuber, in: Motzke/Bauer/Seewald, § 12, Rn. 210; Boisserée, in: Boisserée/Fuchs, S. 184 f.; Boisserée, S. 48 ff.; Fuchs, S. 204 ff.

126 Inhuber, in: Motzke/Bauer/Seewald, § 12, Rn. 210; Boisserée, in: Boisserée/Fuchs, S. 184; Boisserée, S. 48 f.; Fuchs, S. 204 f.; s. Muster für Nachbarschaftsvereinbarungen hierüber bei Englert/Grauvogl/Maurer, 27. Kapitel, Rn. 1 f.

127 Inhuber, in: Motzke/Bauer/Seewald, § 12, Rn. 210.

Diese Maßnahmen erfordern grundsätzlich die Zustimmung des Nachbarn,[128] für dessen Erteilung regelmäßig eine Vergütung vereinbart wird.[129]

Treten im Rahmen der vereinbarten Inanspruchnahme des Nachbargrundstücks Schäden an der Nachbarbebauung auf, so kann der geschädigte Nachbar aus §§ 280 Abs. 1, 241 Abs. 2 BGB Schadensersatz vom Bauherrn verlangen.[130] Ein Verschulden des Bauunternehmers hat der Bauherr sich gemäß § 278 S. 1 BGB zurechnen zu lassen.

Ob den Bauherrn darüber hinaus eine Garantiehaftung trifft, er also auch im Falle der unverschuldeten Schädigung des Nachbargebäudes haftet, richtet sich nach einer Auslegung der Nachbarschaftsvereinbarung.[131] Im Zweifel spricht gegen eine derartige Auslegung, wie *Boisserée*[132] richtig feststellt, dass dem Nachbarn nicht der generelle Wille unterstellt werden dürfe, für alle unvorhersehbaren Fälle einstehen zu wollen. Oftmals wird allerdings ausdrücklich vereinbart, dass der Bauherr Schäden verschuldensunabhängig zu ersetzen habe, sodass es in diesen Fällen auf eine Auslegung ohnehin nicht ankommt.[133]

Jedenfalls stehen dem Nachbarn im Falle des Abschlusses einer Nachbarschaftsvereinbarung vertragliche verschuldensabhängige Schadensersatzansprüche gegen den Bauherrn zu. Wie sich diese auf einen potentiellen vertraglichen Anspruch des Nachbarn gegen den Bauunternehmer nach den Grundsätzen des Vertrages mit Schutzwirkung zugunsten Dritter auswirken, wird im Rahmen einer Überprüfung der „Schutzbedürftigkeit des Dritten" zu beantworten sein.

---

128 Vgl. sehr ausführlich zu den Eigentumsbefugnissen im Hinblick auf das Verhältnis der Nachbarn untereinander Fuchs, S. 81 ff., insbesondere S. 92 ff.

129 S. hierzu die Mustervereinbarung bei Englert/Grauvogl/Maurer, 27. Kapitel, Rn. 1; vgl. auch Boisserée, in: Boisserée/Fuchs, S. 184; Boisserée, S. 49; Fuchs, S. 205.

130 S. hierzu Inhuber, in: Motzke/Bauer/Seewald, § 12, Rn. 216; Boisserée, in: Boisserée/Fuchs, S. 185; Boisserée, S. 49; Fuchs, S. 205.

131 Vgl. BGH, NJW 1982, 1809, 1810; eine Garantie bejahend OLG Düsseldorf, IBRRS 2004, 1548; Korbion/Scherer, S. 233; gegen die Annahme einer Garantie Boisserée, in: Boisserée/Fuchs, S. 184 f.; Boisserée, S. 50; Fuchs, S. 204.

132 Boisserée, in: Boisserée/Fuchs, S. 184 f.; Boisserée, S. 50; dem folgend Fuchs, S. 206.

133 Vgl. hierzu die Mustervereinbarung in Englert/Grauvogl/Maurer, 27. Kapitel, Rn. 1, § 2 Schadensersatz; vgl. auch Boisserée, S. 50, der dem Nachbarn die ausdrückliche Vereinbarung einer verschuldensunabhängigen Haftung des Bauherrn empfiehlt.

bb) Ersetzung der Zustimmung zur Inanspruchnahme des Nachbargrundstücks

Verweigert der Nachbar eine Inanspruchnahme seines Grundstücks, so kann er in einigen Fällen dennoch zur Duldung verpflichtet sein; Eigentumsbeschränkungen folgen vor allem aus den §§ 903 ff. BGB sowie aus landesrechtlichen Bestimmungen.[134]

Nach § 905 S. 2 BGB kann der Eigentümer Einwirkungen auf sein Grundstück nicht verbieten, die in solcher Höhe oder Tiefe vorgenommen werden, dass er an der Ausschließung kein Interesse hat. Beispielhaft genannt sei noch § 24 NachbG NRW, wonach der Eigentümer unter bestimmten Voraussetzungen dulden muss, dass sein Grundstück einschließlich der baulichen Anlagen zum Zweck von Bau- oder Instandsetzungsarbeiten auf dem Nachbargrundstück vorübergehend betreten und benutzt wird.

Darüber hinaus kann sich eine Duldungspflicht in manchen Fällen aus dem nachbarlichen Gemeinschaftsverhältnis[135] ergeben, wozu das OLG Stuttgart Folgendes entschieden hat:

> „Beim Fehlen einer ausdrücklichen Regelung im Landesnachbarrecht ist die vorübergehende Grundstücksbefestigung durch Rückverankerung einer Bohrpfahlwand im Nachbargrundstück gem. § 905 S. 2 BGB und nach den Grundsätzen des nachbarlichen Gemeinschaftsverhältnisses gegen Leistung eines angemessenen Ausgleichs dann zu dulden, wenn das geplante Vorhaben baurechtlich genehmigt ist und bei Beachtung der allgemein anerkannten Regeln der Baukunst eine wesentliche Gefährdung des Nachbargrundstücks ausgeschlossen werden kann, theoretisch denkbare kleinere Schäden dauerhaft saniert werden können, eine wesentliche merkantile Wertminderung des Nachbargrundstücks nicht eintritt und andererseits das Bauvorhaben über-

134 Vgl. zur Duldungspflicht des Nachbarn zur Inanspruchnahme seines Grundstücks sehr ausführlich Fuchs, S. 75 ff., zu den Eigentumsschranken insbesondere S. 108 ff.; vgl. zu den Beschränkungen des Grundstückeigentums auch Althammer, in: Staudinger, § 903 BGB, Rn. 13 ff.; Oblinger-Grauvogl/Hagmeier/Englert, in: Englert/Grauvogl/Maurer, 5. Kapitel, Rn. 251 ff.; jeweils m.w.N.

135 Vgl. ausführlich zum nachbarlichen Gemeinschaftsverhältnis S. 138 ff.

haupt nicht oder nur mit größeren Gefahren oder unverhältnismäßig hohen Kosten durchgeführt werden kann."[136]

Wird die Zustimmung des Nachbarn in diesen Fällen durch das Gericht herbeigeführt, wird teilweise von einem „faktischen Vertragsverhältnis" oder einem „vertragsähnlichen Verhältnis" gesprochen.[137] Auch wenn zweifelhaft ist, ob diese Terminologie zutrifft, so wird hiermit jedenfalls die richtige Rechtsfolge umschrieben.[138] Denn ist der Schuldner zur Abgabe einer Willenserklärung verurteilt, so gilt die Erklärung als abgegeben, sobald das Urteil die Rechtskraft erlangt hat, § 894 ZPO. Es treten die Rechtsfolgen ein, die eine entsprechende Willenserklärung ausgelöst hätte.[139] Die Rechte und Pflichten von Bauherr und Nachbar richten sich infolge der ersetzten Zustimmung daher nach Vertragsrecht.[140] Folglich ist der Bauherr gemäß § 241 Abs. 2 BGB zur Rücksichtnahme auf die Rechte, Rechtsgüter und Interessen des Nachbarn verpflichtet und haftet diesem im Falle der Schädigung nach §§ 280 Abs. 1, 241 Abs. 2 BGB.

cc) Zwischenergebnis

Verträge zwischen den Nachbarn werden in der Baupraxis durchaus häufiger abgeschlossen. Gleichwohl überwiegen die Fälle, in denen keine vertragliche Einigung über die Inanspruchnahme des Nachbargrundstücks herbeigeführt wird.[141]

---

136 OLG Stuttgart, NJW 1994, 739; vgl. zur Entscheidung des OLG Stuttgart Oblinger-Grauvogl/Hagmeier/Englert, in: Englert/Grauvogl/Maurer, 5. Kapitel, Rn. 326 ff.; Fuchs, S. 182 ff.

137 So etwa Korbion/Scherer, S. 234; Englert/Bauer, Rn. 172; Oblinger-Grauvogl/Hagmeier/Englert, in: Englert/Grauvogl/Maurer, 5. Kapitel, Rn. 325; kritisch Boisserée, S. 50 f.; im Ergebnis zustimmend, im Anschluss an Boisserée aber die Termini anzweifelnd Fuchs, S. 206, Fn. 880.

138 So auch Fuchs, S. 206, Fn. 880 zu den Zweifeln Boisserées, S. 50, dem die Auffassung (mit Verweis auf Korbion/Scherer, S. 233), dass eine Weigerung des Nachbarn im Einzelfall unbeachtlich sein könne, zu weit geht.

139 Gruber, in: MüKoZPO, § 894 ZPO, Rn. 14 m.w.N.; vgl. auch Fuchs, S. 206, Fn. 880.

140 Korbion/Scherer, S. 233 f.; Englert/Bauer, Rn. 172; Oblinger-Grauvogl/Hagmeier/Englert, in: Englert/Grauvogl/Maurer, 5. Kapitel, Rn. 325; Fuchs, S. 206, Fn. 880; a.A. Boisserée, S. 50 f.

141 Hierauf weist Fuchs, S. 203 hin.

b) Vertrag zugunsten Dritter

Gemäß § 328 Abs. 1 BGB kann durch einen Vertrag eine Leistung an einen Dritten mit der Wirkung bedungen werden, dass der Dritte unmittelbar das Recht erwirbt, die Leistung zu fordern. Nach der Auslegungsregel des § 328 Abs. 2 BGB ist aus den Umständen, insbesondere aus dem Zweck des Vertrages zu entnehmen, ob der Dritte das Recht erwerben soll.

Ein in der Literatur stets hervorgehobenes,[142] vom Bundesgerichtshof[143] entschiedenes Beispiel für einen Vertrag zugunsten des Nachbarn stellt ein Grundstückskaufvertrag dar, der die Käuferin zur Erfüllung bestimmter Auflagen verpflichtete, wozu es gehörte, dass die im Kaufvertrag vorgeschriebene Bauhöhe nicht überschritten wird. In der Pflicht zur Einhaltung der festgelegten Bauhöhe kann nach Auffassung des Bundesgerichtshofs eine vertragliche Leistungspflicht zugunsten des Nachbarn liegen.[144] Bei einer Auslegung nach § 328 Abs. 2 BGB seien die Umstände und insbesondere der Zweck der einschlägigen Vereinbarung festzustellen, wobei nicht übergangen werden dürfe, dass die Erhaltung des Gebietscharakters nur im Interesse der späteren Eigentümer der Baugrundstücke (also der Nachbarn) gelegen habe.[145]

Dementsprechend kann vor allem die Auslegung von Grundstückskaufverträgen mit Auflagen zur Baugestaltung zu dem Ergebnis gelangen, dass dem Dritten unmittelbare Rechte zugewendet werden sollen.[146] Daraus schließt *Boisserée*[147], dass auch Fallgestaltungen möglich seien, in denen die Nichteinhaltung bestimmter Bauabsprachen zugunsten der Nachbarn eine Schadensersatzhaftung für erlittene Gebäudeschäden auslösen könne. Als Beispiel nennt er Vereinbarungen bei Reihenhausbebauungen, die die Standsicherheit der Anliegergebäude zum Gegenstand haben.[148]

Möglicherweise könnte Entsprechendes für Bauabsprachen in Bauverträgen gelten, wenn der Bauunternehmer sich beispielsweise gegenüber dem Bauherrn zur Errichtung von Stützbauwerken verpflichtet, die die Standfestigkeit des Erdreichs und damit auch der Nachbarbebauung sichern

---

142 Vgl. etwa Pastor, in: Werner/Pastor, Rn. 2262; Inhuber, in: Motzke/Bauer/Seewald, § 12 Rn. 221; Boisserée, in: Boisserée/Fuchs, S. 185 f.; Boisserée, S. 39.

143 BGH, NJW 1975, 344.

144 BGH, NJW 1975, 344 f.

145 BGH, NJW 1975, 344, 345.

146 Pastor, in: Werner/Pastor, Rn. 2262 mit weiteren Beispielen aus der Rechtsprechung; dem folgend Boisserée, in: Boisserée/Fuchs, S. 186; Boisserée, S. 39.

147 Boisserée, in: Boisserée/Fuchs, S. 186; Boisserée, S. 39.

148 Boisserée, in: Boisserée/Fuchs, S. 186; Boisserée, S. 39.

sollen. Der Zweck der Maßnahme liegt vor allem auch darin, die Nachbarbebauung nicht zu schädigen. Allerdings stellt sich die Frage, worauf ein hieraus resultierender Anspruch des Nachbarn gerichtet sein sollte. Die Begründung eines Leistungsanspruchs des Nachbarn auf Errichtung von Stützbauwerken unabhängig von der vom Bauherrn beabsichtigten Bebauung entspricht nicht dem Zweck des Bauvertrages. Lässt der Bauherr sein Grundstück nicht vertiefen, hat der Nachbar kein Interesse an derartigen Maßnahmen. Leistungsberechtigter des Vertrages wird daher regelmäßig ausschließlich der Bauherr sein, der sein Grundstück gemäß § 909 BGB nicht in der Weise vertiefen darf, dass der Boden des Nachbargrundstücks die erforderliche Stütze verliert, es sei denn, dass für eine genügende anderweitige Befestigung gesorgt ist.

Immerhin in Ausnahmefällen kann von einem eigenständigen Leistungsanspruch des Nachbarn ausgegangen werden. Denkbar ist dies beispielsweise, wenn Absprachen zur Vornahme von Baumaßnahmen getroffen werden, die über das für die Abstützung notwendige Maß hinausgehen und dem Grundstück des Nachbarn einen über die schützende Wirkung hinausgehenden Mehrwert bieten.

In der Regel folgen aus dem Bauvertrag keine Leistungsansprüche des Nachbarn.

2. Der Bauvertrag als Vertrag mit Schutzwirkung zugunsten Dritter

Dass der Bauvertrag Schutzwirkung zugunsten Dritter entfaltet, wurde in der Rechtsprechung bereits in vielen Fällen angenommen.[149]

Bisher hat die Rechtsprechung Familienangehörige[150] und Hausangestellte[151] des Auftraggebers in den Schutzbereich des Bauvertrages einbezogen. Wird der Bauunternehmer vom Mieter beauftragt, schützt der Bauvertrag den Eigentümer.[152] Auch zugunsten des Nachbarn wird eine Schutzwirkung in der Rechtsprechung zum Teil angenommen.[153]

---

149 Vgl. eine ausführliche Rechtsprechungsübersicht bei Pastor, in: Werner/Pastor, Rn. 2270 f.; Gottwald, in: MüKoBGB, § 328 BGB, Rn. 244.

150 BGH, BeckRS 1956, 31371340; NJW 1994, 2231; vgl. Pastor, in: Werner/Pastor, Rn. 2270 m.w.N.

151 RGZ 127, 218.

152 BGH, NJW 1954, 874; so auch OLG Hamm, BeckRS 2018, 40173, Rn. 55.

153 Vgl. ausführlich hierzu S. 43 ff. m.N.

Dagegen wurde die Einbeziehung eines Bauunternehmers verneint, wenn er von einem anderen Bauunternehmer geschädigt wurde.[154] Ebenso wenig entfaltet der Vertrag zwischen Haupt- und Subunternehmer Schutzwirkung für den Bauherrn, da dieser nicht schutzbedürftig ist.[155]

Ob der Bauvertrag Schutzwirkung zugunsten des Mieters entfaltet, wurde nicht einheitlich beantwortet.[156] Während der Bundesgerichtshof eine Schutzwirkung bereits annahm,[157] lehnte er sie in einigen Entscheidungen mit der Begründung ab, dass der Mieter regelmäßig durch vertragliche Ansprüche gegen den Vermieter ausreichenden Schutz genieße.[158]

3. Darstellung der bisherigen Rechtsprechung im Nachbarschaftsverhältnis

a) Entscheidungen zugunsten des vertraglichen Drittschutzes

In einigen Entscheidungen hat die Rechtsprechung angenommen, dass auch der Nachbar in den Schutzbereich des Bauvertrages einzubeziehen sei.

In einer ersten Entscheidung des OLG Düsseldorf[159] aus dem Jahre 1964 ging es um eine vom Bauunternehmer nicht fachgerecht ausgeführte Errichtung einer Giebelmauer, die halbscheidig auf zwei Nachbargrundstücken errichtet wurde. Beim späteren Anbau musste der Nachbar zusätzliche Abstützmaßnahmen und Maurerarbeiten an der Giebelmauer vornehmen lassen, wodurch ihm Mehrkosten entstanden. Der Vertrag zwischen Bauherrn und Bauunternehmer wurde als Vertrag mit Schutzwirkung zugunsten des später anbauenden Nachbarn angesehen.[160] Begründet wurde dies damit, dass eine gemeinsame Grenzeinrichtung, wozu die Kommunmauer gehöre, beiden Nachbarn in gleicher Weise habe zugutekommen

154 BGH, NJW 1970, 38; vgl. Pastor, in: Werner/Pastor, Rn. 2271 m.w.N.

155 OLG Koblenz, NJW 2014, 1246, 1247; vgl. Pastor, in: Werner/Pastor, Rn. 2271 m.w.N.

156 Vgl. Pastor, in: Werner/Pastor, Rn. 2270 mit zahlreichen Rechtsprechungsnachweisen zu beiden Auffassungen.

157 BGH, BeckRS 1983, 30389536.

158 BGH, NJW-RR 1990, 726, 727; NJW 1994, 2231.

159 OLG Düsseldorf, NJW 1965, 539.

160 OLG Düsseldorf, NJW 1965, 539.

sollen.[161] Dies ergebe sich sowohl aus den Grundgedanken der §§ 921, 922 BGB als auch aus dem von der Rechtsprechung entwickelten nachbarlichen Gemeinschaftsverhältnis, das Grundstücksnachbarn nach Treu und Glauben zu gegenseitiger Rücksichtnahme verpflichte.[162] Es folge daraus weiter, dass die Giebelmauer vom Erstbauenden von vornherein mit Rücksicht auf den späteren Anbau so zu erstellen sei, dass sie sich dazu auch eigne.[163]

Während es in diesem Fall noch um eine gemeinsame Grenzeinrichtung ging, behandelten Folgeentscheidungen aus neuerer Zeit andere Konstellationen:

Das OLG Koblenz[164] bejahte einen vertraglichen Schadensersatzanspruch des Nachbarn gegen den Bauunternehmer in einem Fall, in dem Fundamentarbeiten an einer Mauer, die in der Nähe von der Grundstücksgrenze ausgeführt wurden, zum Einsturz einer auf dem Nachbargrundstück befindlichen anderen Mauer und hierdurch verursachten Beschädigungen an einer dort ebenfalls befindlichen Stallung führten. Das OLG Koblenz führte aus, dass sich eine bestimmungsgemäße Berührung des Dritten mit der Hauptleistung bereits aus der räumlichen Nähe zwischen der Mauer auf dem Nachbargrundstück, an welcher der Bauunternehmer Baumaßnahmen durchführte, und der eingestürzten Mauer auf dem Grundstück des geschädigten Nachbarn ergebe.[165] Die zwischen den Parteien streitige Frage, ob beide Mauern miteinander verbunden gewesen seien, könne auf sich beruhen, da auch ohne eine solche Verbindung jederzeit die Gefahr bestanden habe, dass sich die Baumaßnahmen auf das Nachbargrundstück auswirken könnten.[166] Hierfür sprächen auch die von einem Sachverständigen in seinem Gutachten angeführten DIN-Unfallverhütungsvorschriften, die nach der Darstellung des Sachverständigen gerade für Bauarbeiten an Grundstücksgrenzen eine im Vergleich zu anderen Bauausführungen hohe Regelungsdichte aufwiesen.[167]

Darüber hinaus bestünden für den Bauunternehmer erkennbar Schutzpflichten des Bauherrn gegenüber dem Nachbarn, die sich unabhängig

---

161 OLG Düsseldorf, NJW 1965, 539, 541 unter Bezugnahme auf die Entscheidung des BGH, NJW 1963, 161.
162 OLG Düsseldorf, NJW 1965, 539, 541 unter Bezugnahme auf die Entscheidung des BGH, NJW 1963, 161.
163 OLG Düsseldorf, NJW 1965, 539, 541.
164 OLG Koblenz, NJW-RR 2000, 544.
165 OLG Koblenz, NJW-RR 2000, 544.
166 OLG Koblenz, NJW-RR 2000, 544.
167 OLG Koblenz, NJW-RR 2000, 544.

von den gesetzlichen Vorschriften insbesondere aus dem nachbarlichen Gemeinschaftsverhältnis ergäben.[168]

In einem vom OLG Jena[169] entschiedenen Fall kam es durch den Einsturz eines Turms infolge von Baumaßnahmen zur Beschädigung eines benachbarten Mehrfamilienhauses. Das OLG Jena schloss sich der Ansicht des OLG Koblenz hinsichtlich des Schadensersatzanspruchs an.

Auch das Kammergericht[170] sprach dem Nachbarn einen Schadensersatzanspruch gegen den Bauunternehmer zu, weil es infolge von Vertiefungsarbeiten zu Setzungen und Rissbildungen am Nachbargebäude kam. Das Kammergericht bejahte zunächst einen Anspruch aus §§ 823, 909 BGB gegen den Bauunternehmer.[171]

Daneben nahm das Kammergericht eine Haftung nach den Grundsätzen des Vertrages mit Schutzwirkung zugunsten Dritter an.[172] Für die bestimmungsgemäße Leistungsnähe stellte es ebenso wie das OLG Koblenz auf die räumliche Nähe der Nachbargrundstücke ab.[173] Hierdurch werde offensichtlich, dass der Nachbar bestimmungsgemäß und nicht nur zufällig mit den Leistungen des Bauunternehmers in Berührung gekommen sei.[174] Weiter führte es aus, dass erkennbar Schutzpflichten des Bauherrn gegenüber dem Nachbarn bestanden hätten.[175] Diese ergäben sich aus dem nachbarlichen Gemeinschaftsverhältnis.[176] Unabhängig davon hätte der Bauherr an der Einbeziehung des Nachbarn in den Bauvertrag auch wegen der Verbotsnorm des § 909 BGB ein besonderes Interesse.[177] Die Drittbezogenheit des Vertrages und die Gläubigernähe seien für den Bauunternehmer auch erkennbar gewesen.[178] Ihm hätte ohne weiteres klar sein müssen, dass sich die Baumaßnahme auch auf das Nachbargrundstück auswirken könne.[179]

Diese Auffassung vertrat das Kammergericht[180] auch in einer späteren Entscheidung aus dem Jahre 2012. Der Bauherr hatte einen Generalunter-

---

168 OLG Koblenz, NJW-RR 2000, 544.
169 OLG Jena, IBRRS 2012, 0028; ablehnend Feldmann, IBR 2012, 148.
170 KG, IBRRS 2003, 2417; zustimmend Siegburg, EWiR 2004, 219.
171 KG, IBRRS 2003, 2417.
172 KG, IBRRS 2003, 2417.
173 KG, IBRRS 2003, 2417.
174 KG, IBRRS 2003, 2417.
175 KG, IBRRS 2003, 2417.
176 KG, IBRRS 2003, 2417.
177 KG, IBRRS 2003, 2417.
178 KG, IBRRS 2003, 2417.
179 KG, IBRRS 2003, 2417.
180 KG, IBRRS 2015, 0388.

nehmer mit der Planung und Durchführung von Bauarbeiten auf seinem Grundstück beauftragt. Infolge der Bauarbeiten wurden Bodenerschütterungen ausgelöst, wodurch das Gebäude auf dem Nachbargrundstück beschädigt wurde. Das Kammergericht nahm eine gesamtschuldnerische Haftung von Bauherrn und Bauunternehmer an.[181] Es bejahte einen Ausgleichsanspruch des Nachbarn gegen den Bauherrn aus § 906 Abs. 2 S. 2 BGB und einen Schadensersatzanspruch gegen den Bauunternehmer nach dem Gesichtspunkt des Vertrages mit Schutzwirkung zugunsten Dritter.[182] Die Begründung stimmt im Wesentlichen mit den voranstehend Dargestellten überein. Im Hinblick auf die Erkennbarkeit der Drittbezogenheit der Leistungen und der Gläubigernähe führte es noch aus, dass gerade ein vom Unternehmer initiiertes Bestandsgutachten über den Zustand des Nachbargebäudes vor Beginn der Baumaßnahmen belege, dass sich die Arbeiten auf das Nachbargrundstück auswirken könnten.[183]

Das AG Dülmen[184] erstreckte die Schutzwirkung eines Vertrages zur Neueindeckung einer Doppelhaushälfte auf den Eigentümer der anderen Haushälfte. An dessen Doppelhaushälfte waren infolge der fehlerhaften Verbindung der Dachhälften Feuchtigkeitsschäden eingetreten. Nach der Auffassung des Gerichts ergäben sich vertragliche Schutzpflichten zu Gunsten des Nachbarn daraus, dass zum Auftragsinhalt des Bauunternehmers gegenüber dem Bauherrn nicht nur die Neueindeckung, sondern auch die zur Neueindeckung gehörige Walzbleieinfassung, die die beiden Eindeckungen des Doppelhauses verbinden sollte, habe zählen sollen.[185] Diese Walzbleieinfassung diene für den Werkunternehmer erkennbar nicht nur dem Schutz vor eindringender Feuchtigkeit an dem Hause der Werkbesteller, sondern auch vielmehr dem Schutz vor Feuchtigkeitsschäden an der sich anschließenden Doppelhaushälfte des Nachbarn.[186] Soweit der Vertrag die Walzbleieinfassung betreffe, die die Dachhälften verbinde, stelle er einen Vertrag mit Schutzwirkung zugunsten des Nachbarn dar.[187]

181 KG, IBRRS 2015, 0388.
182 KG, IBRRS 2015, 0388.
183 KG, IBRRS 2015, 0388.
184 AG Dülmen, NZBau 2002, 395.
185 AG Dülmen, NZBau 2002, 395.
186 AG Dülmen, NZBau 2002, 395.
187 AG Dülmen, NZBau 2002, 395.

b) Entscheidungen gegen den vertraglichen Drittschutz

In anderen Entscheidungen hingegen wurde der vertragliche Drittschutz abgelehnt.

Der Bundesgerichtshof[188] hatte über Schadensersatzansprüche zu entscheiden, nachdem es infolge von Kanalbauarbeiten, die im Auftrag einer Verbandsgemeinde durchgeführt wurden, zu Rissen an einem benachbarten Wohngebäude und einige Jahre später zu einem Absenken des Gebäudes gekommen war. Das Berufungsgericht hatte einen Vertrag mit Schutzwirkung zugunsten Dritter noch für gegeben angesehen. Der Bundesgerichtshof hingegen erkannte nicht, woraus sich ein berechtigtes Interesse der Vertragsgläubigerin an der Begründung vertraglicher Schutzpflichten zugunsten des Nachbarn herleiten lasse.[189] Sie habe zum Nachbarn in keiner Sonderbeziehung gestanden und sei nur nach allgemeinen nachbar- und deliktsrechtlichen Vorschriften verpflichtet gewesen, dessen Rechtsgüter während der Kanalbauarbeiten nicht zu verletzen.[190] Auch aus Sinn und Zweck des vorliegenden Vertrages sei eine Einbeziehung nicht anzunehmen.[191]

Bejaht wurde letztlich ein Entschädigungsanspruch analog §§ 906 Abs. 2 S. 2, 909 BGB gegen die Verbandsgemeinde und ein deliktischer Schadensersatzanspruch aus § 823 Abs. 2 i.V.m. § 909 BGB gegen den Bauunternehmer.[192]

Auch vom OLG Frankfurt[193] wurde ein Vertrag mit Schutzwirkung zugunsten des Nachbarn abgelehnt. Es führte aus, dass sich eine ergänzende Vertragsauslegung dahingehend, alle Personen, die in irgendeiner Weise von der Durchführung eines Werkvertrages betroffen sein könnten, in dessen Schutzbereich einzubeziehen, verbiete, da ansonsten die Haftung des Werkunternehmers nicht mehr kalkulierbar sei.[194] Auf den Umstand, dass dem Bauunternehmer im zugrundeliegenden Fall Sicherungsmaßnahmen zugunsten des Nachbarhauses auferlegt wurden, könne nicht abgestellt werden, zumal für etwaige Schäden am Nachbarhaus der Abschluss einer

188 BGH, BeckRS 2013, 20079.
189 BGH, BeckRS 2013, 20079, Rn. 14.
190 BGH, BeckRS 2013, 20079, Rn. 14.
191 BGH, BeckRS 2013, 20079, Rn. 14.
192 BGH, BeckRS 2013, 20079, Rn. 16.
193 OLG Frankfurt am Main, IBRRS 2007, 1691.
194 OLG Frankfurt am Main, IBRRS 2007, 1691.

entsprechenden Versicherung auf Kosten des Bauunternehmers vereinbart worden sei.[195]

Das LG Frankfurt[196] stellte fest, dass weder der Bau- noch der Architektenvertrag einen Vertrag mit Schutzwirkung zugunsten des Nachbarn darstelle, selbst wenn diesbezügliche Arbeiten unmittelbar am angrenzenden Nachbargrundstück ausgeführt würden.

In vielen Entscheidungen mit vergleichbaren Sachverhalten wurde der Vertrag mit Schutzwirkung zugunsten Dritter gar nicht erst thematisiert und von vornherein nur auf deliktische Ansprüche, in erster Linie auf Ansprüche aus § 823 Abs. 2 i.V.m. § 909 BGB gegen den Bauunternehmer, abgestellt.[197] Dies kann allerdings nicht nur darauf zurückzuführen sein, dass die Einbeziehung des Nachbarn in den Schutzbereich des Vertrages nicht in Betracht kam, sondern auch darauf, dass diese Lösungsmöglichkeit schlicht vergessen oder auch deshalb nicht betrachtet wurde, weil aufgrund ohnehin bejahter deliktischer Ansprüche keine Notwendigkeit mehr für vertragliche Ansprüche bestand.

In der Literatur treffen die Entscheidungen, die den Nachbarn in den Schutzbereich des Vertrages einbezogen, zum Teil auf Kritik.[198]

---

195 OLG Frankfurt am Main, IBRRS 2007, 1691.

196 LG Frankfurt, IBRRS 2016, 1904.

197 Vgl. etwa OLG Düsseldorf, BauR 1993, 351, das alleine einen Anspruch aus § 823 Abs. 2 i.V.m. § 909 BGB annahm.

198 Zum Urteil des OLG Düsseldorf vgl. Anm. Hodes, NJW 1965, 539, 540; ablehnend auch Herding/Schmalzl, S. 508; Hadding, in: Soergel, Anh. § 328 BGB, Rn. 40; zu den oben dargestellten Urteilen des KG und des OLG Koblenz vgl. Pastor, in: Werner/Pastor, Rn. 2270; insgesamt ablehnend auch Boisserée, in: Boisserée/Fuchs, S. 188 ff.; Boisserée, S. 43 ff.; Fuchs, S. 208 ff.

3. Teil: Der Vertrag mit Schutzwirkung zugunsten Dritter

I. Die Funktion des Vertrages mit Schutzwirkung zugunsten Dritter

Zurückgehend auf die im römischen Recht von *Gaius*[199] vorgenommene Differenzierung zwischen der „obligatio ex contractu“ und der „obligatio ex delicto“, wird auch im deutschen System der Schadensersatzhaftung grundlegend zwischen der vertraglichen und der deliktischen Haftung unterschieden.[200] Bereits *Aristoteles*[201] hatte die freiwilligen (in erster Linie vertraglichen) Beziehungen den unfreiwilligen (deliktischen) Beziehungen gegenübergestellt.[202] Die grundsätzliche Übernahme dieser Zweiteilung zwischen Vertrags- und Deliktshaftung kommt durch eine unterschiedliche Ausgestaltung beider Haftungssysteme im BGB zum Ausdruck.[203]

Während die unerlaubte Handlung einen Verstoß gegen eine allgemeine, von jedem zu beachtende Rechtspflicht voraussetzt, betrifft die Vertragsverletzung eine Verletzung besonderer, ausschließlich zwischen den Vertragsparteien bestehender Pflichten.[204] Dass Dritte von den Wirkungen des Schuldverhältnisses grundsätzlich nicht betroffen werden, findet an verschiedenen Stellen im BGB Ausdruck (vgl. §§ 137, 241, 311, 328, 333 BGB).[205] Im Falle der Schädigung können sie grundsätzlich nur deliktische Ansprüche geltend machen. Durchgesetzt hat sich allerdings die Er-

---

199 Gaius, Institutiones, III 88.

200 Krebs, S. 47 ff. m.w.N.; Karampatzos, S. 29; vgl. auch Ernst, in: MüKoBGB, Einleitung SchuldR, Rn. 36, Fn. 50.

201 Aristoteles, die Nikomanische Ethik, 5. Buch, 1131a, übersetzt von Gigon: „Freiwillig sind etwa Kauf, Verkauf, Darlehen, Bürgschaft, Nutznießung, Deposition, Miete. [...] Von den unfreiwilligen Verkehrsformen sind die einen verborgene, wie Diebstahl, Ehebruch, Giftmischerei, Kuppelei, Sklavenverführung, Meuchelmord, falsches Zeugnis; die anderen sind gewaltsam, wie Misshandlung [...].“

202 S. hierzu Krebs, S. 47 f. m.w.N.; vgl. auch Karampatzos, S. 29.

203 Vgl. hierzu Krebs, S. 53 ff.

204 BGH, NJW 1992, 1511, 1512 m.w.N.; vgl. zu den Unterschieden zwischen Vertrag und Delikt auch Krebs, S. 47 ff., 561 f.; Hager, in: Staudinger, Vor. §§ 823 ff. BGB, Rn. 37.

205 Olzen, in: Staudinger, § 241 BGB, Rn. 302; vgl. zum Relativitätsgrundsatz Olzen, in: Staudinger, § 241 BGB, Rn. 299 ff.; Neuner, JZ 1999, 126; Looschelders/Makowsky, JA 2012, 721.

kenntnis, dass das BGB der „Sozialwirkung der Schuldverhältnisse“ nicht gerecht wird.[206] Denn: „In seiner Verwirklichung schlägt fast jedes Rechtsverhältnis einen Kreis um weitere Personen, die es in von innen nach außen abnehmender Intensität‚erfahren‘.“[207] Herausgebildet hat sich der Vertrag mit Schutzwirkung zugunsten Dritter, der dieser „Sozialwirkung“ Rechnung tragen soll, indem er bestimmte Dritte in den vertraglichen Schutzbereich einbezieht. Ziel ist es, dem Dritten, der in besonderer Weise mit der Vertragserfüllung in Berührung kommt, nicht lediglich den – im Vergleich zum Vertragsrecht – schwächeren deliktischen Schutz zukommen zu lassen.[208]

Einer der wesentlichen Gründe für eine Ausdehnung der Schutzwirkung wird darin gesehen, dass der Schuldner im Rahmen vertraglicher Haftung das Verschulden seiner gesetzlichen Vertreter und der Personen, deren er sich zur Erfüllung seiner Verbindlichkeit bedient, in gleichem Umfang zu vertreten hat wie eigenes Verschulden (§ 278 S. 1 BGB).[209] Das Deliktsrecht sieht in § 831 Abs. 1 S. 1 BGB zwar eine Haftung für den Verrichtungsgehilfen vor. Für diese ist in § 831 Abs. 1 S. 2 BGB allerdings eine Entlastungsmöglichkeit vorgesehen, die es in § 278 BGB nicht gibt und daher als wesentliche Schwäche des Deliktsrechts angesehen wird.[210] Darüber hinaus unterscheidet sich der Verrichtungsgehilfe im Sinne des § 831 Abs. 1 S. 1 BGB vom Erfüllungsgehilfen im Sinne des § 278 S. 1 BGB.[211] Anders als der Erfüllungsgehilfe zeichnet sich der Verrichtungsge-

---

206 Gernhuber, in: FS für A. Nikisch, S. 249, 250; vgl. auch ders., JZ 1962, 553, 554; ders., Das Schuldverhältnis, S. 462; vgl. dazu auch Bastein, S. 28 ff.; Gottwald, in: MüKoBGB, § 328 BGB, Rn. 172; Klumpp, in: Staudinger, § 328 BGB, Rn. 92; Karampatzos, S. 36.

207 Gernhuber, in: FS für A. Nikisch, S. 249.

208 Klumpp, in: Staudinger, § 328 BGB, Rn. 91; Grüneberg, in: Palandt, § 328 BGB, Rn. 13; Gottwald, in: MüKoBGB, § 328 BGB, Rn. 166; Westermann, in: Erman BGB, § 328 BGB, Rn. 11; Larenz, SchuldR AT, S. 225; Brox/Walker, SchuldR AT, § 33, Rn. 4 f.; Joussen, SchuldR AT, Rn. 1202; Sonnenschein, JA 1979, 225, 226; Canaris, in: FS für K. Larenz, S. 27, 85; Zugehör, NJW 2000, 1601, 1602; Karampatzos, S. 38 ff. mit zahlreichen weiteren Nachweisen.

209 Klumpp, in: Staudinger, § 328 BGB, Rn. 91; Grüneberg, in: Palandt, § 328 BGB, Rn. 13; Gottwald, in: MüKoBGB, § 328 BGB, Rn. 166; Gernhuber, in: FS für A. Nikisch, S. 249, 252; Larenz, SchuldR AT, S. 225; Karampatzos, S. 38 ff. m.w.N.

210 Klumpp, in: Staudinger, § 328 BGB, Rn. 91; Brox/Walker, SchuldR AT, § 33, Rn. 4; Sonnenschein, JA 1979, 225, 226; Canaris, in: FS für K. Larenz, S. 27, 85; Karampatzos, S. 38 ff. m.w.N.

211 BGH, NJW 2013, 1002, Rn. 16; Canaris, in: FS für K. Larenz, S. 27, 87; s. auch Hager, in: Staudinger, Vor. §§ 823 ff. BGB, Rn. 37; Wagner, in: MüKoBGB, § 831 BGB, Rn. 14.

hilfe durch seine Abhängigkeit und Weisungsgebundenheit aus,[212] sodass selbstständige Unternehmer zwar Erfüllungsgehilfen, nicht aber Verrichtungsgehilfen sein können.[213]

Weitere Vorteile vertraglicher Haftung liegen in der für den Geschädigten günstigeren Beweislastverteilung des § 280 Abs. 1 S. 2 BGB[214] und in der allgemeinen Ersatzfähigkeit von Vermögensschäden[215].

II. Entwicklung des Vertrages mit Schutzwirkung zugunsten Dritter

1. Der Vertrag mit Schutzwirkung zugunsten Dritter in der Rechtsprechung des Reichsgerichts

Die ersten Entscheidungen zum Vertrag mit Schutzwirkung zugunsten des Dritten stammen vom Reichsgericht.[216]

Im Jahre 1915 sprach das Reichsgericht nicht nur dem Vertragsschließenden, sondern auch dessen mitfahrender Frau und Tochter vertragliche Schadensersatzansprüche aus einem Beförderungsvertrag zu, nachdem diese infolge eines Unfalls bei der Beförderung verletzt wurden.[217] Es führte aus, dass der Beförderungsvertrag gleichzeitig zugunsten der mitfahrenden Frau und Tochter abgeschlossen worden sei, sodass diese als „Dritte" gemäß § 328 BGB unmittelbar das Recht erworben hätten, die

---

212 BGH, NJW 1988, 1380, 1381; NJW 2013, 1002, Rn. 16; NJW-RR 2014, 614, Rn. 12; Wagner, in: MüKoBGB, § 831 BGB, Rn. 14; Teichmann, in: Jauernig, § 831 BGB, Rn. 5; Staudinger, in: HK-BGB, § 831 BGB, Rn. 7.

213 BGH, NJW 2013, 1002, Rn. 16; Wagner, in: MüKoBGB, § 831 BGB, Rn. 14 m.w.N.; Förster, in: BeckOK BGB, § 831 BGB, Rn. 20 m.w.N.; eine Schwäche deliktischer Haftung sehen hierin u.a. Canaris, in: FS für K. Larenz, S. 27, 87; Gottwald, in: MüKoBGB, § 328 BGB, Rn. 168; Karampatzos, S. 39 m.w.N., der darauf hinweist, dass dies in der Literatur oftmals übersehen werde.

214 Klumpp, in: Staudinger, § 328 BGB, Rn. 91; Grüneberg, in: Palandt, § 328 BGB, Rn. 13; Gottwald, in: MüKoBGB, § 328 BGB, Rn. 166; Brox/Walker, SchuldR AT, § 33, Rn. 5; Karampatzos, S. 41 ff. m.w.N.; zur Beweislastverteilung des § 280 Abs. 1 S. 2 BGB vgl. auch Schwarze, in: Staudinger, § 280 BGB, Rn. F2.

215 Klumpp, in: Staudinger, § 328 BGB, Rn. 91; Gottwald, in: MüKoBGB, § 328 BGB, Rn. 166; Brox/Walker, SchuldR AT, § 33, Rn. 5; Sonnenschein, JA 1979, 225, 226; Zugehör, NJW 2000, 1601, 1602; vgl. grundlegend zur Ersatzfähigkeit von Vermögensschäden beim Vertrag mit Schutzwirkung zugunsten Dritter BGH, NJW 1965, 1955, 1957.

216 Vgl. eine Übersicht zur Rechtsprechung des RG bei Gernhuber, in: FS für A. Nikisch, S. 249, 253 ff.; Keitel, S. 7 ff.; Ziegltrum, S. 11 ff.

217 RGZ 87, 64.

Leistung, das heißt die ordnungsgemäße und ungefährdete Beförderung zu verlangen.[218] Die Beklagte sei daher auch allen drei Fahrgästen haftbar gewesen.[219]

Im Jahre 1917 erging eine Entscheidung zum Mietvertragsrecht.[220] Hier erkrankte die Tochter des Mieters an Tuberkulose, weil die bezogene und mit Tuberkulosebazillen behaftete Dienstwohnung nicht rechtzeitig desinfiziert wurde. Das Reichsgericht bejahte unmittelbare Schadensersatzansprüche der Tochter und begründete seine Entscheidung unter Berufung auf § 328 BGB damit, dass dem Mieter einer Familienwohnung, wenn nicht besondere Umstände eine abweichende Auffassung bedingen würden, die für den Vermieter erkennbare Absicht unterstellt werden müsse, beim Abschluss des Mietvertrages auch die Interessen der mit ihm zusammenlebenden Angehörigen nach Möglichkeit wahrzunehmen und zu diesem Zwecke ihnen dieselben Rechte gegen den Vermieter zu verschaffen, die ihm selbst zustünden.[221] Denn ohne eine solche Ausdehnung der Vertragspflichten des Vermieters seien die Angehörigen auf außervertragliche Ansprüche beschränkt.[222] Eine solche verschiedene Gestaltung der Rechtslage des Mieters und seiner Angehörigen widerstrebe dem gesunden Rechtsgefühl und entspreche deshalb nicht den Vertragsabsichten des Mieters, der seine Angehörigen, wie sich der Vermieter nicht verhehlen könne, in Bezug auf Ersatzansprüche der bezeichneten Art nicht schlechter stellen wolle als sich selbst.[223]

Im Jahre 1930 bejahte das Reichsgericht die drittschützende Wirkung eines Werkvertrages.[224] Nach dem Umzug in eine neue Wohnung gab eine Witwe die Verlegung einer Gasuhr in Auftrag. Aufgrund einer fehlerhaften Beschraubung durch den Installateur strömte Gas aus. Auf der Suche nach der undichten Stelle zündete die Aufwärterin der Witwe ein Streichholz an, wodurch sich das Gas entzündete und zu erheblichen Verletzungen bei der Aufwärterin führte. Das Reichsgericht führte aus, dass der von der Witwe verfolgte und auch der Beklagten erkennbare Zweck des Werkvertrages der gewesen sei, dass die Gasuhr ordnungsgemäß verlegt werde und dass weder für sich selbst, noch für Personen, denen sie nach

218 RGZ 87, 64, 65.
219 RGZ 87, 64, 65.
220 RGZ 91, 21.
221 RGZ 91, 21, 24.
222 RGZ 91, 21, 24.
223 RGZ 91, 21, 24.
224 RGZ 127, 218.

§ 618 BGB schadensersatzpflichtig werden könne, infolge der Ausführung des Werkes Gefahren für Leib und Leben erwüchsen.[225]

Als Grundlage zog das Reichsgericht in allen Fällen unmittelbar § 328 BGB heran, der den Vertrag zugunsten Dritter regelt.[226] Geleitet wurde die Rechtsprechung des Reichsgerichts von Fürsorgeerwägungen, sodass ein Drittschutz hauptsächlich zugunsten Angehöriger, Mieter oder Angestellter angenommen wurde und anfänglich ausschließlich Körper- und Eigentumsverletzungen betraf.[227]

2. Der Vertrag mit Schutzwirkung zugunsten Dritter in der Rechtsprechung des Bundesgerichtshofs

a) Entwicklung im Anschluss an *Larenz*

Der Bundesgerichtshof schloss sich der Rechtsprechung des Reichsgerichts an und sprach zunächst ebenfalls von einem echten Vertrag zugunsten Dritter (§ 328 BGB).[228]

An der unmittelbaren Anwendung des § 328 BGB übte *Larenz*[229] Kritik. Er stellte fest, dass § 328 BGB klar und eindeutig, seinem Wortlaut und seinem Sinn nach, den Vertrag auf „Leistung" an einen Dritten regele.[230] Bei der Lehre zur Begründung vertraglicher Schutzpflichten gegenüber Dritten gehe es – so führt *Larenz*[231] weiter aus – aber darum, dass die von der Leistungspflicht zu unterscheidende Sorgfaltspflicht nicht nur gerade dem Vertragsgegner, dem Leistungsberechtigten, sondern auch gewissen dritten Personen gegenüber zu beachten sei. Es handele sich daher nicht um den in § 328 BGB geregelten Vertrag auf Leistung an einen Dritten, sondern um einen „Vertrag mit Schutzwirkung zugunsten bestimmter

---

225 RGZ 127, 218, 225.

226 Vgl. ausführlich zu der vom Reichsgericht herangezogenen Grundlage Keitel, S. 15 ff.; Ziegltrum, S. 25 ff.

227 Vgl. hierzu näher Vogenauer, in: HKK, §§ 328–335 BGB, Rn. 122; Hofer, ZRG (GA), 117 (2000), 377, 384 ff. m.w.N.

228 Vgl. etwa BGH, NJW 1953, 977; vgl. zur Entwicklung der Rechtsprechung des BGH Ziegltrum, S. 30 ff.; Keitel, S. 19 ff.; Hofer, ZRG (GA), 117 (2000), 377, 387 ff.; jeweils m.N.

229 Larenz, NJW 1956, 1194; ders., NJW 1960, 78 ff.; vgl. auch ders., SchuldR AT, S. 225 f.

230 Larenz, NJW 1956, 1194.

231 Larenz, NJW 1956, 1194.

Dritter"; eine im Gesetz nicht geregelte neue Rechtsfigur, die erst von der Rechtsprechung geschaffen worden sei.[232] Die §§ 328 ff. BGB seien auf diese Art von Verträgen höchstens entsprechend, zum größten Teil aber gar nicht anwendbar.[233] Grundlage sei nicht – wie vom Reichsgericht angenommen – eine „stillschweigende" Vereinbarung, sondern eine „Ergänzung der Parteierklärungen" gemäß dem „Sinne" des Vertrages und den Anforderungen einer immanenten Vertragsgerechtigkeit („Treu und Glauben").[234]

Als Rechtfertigungsgrund für die Schutzwirkung nennt *Larenz*[235] die Fürsorgepflicht des Vertragsgläubigers gegenüber Dritten. Sei der Vertragsgläubiger für ihr „Wohl und Wehe" mitverantwortlich, habe der Gläubiger ebenso sehr ein Interesse daran, dass diese Personen nicht durch von dem Vertragspartner zu vertretende Mängel der Leistung zu Schaden kämen, wie, dass er selbst nicht zu Schaden komme.[236]

Die Auffassung von *Larenz*[237], dass der Vertrag mit Schutzwirkung zugunsten Dritter kein echter Vertrag zugunsten Dritter im Sinne des § 328 BGB sei, hat sich sowohl in der Rechtsprechung als auch in der Literatur zügig durchgesetzt.[238] *Larenz*[239] spricht von einem „im Gesetz nicht geregelten schwächeren Typus des „Vertrages zugunsten Dritter" im weiteren Sinne". Beide Figuren unterscheiden sich dadurch, dass nur beim Vertrag zugunsten Dritter Primärleistungsansprüche des Dritten begründet werden, während der Vertragsschuldner beim Vertrag mit Schutzwirkung zugunsten Dritter lediglich die allgemeinen Sorgfaltspflichten gegenüber

---

232 Larenz, NJW 1956, 1194.

233 Larenz, NJW 1956, 1194.

234 Larenz, NJW 1956, 1194.

235 Larenz, NJW 1956, 1194.

236 Larenz, NJW 1956, 1194.

237 S. hierzu Nachweise in Fn. 229.

238 Vgl. BGH, NJW 1959, 1676 f.; NJW 1965, 1955, 1956; Klumpp, in: Staudinger, § 328 BGB, Rn. 89, 97; Grüneberg, in: Palandt, § 328 BGB, Rn. 13; Hadding, in: Soergel, Anh. § 328 BGB, Rn. 4; Schulze, in: HK-BGB, § 328 BGB, Rn. 12; Schinkels, in: jurisPK-BGB, § 328 BGB, Rn. 68; Kümmeth, S. 150 ff.; Ziegler, JuS 1979, 328; Karampatzos, S. 32 ff.; anders Gernhuber, in: FS für A. Nikisch, S. 249, 264, der ausführt, dass es sich nicht um einen ganz neuen Vertragstyp handele, sondern um eine Rechtsfigur, die nirgendwo die Grenzen der §§ 328 ff. BGB überschreite; ähnlich Caemmerer, in: FS für F. Wieacker, S. 311, 315.

239 Larenz, SchuldR AT, S. 226.

dem Dritten zu beachten hat; wird der Dritte durch eine Sorgfaltspflichtverletzung geschädigt, kann er Schadensersatz verlangen.[240]

b) Erweiterung des Anwendungsbereichs des Vertrages mit Schutzwirkung zugunsten Dritter

Nur wenige Jahre später setzte eine Entwicklung ein hin zu einer immer weiteren Ausdehnung des vertraglichen Drittschutzes.[241] Dies begann mit einer Entscheidung des Bundesgerichtshofs aus dem Jahre 1965, nach der erstmals nicht ausschließlich Personen- und Sachschäden, sondern reine Vermögensschäden ersetzt wurden.[242] Neu war an dieser Entscheidung auch, dass der zu ersetzende Schaden des Dritten nicht infolge einer Schutzpflichtverletzung, sondern infolge einer Leistungspflichtverletzung eingetreten war. Nach der Auffassung des Bundesgerichtshofs stand dies einem unmittelbaren Schadensersatzanspruch des Dritten nicht entgegen.[243]

Im sogenannten Gemüseblattfall wendete der Bundesgerichtshof die Grundsätze des Vertrages mit Schutzwirkung zugunsten Dritter auf ein vorvertragliches Schuldverhältnis an.[244]

Im Lastschriftverfahren-Fall verzichtete er auf das Erfordernis eines personenrechtlichen Einschlags im Innenverhältnis zwischen Gläubiger und Drittem.[245] Die bis dato geltende Anforderung eines Fürsorgeverhältnisses erklärte er für „unnötig eng“, wenn es sich um Massengeschäfte eines bestimmten Typus mit einem einheitlich praktiziertem Verfahren handele, das dem Rechtsverkehr in großem Stile unter Inanspruchnahme des Ver-

240 Im Anschluss an Larenz, NJW 1956, 1194; ders.; NJW 1960, 78, 79; ders., SchuldR AT, S. 225 f. vgl. u.a. BGH, NJW 1959, 1676 f.; Klumpp, in: Staudinger, § 328 BGB, Rn. 89; Grüneberg, in: Palandt, § 328 BGB, Rn. 13; Schulze, in: HK-BGB, § 328 BGB, Rn. 12; Schinkels, in: jurisPK-BGB, § 328 BGB, Rn. 68; Karampatzos, S. 32 ff.

241 Vgl. ausführlich zu dieser Entwicklung Damm, JZ 1991, 373, 378 f.; Ziegltrum, S. 45 ff.; Bayer, JuS 1996, 473, 474 f.; Hofer, ZRG (GA), 117 (2000), 377, 389 ff.

242 BGH, NJW 1965, 1955 (Anwaltsvertrag); vgl. hierzu auch Ziegltrum, S. 45 f., 47 ff.; Bayer, JuS 1996, 473, 474 mit zahlreichen weiteren Rechtsprechungsbeispielen zur Haftung für Vermögensschäden Dritter in Fn. 22.

243 BGH, NJW 1965, 1955, 1957.

244 BGH, NJW 1976, 712 (Ein Kind rutscht in einem Selbstbedienungsladen auf einem Gemüseblatt aus und verletzt sich).

245 BGH, NJW 1977, 1916; vgl. hierzu Assmann, JuS 1986, 885, 889 f.; Ziegltrum, S. 51 ff.; Bayer, JuS 1996, 473, 474 f.

trauens auf sach- und interessengerechte Abwicklung angeboten werde.[246] Auch wenn der Bundesgerichtshof von dieser Rechtsprechung vor einigen Jahren ausdrücklich Abstand nahm,[247] bleibt die Lastschriftverfahrens-Entscheidung in Bezug auf das Gläubigerinteresse ein richtungsweisender Eckpfeiler. Bereits im Jahre 1976 hatte der Bundesgerichtshof ausgeführt, dass es für den Drittschutz nicht entscheidend sei, ob der Dritte selbstständiger Unternehmer oder eine sozial abhängige Person sei.[248]

Den Höhepunkt der Entwicklung des vertraglichen Drittschutzes bilden die Fälle der Expertenhaftung. Hier haftet der Sachverständige für die Richtigkeit seines Gutachtens, wenn er erkennen kann, dass sein Gutachten dazu bestimmt ist, einem Dritten eine Grundlage für Vermögensdispositionen zu schaffen.[249] Dies soll nach der Rechtsprechung des Bundesgerichtshofs sogar dann gelten, wenn die Interessen von Auftraggeber und Drittem gegenläufig sind.[250]

Obwohl es in der Literatur starke Kritik an der Ausweitung des vertraglichen Drittschutzes gab[251] und teilweise von einem „Konturverlust des Vertrags mit Schutzwirkung für Dritte“[252] gesprochen wurde, hat der Bundesgerichtshof seine Tendenzen zur immer großzügigeren Anwendung des Vertrages mit Schutzwirkung zugunsten Dritter nicht rückgängig gemacht.

Auf den Punkt gebracht betitelt *Ziegltrum*[253] ihre Dissertation: „Der Vertrag mit Schutzwirkung für Dritte – vom‚Fürsorgeverhältnis‘ zu‚gegenläufigen Interessen‘“. Insgesamt hat der Vertrag mit Schutzwirkung zuguns-

---

246 BGH, NJW 1977, 1916.

247 BGH, NJW 2008, 2245.

248 BGH, NJW 1976, 1843, 1844; vgl. auch Hofer, ZRG (GA), 117 (2000), 377, 391 mit weiteren Rechtsprechungsnachweisen zum Wandel im Hinblick auf den begünstigten Personenkreis.

249 BGH, NJW 1984, 355, 356 m.w.N.; vgl. Bayer, JuS 1996, 473, 475, Fn. 34 mit zahlreichen weiteren Rechtsprechungsnachweisen zur Expertenhaftung.

250 BGH, NJW 1995, 392.

251 Vgl. u.a. Böhmer, JR 1966, 173: „Bedenkliche Konstruktion einer Vertragshaftung“; Kreuzer, JZ 1976, 778 ff. zur Ausdehnung auf die c. i. c.; Berg, NJW 1978, 2018, 2019 zur Aufgabe der „Wohl-und-Wehe-Formel“; Picker, JZ 1987, 1041; Canaris, JZ 1995, 441, 443; Neuner, JZ 1999, 126, 129 zur Aufgabe der „Wohl-und-Wehe-Formel“; Honsell, in: FS für D. Medicus, S. 211 generell zur Expertenhaftung; Haferkamp, in: Dauner-Lieb/Konzen/Schmidt, S. 171; vgl. hierzu auch Gottwald, in: MüKoBGB, § 328 BGB, Rn. 167 f.

252 Haferkamp, in: Dauner-Lieb/Konzen/Schmidt, S. 171; so für das Kriterium der „Gläubigernähe“ bereits Junker, S. 68; Canaris, JZ 1995, 441, 443.

253 Ziegltrum, Der Vertrag mit Schutzwirkung für Dritte – vom „Fürsorgeverhältnis“ zu „gegenläufigen Interessen“, 1992.

ten Dritter einen starken Wandel erfahren.[254] Aus der ursprünglich eng begrenzten und durch soziale Gesichtspunkte geleiteten Haftungsfigur hat sich ein Rechtsinstitut entwickelt, das Eingang in nahezu alle Rechtsbereiche gefunden hat.[255]

III. Rechtsgrundlage des Vertrages mit Schutzwirkung zugunsten Dritter

Die Figur des Vertrages mit Schutzwirkung zugunsten Dritter ist mittlerweile anerkannt. Uneinigkeit besteht indessen über die Rechtsgrundlage.

Auch wenn die Rechtsprechung sich grundsätzlich auf eine ergänzende Vertragsauslegung stützt,[256] hat sie die Frage nach der Rechtsgrundlage in einigen Entscheidungen offen gelassen.[257] Ebenso wird in der Literatur zum Teil vertreten, dass die dogmatische Einordnung für die praktische Rechtsanwendung ohne Bedeutung sei, da über die Anwendungsvoraussetzungen Konsens bestünde.[258] Es trifft zwar zu, dass über die Kriterien weitgehend Einigkeit herrscht. Wird aus diesen Erwägungen aber eine Begründung dahingehend stehen gelassen, so vernachlässigt dies, dass die Auslegung einiger der anerkannten Voraussetzungen doch „im Lichte der Rechtsgrundlage“ des Vertrages mit Schutzwirkung zugunsten Dritter beeinflusst wird.[259]

1. Heranziehung des § 328 BGB

Dass § 328 BGB entgegen der Überzeugung des Reichsgerichts nicht als Rechtsgrundlage des Vertrages mit Schutzwirkung zugunsten Dritter her-

254 Vgl. hierzu Hofer, ZRG (GA), 117 (2000), 377.

255 Vgl. zu dieser Entwicklung Hofer, ZRG (GA), 117 (2000), 377, 387 ff.

256 Vgl. hierzu S. 60.

257 Vgl. etwa BGH, NJW 1975, 867, 869; NJW 1977, 2073, 2074 m.w.N.

258 U.a. Looschelders, SchuldR AT, § 9, Rn. 7; Lorenz, in: Medicus/Lorenz, SchuldR I AT, Rn. 867; Brox/Walker, SchuldR AT, § 33, Rn. 6 bezeichnen die Auswirkungen als „gering“; so auch Schinkels, in: jurisPK-BGB, § 328 BGB, Rn. 70: „graduell“.

259 Zenner, NJW 2009, 1030, der die Wirkungen verschiedener Rechtsgrundlagen auf Voraussetzungen und Rechtsfolgen untersucht hat; zu den Konsequenzen unterschiedlicher Rechtsgrundlagen vgl. u.a. auch Gernhuber, Das Schuldverhältnis, S. 531 f.; Dickes, S. 38 f., 47 f.; Bell, S. 86 f.; Karampatzos, S. 69; Schinkels, in: jurisPK-BGB, § 328 BGB, Rn. 72.

angezogen werden kann, ist mittlerweile anerkannt.[260] Dieser begründet anders als der in § 328 BGB geregelte Vertrag zugunsten Dritter nämlich keine Primärleistungsansprüche des Dritten, sondern erstreckt lediglich die Schutzwirkung des Vertrages auf den Dritten.[261]

2. Anwendung des § 311 Abs. 3 BGB

In der Literatur wird zum Teil die Ansicht vertreten, dass als Grundlage § 311 Abs. 3 S. 1 BGB herangezogen werden könne, der bestimmt, dass ein Schuldverhältnis mit Pflichten nach § 241 Abs. 2 BGB auch zu Personen entstehen kann, die nicht selbst Vertragspartei werden sollen.[262] Der Vertrag mit Schutzwirkung zugunsten Dritter sei als Ausprägung dieser Grundregel zu verstehen.[263] Der Wortlaut des § 311 Abs. 3 S. 1 BGB lässt eine solche Annahme zwar zu.[264] Dagegen spricht jedoch Satz 2, der besagt, dass ein solches Schuldverhältnis insbesondere entsteht, wenn der Dritte in besonderem Maße Vertrauen für sich in Anspruch nimmt und dadurch die Vertragsverhandlungen oder den Vertragsschluss erheblich beeinflusst, und somit ausschließlich Fälle der Dritthaftung anspricht.[265] Gegen dieses Argument werden die offene Formulierung des § 311 Abs. 3 S. 1 BGB[266] und die Wendung „insbesondere" in Satz 2 angeführt, aus der sich ergebe, dass keine abschließende Regelung getroffen werden solle[267].

---

260 Vgl. Nachweise hierzu in Fn. 238.

261 Larenz, NJW 1956, 1194; ders., NJW 1960, 78, 79; vgl. auch ders., SchuldR AT, S. 225 f.

262 Looschelders, SchuldR AT, § 9, Rn. 6; Brox/Walker, SchuldR AT, § 33, Rn. 6; Fikentscher/Heinemann, Rn. 305; Harke, SchuldR AT, Rn. 433; Becker, in: Dauner-Lieb/Langen, § 311 BGB, Rn. 109 ff.; Canaris, JZ 2001, 499, 520 f.; Schwab, JuS 2002, 872, 873; Lorenz, in: Medicus/Lorenz, SchuldR I AT, Rn. 867 spricht zwar nicht von einer Rechtsgrundlage, aber von einer „gewissen Anerkennung durch den Gesetzgeber" durch § 311 Abs. 3 BGB.

263 Looschelders, SchuldR AT, § 9, Rn. 6.

264 Becker, in: Dauner-Lieb/Langen, § 311 BGB, Rn. 110 f.; Hadding, in: Soergel, Anh. § 328 BGB, Rn. 5 bezeichnet den Wortlaut als „inhaltsleer".

265 Hierauf weist Looschelders, SchuldR AT, § 9, Rn. 6 hin, wenn auch er den Vertrag mit Schutzwirkung zugunsten Dritter im Ergebnis als „Ausprägung der Grundregel des § 311 Abs. 3 S. 1 BGB" versteht; vgl. auch Soergel, in: Hadding, Anh. § 328 BGB, Rn. 5; Harke, SchuldR AT, Rn. 433; Westermann, in: FS für H. Honsell, S. 137, 150; Zenner, NJW 2009, 1030, 1033.

266 Canaris, JZ 2001, 499, 520; so auch Becker, in: Dauner-Lieb/Langen, § 311 BGB, Rn. 111; vgl. auch Harke, SchuldR AT, Rn. 433.

267 Looschelders, SchuldR AT, § 9, Rn. 6.

Doch selbst wenn dieser Einwand durchgreifen sollte, so sprechen darüber hinaus weitere Gründe gegen eine Heranziehung des § 311 Abs. 3 S. 1 BGB. Sowohl § 311 Abs. 2 BGB als auch Abs. 3 beziehen sich auf vorvertragliche Schuldverhältnisse und eine Haftung aus culpa in contrahendo; auf die Konstellation des Vertrages mit Schutzwirkung zugunsten Dritter, bei der es regelmäßig bereits zum Vertragsschluss gekommen ist,[268] sind sie dagegen nicht zugeschnitten.[269]

Darüber hinaus ergibt sich aus § 311 Abs. 3 S. 2 BGB, dass es in § 311 Abs. 3 BGB speziell um den Fall der besonderen Inanspruchnahme von Vertrauen geht;[270] ein besonderes Vertrauen zwischen Vertragsschuldner und Drittem wird beim Vertrag mit Schutzwirkung zugunsten Dritter oftmals allerdings nicht vorhanden sein.[271]

Abweichendes könnte sich für die Expertenhaftung ergeben, für die möglicherweise (ohne hierauf an dieser Stelle näher eingehen zu wollen) auf § 311 Abs. 3 BGB zurückgegriffen werden kann.[272] Jenseits dieser Fälle folgt die Haftung zugunsten des Dritten aus den vorgenannten Gründen jedenfalls nicht aus § 311 Abs. 3 BGB.[273] Für den Großteil des Anwendungsbereiches des Vertrages mit Schutzwirkung zugunsten Dritter ist daher eine andere Rechtsgrundlage heranzuziehen.

---

268 Wobei die Grundsätze des vertraglichen Drittschutzes auch auf vorvertragliche Schuldverhältnisse angewendet werden.

269 Klumpp, in: Staudinger, § 328 BGB, Rn. 99; Soergel, in: Hadding, Anh. § 328 BGB, Rn. 5; Feldmann, in: Staudinger, § 311 BGB, Rn. 222; vgl. auch Gottwald, in: MüKoBGB, § 328 BGB, Rn. 171; Schinkels, in: jurisPK-BGB, § 328 BGB, Rn. 71, der hierdurch allerdings „keine durchgreifenden Bedenken" begründet sieht; a.A. Becker, in: Dauner-Lieb/Langen, § 311 BGB, Rn. 110.

270 Klumpp, in: Staudinger, § 328 BGB, Rn. 99.

271 Westermann, in: FS für H. Honsell, S. 137, 149; Gottwald, in: MüKoBGB, § 328 BGB, Rn. 172 f.; Klumpp, in: Staudinger, § 328 BGB, Rn. 99 mit Verweis auf OLG Hamm, BeckRS 2013, 13247.

272 So u.a. Gottwald, in: MüKoBGB, § 328 BGB, Rn. 174 m.w.N.; Stürner, in: PWW-BGB, Vor. §§ 328 ff. BGB, Rn. 24; § 311 BGB, Rn. 71.

273 Ebenfalls gegen eine (jedenfalls grundsätzliche) Anwendung des § 311 Abs. 3 BGB Gottwald, in: MüKoBGB, § 328 BGB, Rn. 171 ff.; Klumpp, in: Staudinger, § 328 BGB, Rn. 98 ff.; Hadding, in: Soergel, Anh. § 328 BGB, Rn. 5; Stadler, in: Jauernig, § 328 BGB, Rn. 21; Schinkels, in: jurisPK-BGB, § 328 BGB, Rn. 71; Westermann, in: FS für H. Honsell, S. 137, 148 ff.; Zenner, NJW 2009, 1030, 1033.

3. Vertraglicher oder institutioneller Begründungsansatz

Diskutiert werden hauptsächlich das „Vertragskonzept“ und das „institutionelle Konzept“.[274]

a) Vertragskonzept

Die Rechtsprechung und ein Teil der Literatur begründen den vertraglichen Drittschutz mit einer ergänzenden Vertragsauslegung (§§ 133, 157, 242 BGB).[275] Ausgeführt wird, dass die Rechtsprechung auf einer maßgeblich durch das Prinzip von Treu und Glauben (§ 242 BGB) geprägten ergänzenden Vertragsauslegung (§ 157 BGB) beruhe.[276] Ihr liege zugrunde, dass der Vertragsschuldner die Leistung nach dem Vertrag so zu erbringen habe, dass bestimmbare Dritte nicht geschädigt würden.[277] Anzuknüpfen sei an den hypothetischen Willen der Parteien, der gemäß § 157 BGB unter Berücksichtigung von Treu und Glauben zu erforschen sei.[278] Der hypothetische Wille der Vertragsparteien, einen Dritten in den Schutzbereich der zwischen ihnen geschlossenen Vereinbarung einzubeziehen, sei aufgrund einer sorgfältigen Abwägung ihrer schutzwürdigen Interessen und derer des Dritten zu ermitteln.[279] Die dabei im Einzelnen zu beachtenden Abwägungskriterien ergäben sich aus der höchstrichterlichen Rechtsprechung zum Vertrag mit Schutzwirkung für Dritte.[280]

---

274 Zu den Begrifflichkeiten Gernhuber, Das Schuldverhältnis, S. 526 ff.; vgl. auch Saar, JuS 2000, 220, 223; Schwarze, AcP 203 (2003), 348, 357; Karampatzos, S. 48, 51; Zenner, NJW 2009, 1030; Westermann, in: Erman BGB, § 328 BGB, Rn. 12.

275 U.a. BGH, NJW 2004, 3035, 3036; NJW 2014, 2345, Rn. 9; NJW 2015, 2737, Rn. 25; NJW-RR 2017, 888, Rn. 15; NZBau 2018, 286, Rn. 16; Grüneberg, in: Palandt, § 328 BGB, Rn. 14; Hadding, in: Soergel, Anh. § 328 BGB, Rn. 5 f.; Jagmann, in: Staudinger (2009), § 328 BGB, Rn. 93 f.; Larenz, NJW 1956, 1194; v. Caemmerer, in: FS für F. Wieacker, S. 311, 317; Dahm, JZ 1992, 1167, 1169; Bell, S. 93 ff.; Zugehör, NJW 2008, 1105; Haferkamp, in: Dauner-Lieb/Konzen/Schmidt, S. 171, 172 ff.; Köndgen, Einbeziehung Dritter in den Vertrag, S. 27 ff.: „Vertragsergänzung nach dem Modell des vollständigen Vertrages“; Sutschet, S. 96 ff.; differenzierend Zenner, NJW 2009, 1030, 1033 f.

276 BGH, NJW 2004, 3035, 3036; NJW 2014, 2345, Rn. 9; NJW 2015, 2737, Rn. 25.

277 BGH, NJW 2004, 3035, 3036.

278 BGH, NJW-RR 2017, 888, Rn. 15; NZBau 2018, 286, Rn. 16.

279 BGH, NJW-RR 2017, 888, Rn. 16 m.w.N.; NZBau 2018, 286, Rn. 17.

280 BGH, NJW-RR 2017, 888, Rn. 16 m.w.N.

b) Das institutionelle Konzept

Die Vertreter des institutionellen Konzeptes sehen im Vertrag mit Schutzwirkung zugunsten Dritter dagegen eine objektive Haftungserweiterung.[281] Überwiegend[282] wird diese auf eine Rechtsfortbildung des Grundsatzes von Treu und Glauben (§ 242 BGB)[283] gestützt oder sogar bereits als Gewohnheitsrecht[284] anerkannt.

Die Ablehnung der rechtsgeschäftlichen Begründung beruht im Wesentlichen auf der Kritik eines fehlenden und daher fingierten drittschützenden Parteiwillens.[285] Vorgetragen wird, dass die Parteien regelmäßig nicht an die Möglichkeit einer Schädigung auch des Dritten gedacht hätten.[286] Was die Parteien wollten, würden nicht die Parteien bestimmen, sondern der Bundesgerichtshof.[287]

---

281 U.a. Gernhuber, Das Schuldverhältnis, S. 526 ff.; Esser/Schmidt, SchuldR AT, S. 270; Schmidt, AcP 178 (1978), 98, 103; Gottwald, in: MüKoBGB, § 328 BGB, Rn. 172; Fikentscher/Heinemann, Rn. 305; Sonnenschein, JA 1979, 225, 226; Bayer, JuS 1996, 473, 475 f.; Saar, JuS 2000, 220, 223; Karampatzos, S. 54 ff.; grundsätzlich auch Schwarze, AcP 203 (2003), 349, 357; differenzierend Zenner, NJW 2009, 1030, 1033 f.

282 Vgl. zu einer Aufstellung weiterer diskutierter Grundlagen des institutionellen Begründungsansatzes mit zahlreichen Literaturnachweisen Karampatzos, S. 49.

283 U.a. Larenz, SchuldR AT, S. 227; Gottwald, in: MüKoBGB, § 328 BGB, Rn. 170 ff.; Westermann, in: Erman BGB, § 328 BGB, Rn. 12; Stadler, in: Jauernig, § 328 BGB, Rn. 21; Klumpp, in: Staudinger, § 328 BGB, Rn. 103; Berg, JuS 1977, 363; Sonnenschein, JA 1979, 225, 227; Assmann, JuS 1986, 885, 887; Bayer, JuS 1996, 473, 476; Martiny, JZ 1996, 19, 21; Saar, JuS 2000, 220, 223; Hirth, S. 118, wenn auch er die ergänzende Vertragsauslegung für „gangbar" hält; differenzierend Karampatzos, S. 59 ff.

284 U.a. Gernhuber, in: FS für A. Nikisch, S. 249, 269; ders., JZ 1962, 1962, 553, 555; ders., Das Schuldverhältnis, S. 526 ff.; Lorenz, in: Medicus/Lorenz, SchuldR I AT, Rn. 867; Brox/Walker, SchuldR AT, § 33, Rn. 6; Grunewald, Bürgerliches Recht, § 18, Rn. 9; differenzierend Karampatzos, S. 59 ff.

285 So u.a. Gernhuber, in: FS für A. Nikisch, S. 249, 261 ff., 265; Böhmer, MDR 1960, 807 f.; ders., MDR 1963, 96, 97; Berg, JuS 1977, 363; Honsell, JZ 1985, 952; ders., in: FS für D. Medicus, S. 211, 225 f.; Martiny, JZ 1996, 19, 21; Westermann, in: Erman BGB, § 328 BGB, Rn. 12; Westermann/Bydlinki/Weber, SchuldR AT, 16/5 ff.; Karampatzos, S. 48, 54 ff.; Klumpp, in: Staudinger, § 328 BGB, Rn. 102.

286 Larenz, SchuldR AT, S. 227; so auch Looschelders, SchuldR AT, § 9, Rn. 5.

287 Honsell, in: FS für D. Medicus, S. 211, 226; vgl. auch Karampatzos, S. 55.

c) Bewertung

Die vorstehend dargestellte Kritik übersieht, dass es bei der ergänzenden Vertragsauslegung nicht auf die Ermittlung des tatsächlich erklärten Parteiwillens ankommt.[288] Stattdessen kommt eine ergänzende Vertragsauslegung nur dann in Betracht, wenn eine Regelungslücke im Vertrag festgestellt wurde, wenn also eine Auslegung des tatsächlich Erklärten nicht weiterführt.[289] Ziel ist nicht die Ermittlung des tatsächlichen, sondern des hypothetischen Parteiwillens.[290] Es geht darum, den Vertrag „zu Ende zu denken".[291]

Nach ständiger Rechtsprechung richtet sich die ergänzende Vertragsauslegung danach, „was die Parteien bei einer angemessenen Abwägung ihrer Interessen nach Treu und Glauben als redliche Vertragspartner vereinbart hätten, wenn sie den von ihnen nicht geregelten Fall bedacht hätten".[292] Auszugehen ist von den Regelungen und Wertungen, sowie Sinn und Zweck des Vertrages.[293]

Bei Zugrundelegung einer ergänzenden Vertragsauslegung wäre beim Vertrag mit Schutzwirkung zugunsten Dritter also zu prüfen, ob redliche Parteien den Dritten in den Schutzbereich des Vertrages einbezogen hät-

---

288 Gernhuber, JZ 1962, 553, 555; Dahm, JZ 1992, 1167, 1169; Dickes, S. 34; Sutschet, S. 104; vgl. auch Kümmeth, S. 83; Hirth, S. 114; Jagmann, in: Staudinger (2009), § 328 BGB, Rn. 94; vgl. allgemein zur ergänzenden Vertragsauslegung Ehricke, RabelsZ 60 (1996), 661, 687.

289 Speziell zur ergänzenden Auslegung beim Vertrag mit Schutzwirkung zugunsten Dritter: Gernhuber, JZ 1962, 553, 555; Kümmeth, S. 80 f.; Dahm, JZ 1992, 1167, 1169; allgemein Busche, in: MüKoBGB, § 157 BGB, Rn. 26 ff.; Roth, in: Staudinger, § 157 BGB, Rn. 4; Brinkmann, in: PWW-BGB, § 157 BGB, Rn. 15; Cziupka, JuS 2009, 103, 104.

290 Gernhuber, JZ 1962, 553, 555; Dahm, JZ 1992, 1167, 1169 f.; Jagmann, in: Staudinger (2009), § 328 BGB, Rn. 94; vgl. auch Kümmeth, S. 83; vgl. allgemein hierzu etwa Busche, in: MüKoBGB, § 157 BGB, Rn. 47 ff.; Roth, in: Staudinger, § 157 BGB, Rn. 30.

291 BGH, NJW 1993, 3193, 3194; OLG Frankfurt, BeckRS 2013, 01842, Rn. 53; LG Köln, BeckRS 2013, 10024; Larenz, NJW 1963, 737, 740; Ehricke, RabelsZ 60 (1996), 661, 686; Busche, in: MüKoBGB, § 157 BGB, Rn. 27 f., 47; Schellhammer, SchuldR, Rn. 1989 f.; Cziupka, JuS 2009, 103, 105.

292 BGH, NJW 1981, 219, 220; NJW 1982, 2184, 2185; NJW 2002, 2310, 2311; NJW-RR 2013, 494, Rn. 12; vgl. hierzu auch Roth, in: Staudinger, § 157 BGB, Rn. 30; Busche, in: MüKoBGB, § 157 BGB, Rn. 47; Mansel, in: Jauernig, § 157 BGB, Rn. 4.

293 BGH, NJW 2002, 2310, 2311; NJW-RR 2005, 1421, 1422; NJW-RR 2012, 1223, Rn. 10; Ellenberger, in: Palandt, § 157 BGB, Rn. 7; Roth, in: Staudinger, § 157 BGB, Rn. 30; Brinkmann, in: PWW-BGB, § 157 BGB, Rn. 25.

ten, bzw. einbeziehen hätten müssen.[294] Aufgrund der Heranziehung eines normativen Parteiwillens passt der Vorwurf der Fiktion des Parteiwillens nicht.[295]

aa) Planwidrige Regelungslücke

Damit eine ergänzende Vertragsauslegung in Betracht kommt, muss der Vertrag zunächst eine Regelungslücke, also eine „planwidrige Unvollständigkeit“ aufweisen.[296]

(1) Regelungslücke

Zum Teil wird eine Vertragslücke mit der Begründung verneint, dass die Parteien gar nicht an die Möglichkeit einer Schädigung eines Dritten gedacht und diese deshalb auch nicht in ihren Regelungsplan einbezogen hätten.[297] Da die ergänzende Vertragsauslegung sich aber gleichermaßen auf die Schließung bewusster als auch unbewusster Lücken bezieht,[298] kann dieser Einwand nicht überzeugen.[299]

---

294 Dahm, JZ 1992, 1167, 1170; vgl. auch Jagmann, in: Staudinger (2009), § 328 BGB, Rn. 94.

295 Vgl. so auch Hirth, S. 114; Dahm, JZ 1992, 1167, 1169 f.; Jagmann, in: Staudinger (2009), § 328 BGB, Rn. 94; s. auch Kümmeth, S. 83; Dickes, S. 34 möchte dies anhand des Einzelfalles prüfen, lehnt aber jedenfalls den pauschalen Vorwurf der Fiktion ab; abweichend Klumpp, in: Staudinger, § 328 BGB, Rn. 102, der diese Argumentation für einen Notbehelf hält, der letztlich nicht notwendig sei.

296 BGH, NJW 1997, 652; NJW 2002, 2310; NJW 2012, 844, Rn. 24; Larenz, NJW 1963, 737, 738; Busche, in: MüKoBGB, § 157 BGB, Rn. 38 mit weiteren Literaturnachweisen; kritisch zur Bezeichnung als „planwidrige Unvollständigkeit“ Roth, in: Staudinger, § 157 BGB, Rn. 15; Mansel, in: Jauernig, § 157 BGB, Rn. 2, da auch bewusste Lücken möglich seien.

297 Larenz, SchuldR AT, S. 227; so auch Looschelders, SchuldR AT, § 9, Rn. 5.

298 Henckel, AcP 159 (1960/1961), 106, 107; Ehricke, RabelsZ 60 (1996), 661, 673 ff.; Busche, in: MüKoBGB, § 157 BGB, Rn. 42; Neuner, BGB AT, § 35, Rn. 60.

299 Vgl. zur bewussten Regelungslücke im Hinblick auf den Vertrag mit Schutzwirkung zugunsten Dritter bspw. auch Hirth, S. 94; Dickes, S. 31.

Im Allgemeinen weist der Vertrag eine Lücke auf, wenn er keine Regelung für eine bestimmte regelungsbedürftige Situation enthält.[300] Das bedeutet, dass der Vertrag, dessen Regelungsgehalt die Schädigung eines dem Vertragsgegenstand nahestehenden schutzbedürftigen Dritten nicht erfasst, insoweit lückenhaft ist.[301] Wird die Lückenhaftigkeit von Teilen der Literatur abgelehnt,[302] so wird hiermit regelmäßig die Frage verneint, ob es geboten ist, den Vertrag in einem offengebliebenen Punkt zu vervollständigen.

(2) Vervollständigungsbedürftigkeit der Regelungslücke

Eine planwidrige Unvollständigkeit, die Anlass zu einer ergänzenden Vertragsauslegung gibt, nimmt die ständige Rechtsprechung nur an, „wenn der Vertrag eine Bestimmung vermissen lässt, die erforderlich ist, um den ihm zugrundeliegenden Regelungsplan der Parteien zu verwirklichen, mithin ohne Vervollständigung des Vertrages eine angemessene, interessengerechte Lösung nicht zu erzielen wäre".[303] Maßgeblich für eine Vervollständigungsbedürftigkeit ist folglich der Vertragszweck.[304] Ob beim Vertrag mit Schutzwirkung zugunsten Dritter nach diesen Grundsätzen von einer vervollständigungsbedürftigen Regelungslücke ausgegangen werden kann, hängt von den Umständen des Einzelfalles ab.[305]

Abgelehnt wird eine Vervollständigungsbedürftigkeit mit der Begründung, dass in den Drittschutzfällen Sinn und Zweck der Verträge dahin-

300 Henckel, AcP 159 (1960/1961), 106, 115; Busche, in: MüKoBGB, § 157 BGB, Rn. 40; vgl. auch Ehricke, RabelsZ 60 (1996), 661, 673; Roth, in: Staudinger, § 157 BGB, Rn. 15.

301 Im Ergebnis so auch Hirth, S. 94 f.; Sutschet, S. 101 f.; so auch Gottwald, in: MüKoBGB, § 328 BGB, Rn. 171, wenn auch er die ergänzende Vertragsauslegung letztlich ablehnt.

302 So etwa Gernhuber, in: FS für A. Nikisch, S. 249, 265; ders., JZ 1962, 553, 555; Larenz, SchuldR AT, S. 227; Kümmeth, S. 90 ff.; Keitel, S. 63 f.; Karampatzos, S. 54 m.w.N.; Dickes, S. 31 ff. hält die Frage der Lückenhaftigkeit eines Vertrages in den Fällen des Drittschutzes für einzelfallabhängig.

303 BGH, NJW-RR 2007, 687, Rn. 27; NJW 2012, 844, Rn. 24; jeweils m.w.N.; aus der Literatur s. etwa Roth, in: Staudinger, § 157 BGB, Rn. 15; Mansel, in: Jauernig, § 157 BGB, Rn. 2; Wendtland, in: BeckOK BGB, § 157 BGB, Rn. 35.

304 Vgl. BGH, NJW 1955, 337; Larenz, NJW 1963, 737, 738 f.; Roth, in: Staudinger, § 157 BGB, Rn. 20; Busche, in: MüKoBGB, § 157 BGB, Rn. 44.

305 Vgl. im Ergebnis so auch Dickes, S. 32 f., der die Vertragslücke im Hinblick auf die Fälle der Auskunftshaftung untersucht.

gehend zu bestimmen seien, alleine unter den Vertragsparteien eine Leistungsbeziehung der gewünschten Art zu begründen und ihre Abwicklung unter ihnen zu regeln.[306] Die Verträge hätten einen Leistungs- und Erfüllungszweck zwischen den Vertragsparteien zum Inhalt.[307] Diesem Zweck genügten die ausdrücklichen Parteivereinbarungen in den einschlägigen Fällen aber vollkommen.[308]

Und in der Tat trifft es zu, dass der Regelungsplan der Parteien regelmäßig auch dann verwirklicht wird, wenn ein Dritter geschädigt wird.[309] Selbst wenn im hiesigen Fall infolge der Bauarbeiten Schäden am Nachbargebäude auftreten, kann die beauftragte Herstellung eines Bauwerkes selbst beanstandungslos erfolgt sein.

Zwingend ist diese Prämisse jedoch nicht. Je nach Vertragsgegenstand kann ein Vertrag nämlich gerade auch zu dem Zwecke abgeschlossen werden, dass Beeinträchtigungen der Nachbargrundstücke verhindert werden; so etwa bei der Errichtung von Stützbauwerken zugunsten des Nachbargrundstücks. Treten dennoch Schäden am Nachbarbauwerk auf, wird der Vertragszweck nicht erreicht.

Doch auch in sonstigen Fällen der Nachbarschädigung ist es denkbar, dass ohne Vertragsergänzung keine interessengerechte Lösung erreicht werden kann. Zu berücksichtigen ist, dass die im Rahmen der Durchführung von Bauvorhaben notwendigen Schutzmaßnahmen zugunsten des Nachbargrundstücks häufig erhebliche Kosten verursachen, die der Bauherr zu tragen hat. Stünden der Vergütung, die der Bauunternehmer hierfür erhält, keine entsprechenden Haftungsrisiken gegenüber, so würde dies dem Äquivalenzprinzip[310] ggf. nicht gerecht werden.[311] Das wider-

---

306 Kümmeth, S. 91; so auch Keitel, S. 64; vgl. hierzu auch Dickes, S. 32, der der Auffassung ist, die Stichhaltigkeit dieser Kritik lasse sich nicht abstrakt klären.

307 Kümmeth, S. 91.

308 Kümmeth, S. 91; vgl. ähnlich Keitel, S. 64; in diese Richtung auch Gernhuber, in: FS für A. Nikisch, S. 249, 265; Ziegltrum, S. 114 ff.; Karampatzos, S. 54 f.

309 Sutschet, S. 101.

310 Vgl. näher zum Äquivalenzprinzip etwa Bartholomeyczik, AcP 166 (1966), 30; Olzen, in: Staudinger, Einleitung zum SchuldR, Rn. 66 ff.

311 Vgl. auch Köndgen, Einbeziehung Dritter in den Vertrag, S. 28 zum Gebot vertraglicher Äquivalenz, wonach jede Übernahme zusätzlicher Haftungsverantwortlichkeit auch zusätzlich entgolten werden müsse; vgl. ähnlich bereits Gernhuber, Das Schuldverhältnis, S. 522, der kritisiert, dass die Rechtsprechung niemals gefragt habe, warum der Schuldner ein zusätzliches Risiko vertraglich übernehmen solle, ohne dafür irgendein Entgelt zu erhalten; s. auch Jagmann, in: Staudinger (2009), § 328 BGB, Rn. 94 für den Steuerberater, der für seinen Mandanten eine Bilanz erstellen soll, die zur Verwendung gegenüber seiner

spricht insofern dem Regelungsplan der Parteien, als dass diesen wohl der Wille zum Abschluss eines Vertrages unterstellt werden kann, dessen Austauschleistungen – wozu nach einer weiten Äquivalenzbetrachtung nicht nur die Hauptleistungen zählen –[312] in einem ausgewogenen Verhältnis zueinanderstehen.[313] Für die Nachbarschädigungsfälle wirkt sich das Äquivalenzgebot somit dahingehend aus, dass im Gegenzug für kostenintensive Schutzmaßnahmen unter Umständen eine unmittelbare vertragliche Haftung gegenüber den hierdurch zu schützenden Personen bestehen muss.

Zutreffend weist *Köndgen*[314] für den vertraglichen Drittschutz im Allgemeinen darauf hin, dass dem Schuldner geeignete Anreize zu vertragsgemäßer Leistung bzw. vertragsgemäßen Schutzvorkehrungen gerade gegenüber dem Dritten vermittelt werden müssten. Weiter führt er aus, dass der Schuldner für den Fall, dass solche Anreize fehlten – jedenfalls soweit ihm das vertragliche Entgelt sicher sei – zu wenig in vertragsgerechtes Verhalten investieren würde.[315]

Auf den Fall der Schädigung des Nachbargrundstücks übertragen, würde dies bedeuten, dass der Bauherr Schutzmaßnahmen zugunsten des Nachbarn zwar prinzipiell vergüten würde; dieser Vergütung aber aufgrund fehlender Haftungsrisiken und damit fehlender Anreize zu vertragsgerechter Ausführung keine äquivalente Gegenleistung gegenüberstünde. Zur Erreichung einer angemessenen Lösung kann es sich daher je nach Fallkonstellation als erforderlich erweisen, dass der Bauunternehmer als Äquivalent für die „Vergütung des Drittschutzes“ unter bestimmten Voraussetzungen auch mit einer unmittelbaren Haftung dem Dritten gegenüber rechnen muss.[316] Eine ausschließlich deliktische Haftung reicht hierfür angesichts der aufgezeigten Schwächen nicht aus.[317]

Bank bestimmt ist. Jagmann führt aus, die Leistung verlöre ihren Zweck und wäre kein ausreichendes Äquivalent für die Vergütung, wenn dem Interesse des Dritten nicht Rechnung getragen würde und eine Verletzung dieses Interesses sanktionslos bliebe.

312 Olzen, in: Staudinger, Einleitung zum SchuldR, Rn. 67; vgl. hierzu auch Bartholomeyczik, AcP 166 (1966), 30, 31, 61.

313 Vgl. in Bezug auf die Ermittlung des hypothetischen Parteiwillens BGH, NJW 2002, 2310, 2311; NJW 2009, 2443, Rn. 46 ff.; Busche, in: MüKoBGB, § 157 BGB, Rn. 48; Roth, in: Staudinger, § 157 BGB, Rn. 30; jeweils m.w.N.

314 Köndgen, Einbeziehung Dritter in den Vertrag, S. 32 f.

315 Köndgen, Einbeziehung Dritter in den Vertrag, S. 33.

316 Vgl. zu der Frage, ob ein zusätzliches Haftungsrisiko zusätzlich entgolten werden müsse, Gernhuber, Das Schuldverhältnis, S. 522; Köndgen, Einbeziehung Dritter in den Vertrag, S. 28.

317 Vgl. hierzu S. 50 f.

Daher überzeugt auch die Annahme nicht, dass vertragliche Drittwirkungen eine Regelung im Recht der unerlaubten Handlung gefunden hätten;[318] und zwar ungeachtet der Frage, ob dispositives Recht der Annahme einer vervollständigungsbedürftigen Vertragslücke überhaupt entgegenstehen kann[319] oder ob hierfür im Sinne der Privatautonomie ohnehin alleine der vertragliche Regelungsgehalt maßgeblich ist[320]. *Sutschet*[321] stellt insoweit richtigerweise klar, dass es widersprüchlich sei, das Vorliegen einer Vertragslücke im Hinblick auf § 823 Abs. 1 BGB zu verneinen, sodann aber die Rechtsgrundlage des Vertrages mit Schutzwirkung für Dritte in einer richterlichen Rechtsfortbildung zu finden, wie es die herrschende Literaturansicht tue. Wenn § 823 Abs. 1 BGB tatsächlich eine Regelung wäre, die keine Lücke zulasse, so müsste eine Rechtsfortbildung eine solche contra legem sein und wäre als solche nicht zu halten.[322]

Im Ergebnis kann eine vervollständigungsbedürftige Regelungslücke gegeben sein, sodass eine ergänzende Vertragsauslegung in Betracht kommt.

bb) Ergänzende Vertragsauslegung

(1) Auslegung

Die ergänzende Vertragsauslegung richtet sich danach, „was die Parteien bei einer angemessenen Abwägung ihrer Interessen nach Treu und Glau-

---

318 So aber Gernhuber, JZ 1962, 552, 555; im Ergebnis wie hier Sutschet, S. 101 f.

319 Dies bejahend BGH, NJW 1984, 1177; NJW 1998, 450, 451; NZM 2015, 211, Rn. 70; OLG Koblenz, Urteil vom 3. April 2007 – 3 U 960/06 Lw, Rn. 26 nach juris; Henckel, AcP 159 (1960), 106, 122 ff.; Hart, KritV 1989, 179, 188; Ehricke, RabelZ 60 (1996), 661, 679 f.

320 So Busche, in: MüKoBGB, § 157 BGB, Rn. 39 f., der es nicht für zweckmäßig hält, die ergänzende Vertragsauslegung von vornherein auszuschließen, wenn dispositives Recht zur Anwendung gelangen könne, da die Ermittlung einer Vertragslücke auf diese Weise mit den Problemen des Verhältnisses zwischen ergänzender Auslegung und dispositivem Gesetzesrecht belastet werde. Besser sei es, gesondert zu prüfen, ob eine einmal festgestellte Lücke durch ergänzende Auslegung oder anders geschlossen werden solle; so auch Looschelders, in: Heidel/Hüßtege/Mansel/Noack, § 157 BGB, Rn. 20; Herrler, in: Staudinger, § 157 BGB, Rn. 22; Cziupka, JuS 2009, 103, 104.

321 Sutschet, S. 102.

322 Sutschet, S. 102; vgl. zu einer ausführlichen Auseinandersetzung mit der Fragestellung, ob das Deliktsrecht einer Rechtsfortbildung in Form des Vertrages mit Schutzwirkung zugunsten Dritter entgegenstehen kann: Karampatzos, S. 60 ff., der sich speziell auf die Expertenhaftung bezieht.

ben als redliche Vertragspartner vereinbart hätten, wenn sie den von ihnen nicht geregelten Fall bedacht hätten".[323] Nicht entscheidend ist folglich, welche Einigung die konkreten Parteien getroffen hätten;[324] maßgeblich ist stattdessen ein normativer Parteiwille.[325] Die von den Parteien getroffenen Regelungen sind „folgerichtig weiterzuentwickeln"[326] oder „zu Ende zu denken"[327]. Auszugehen ist dabei von den individuellen Umständen des konkreten Vertrages.[328] Zu finden ist eine „nach beiden Seiten hin interessengerechte Auslegung".[329]

Wird im Rahmen ergänzender Vertragsauslegung auf die Grundsätze von Treu und Glauben (§ 242 BGB) und die Verkehrssitte zurückgegriffen,[330] hat dies zur Folge, dass der Auslegung nicht nur individuelle Umstände, sondern daneben auch objektive Kriterien zugrundezulegen sind.[331] Vor diesem Hintergrund ist nochmals zu betonen, dass objektive Wertungen auf der Eigenart der ergänzenden Vertragsauslegung beruhen und daher keinen Anlass bieten, eine hierauf aufbauende Drittschutzwir-

---

323 BGH, NJW 1981, 219, 220; NJW 1982, 2184, 2185; NJW 2002, 2310, 2311; NJW-RR 2013, 494, Rn. 12; vgl. hierzu auch Roth, in: Staudinger, § 157 BGB, Rn. 30; Busche, in: MüKoBGB, § 157 BGB, Rn. 47; Mansel, in: Jauernig, § 157 BGB, Rn. 4.

324 Mansel, in: Jauernig, § 157 BGB, Rn. 4; Roth, in: Staudinger, § 157 BGB, Rn. 31; Wendtland, in: BeckOK BGB, § 157 BGB, Rn. 41.

325 Flume, BGB AT II, S. 322 f.; Mansel, in: Jauernig, § 157 BGB, Rn. 4; Roth, in: Staudinger, § 157 BGB, Rn. 31; Busche, in: MüKoBGB, § 157 BGB, Rn. 28, 47; Wendtland, in: BeckOK BGB, § 157 BGB, Rn. 41; vgl. hierzu auch Kümmeth, S. 83 f.; Jagmann, in: Staudinger (2009), § 328 BGB, Rn. 94.

326 Mansel, in: Jauernig, § 157 BGB, Rn. 4.

327 BGH, NJW 1993, 3193, 3194; OLG Frankfurt, BeckRS 2013, 01842, Rn. 53; LG Köln, BeckRS 2013, 10024; Ehricke, RabelsZ 60 (1996), 661, 686; Busche, in: MüKoBGB, § 157 BGB, Rn. 27 f., 47; Neuner, BGB AT, § 35, Rn. 67; Schellhammer, SchuldR, Rn. 1989 f.; Cziupka, JuS 2009, 103, 105; vgl. auch Larenz, NJW 1963, 737, 740.

328 Busche, in: MüKoBGB, § 157 BGB, Rn. 47; Armbrüster, in: Erman BGB, § 157 BGB, Rn. 20; Roth, in: Staudinger, § 157 BGB, Rn. 32.

329 BGH, NJW 1996, 248, vgl. auch BGH, NJW-RR 2003, 227, 228; Roth, in: Staudinger, § 157 BGB, Rn. 32.

330 Vgl. genauer zu diesen Auslegungsmerkmalen Busche, in: MüKoBGB, § 157 BGB, Rn. 51 ff.; Brinkmann, in: PWW-BGB, § 157 BGB, Rn. 3 ff.; Armbrüster, in: Erman BGB, § 157 BGB, Rn. 6 ff.

331 Brinkmann, in: PWW-BGB, § 157 BGB, Rn. 24 ff.; Roth, in: Staudinger, § 157 BGB, Rn. 32 f.; Busche, in: MüKoBGB, § 157 BGB, Rn. 47 ff.; vgl. auch Hadding, in: Soergel, Anh. § 328 BGB, Rn. 6; Kümmeth, S. 83 ff.; Dickes, S. 33; Bell, S. 94; Cziupka, JuS 2009, 103, 104 ff.

kung generell als Fiktion des Parteiwillens zu bezeichnen.[332] Insofern trifft die Ausführung *Sutschets*[333] zu, dass das Fiktionsargument allenfalls dazu geeignet sei, die Existenz der ergänzenden Vertragsauslegung insgesamt anzugreifen; was aber nicht vorgetragen werde.

Dennoch lässt sich nicht von der Hand weisen, dass der Eingang objektiver Wertungen in die ergänzende Vertragsauslegung oftmals keine eindeutige Grenzziehung zur richterlichen Rechtsfortbildung zulässt.[334] Den Vertrag mit Schutzwirkung zugunsten Dritter aber generell als ursprünglich individuelle Vertragsergänzung anzuführen, die sich zunehmend zu einer „vertragstypischen Selbstständigkeit" verfestigt habe, weil „nicht mehr individualvertrags-, sondern typusspezifisch" argumentiert werde,[335] ist nicht überzeugend. So mag es zwar für die Wohl-und-Wehe-Fälle zutreffen, dass diese mittlerweile nicht mehr auf eine Ergänzung des individuellen Vertrages, sondern stattdessen auf „typische soziale Interessen" gestützt werden;[336] zum Teil wird insoweit bereits von einer gewohnheitsrechtlichen Anerkennung ausgegangen.[337]

332 So auch Dickes, S. 34; ihm folgend Bell, S. 94; vgl. hierzu bereits die vorangegangenen Ausführungen auf S. 62 f. m.w.N.

333 Sutschet, S. 105.

334 Speziell in Bezug auf den Vertrag mit Schutzwirkung zugunsten Dritter Flume, BGB AT II, S. 330; Cziupka, JuS 2009, 103, 105, insbesondere S. 106; vgl. auch Assmann, JuS 1986, 885, 887; Karampatzos, S. 55 f.; vgl. allgemein hierzu auch Medicus/Lorenz, SchuldR I AT, Rn. 132; Looschelders, SchuldR AT, § 4, Rn. 12.

335 So Cziupka, JuS 2009, 103, 106; in diese Richtung bereits Flume, BGB AT II, S. 330; von einer „typisierenden Annahme von Drittberechtigungen" geht auch Gernhuber, in: FS für A. Nikisch, S. 249, 265 aus; dem folgend Ziegltrum, S. 116 f.; so auch Kümmeth, S. 95; Gottwald, in: MüKoBGB, § 328 BGB, Rn. 171; vgl. im Ergebnis so auch Assmann, JuS 1986, 885, 887; Dickes, S. 34 sieht in der Frage, ob die Verobjektivierung als zu weitreichend anzusehen sei, ein Einzelfallproblem.

336 So die Argumentation Cziupkas, JuS 2009, 103, 106, der dies generell auf die Herleitung des vertraglichen Drittschutzes bezieht; vgl. zur Heranziehung des § 242 BGB jedenfalls auf die Wohl-und-Wehe-Fälle Zenner, NJW 2009, 1030, 1033; vgl. auch BGH, NJW 1984, 355, 356, wonach zwar nicht nur bei Vorliegen eines Gläubigerinteresses i.S.d. Wohl-und-Wehe-Formel ein vertraglicher Drittschutz zu bejahen sei. Diese Entscheidungen beträfen aber die Frage, unter welchen Voraussetzungen allein aufgrund der objektiven Interessenlage die stillschweigende Vereinbarung einer Schutzpflicht für Dritte anzunehmen sei.

337 Vgl. etwa Klumpp, in: Staudinger, § 328 BGB, Rn. 104, der einen „gewohnheitsrechtlichen Einschlag" nur beim „klassischen Ausgangsfall des Vertrages mit Schutzwirkung" in Betracht zieht; vgl. so wohl auch Gernhuber, in: FS für A. Nikisch, S. 249, 269; Gottwald, in: MüKoBGB, § 328 BGB, Rn. 170, 174;

Für die Fallgruppen außerhalb des klassischen Anwendungsbereiches, zu denen auch die Nachbarschädigungsfälle zählen, trifft dies jedenfalls nicht zu. Vor allem für die Herleitung des Gläubigerinteresses haben sich außerhalb der Fürsorgebeziehungen bislang keine starren, „typusspezifischen" Kriterien herausgebildet.[338] Anerkannt ist, dass ein berechtigtes Interesse des Gläubigers am Schutz des Dritten gegeben sein muss.[339] Wann ein solches Interesse vorliegt, lässt sich – und dies gilt in besonderer Weise für die Nachbarschädigungsfälle – allein anhand der individuellen Vertragsumstände ermitteln. Ob der Bauvertrag Schutzwirkung zugunsten des Nachbarn entfaltet, hängt insbesondere davon ab, welcher Zweck mit den beauftragten Bauleistungen verfolgt wird, ob bestimmte Maßnahmen beispielsweise in erster Linie dem Schutz der Nachbarbebauung oder alleine der Herstellung des zu errichtenden Bauwerkes dienen und wie naheliegend eine Schädigung des nebenstehenden Bauwerks ist.[340]

Zumindest jenseits der Wohl-und-Wehe-Fälle kann der Drittschutz daher nach wie vor auf eine ergänzende Vertragsauslegung gestützt werden.[341]

Stürner, in: PWW-BGB, Vor. §§ 328 ff. BGB, Rn. 2: „im Kern inzwischen zum Gewohnheitsrecht verfestigt".

338 Vgl. etwa Klumpp, in: Staudinger, § 328 BGB, Rn. 118, der außerhalb der „Wohl-und-Wehe-Fälle" im Hinblick auf das Gläubigerinteresse von einem „Graubereich" spricht und explizit die nachbarschaftlichen Verbindungen als Beispiel nennt; vgl. auch Gottwald, in: MüKoBGB, § 328 BGB, Rn. 189: eine „konkrete Formel", die abschließend gestatte, den Kreis geschützter Dritter in allen diesen Fällen zu bestimmen, könne es nicht geben.

339 BGH, NJW 2014, 2577, Rn. 9; NJW 2018, 1537, Rn. 18; Klumpp, in: Staudinger, § 328 BGB, Rn. 117 m.w.N.

340 Vgl. ausführlich hierzu S. 102 ff.

341 Im Ergebnis so auch Sutschet, S. 103 f., ohne dass er allerdings eine Differenzierung zwischen den klassischen und den „neueren" Anwendungsfällen vornimmt. Gegen die „Typizität der Fälle als Ausschlussgrund" führt er an, dass § 157 BGB selbst auf typische Rechtsgeschäfte verweise, indem er die Verkehrssitte als Auslegungskriterium nenne. Verkehrssitten entwickelten sich aber nur bei typischen Geschäften.

(2) Grenzen ergänzender Vertragsauslegung

Zu beachten sind allerdings die Grenzen der ergänzenden Vertragsauslegung.[342]

(a) Keine Erweiterung des Vertragsinhalts

Die ergänzende Vertragsauslegung darf nicht zu einem Ergebnis gelangen, durch das der Vertragsinhalt erweitert oder abgeändert wird.[343] Das bedeutet, dass die Auslegung „nicht über das rechtliche Beziehungsfeld hinausgreifen“ darf, das die Parteien regeln wollten.[344] Ob hiergegen verstoßen wird, lässt sich nur für den Einzelfall beantworten.[345]

Wird neben dem Vertragsgläubiger ein Dritter in den Schutzbereich des Vertrages einbezogen, tritt regelmäßig eine „Risikohäufung“ ein; denn anstatt gegenüber nur einer Person haftet der Vertragsschuldner nun möglicherweise gegenüber mehreren Personen.[346] Dies führt aber nicht zwangsläufig zu einer Erweiterung des Vertragsgegenstandes.[347] Eine solche würde nur dann vorliegen, wenn die Risikohäufung nicht zum ursprünglichen Vertragsgegenstand gehörte. Die hierfür maßgebliche Prüfung deckt sich mit den Abgrenzungsüberlegungen, die *Ziegltrum*[348] zur Risikoeingrenzung entwickelt hat: Danach ist zwischen einer nachträglichen Risikohäufung einerseits und einer zum Zeitpunkt des Vertragsschlusses im Vertrag

---

342 Vgl. zu den Grenzen ergänzender Vertragsauslegung allgemein Busche, in: MüKoBGB, § 157 BGB, Rn. 55 ff.; Brinkmann, in: PWW-BGB, § 157 BGB, Rn. 29 ff.; Wendtland, in: BeckOK BGB, § 157 BGB, Rn. 42 ff.

343 BGH, NJW 2002, 2310, 2311; NJW 2012, 844, Rn. 24; Busche, in: MüKoBGB, § 157 BGB, Rn. 56; Brinkmann, in: PWW-BGB, § 157 BGB, Rn. 29 f.; Wendtland, in: BeckOK BGB, § 157 BGB, Rn. 44; vgl. für den Vertrag mit Schutzwirkung zugunsten Dritter auch Sutschet, S. 102 f.

344 Busche, in: MüKoBGB, § 157 BGB, Rn. 56.

345 Sutschet, S. 103.

346 Medicus/Petersen, Bürgerliches Recht, Rn. 841; Janoschek, in: BeckOK BGB, § 328 BGB, Rn. 53; Gottwald, in: MüKoBGB, § 328 BGB, Rn. 194; vgl. hierzu auch Ziegltrum, S. 181 f.

347 So aber Kümmeth, S. 93; im Ergebnis wie hier Sutschet, S. 102 f. m.w.N. zur gegenteiligen Auffassung.

348 Ziegltrum, S. 182, wobei sie die Problematik der Risikohäufung nicht im Rahmen der Zulässigkeit einer ergänzenden Vertragsauslegung (diese lehnt sie ab), sondern als allgemeines Kriterium der Risikoeingrenzung prüft.

bereits angelegten Risikohäufung andererseits zu differenzieren.[349] In zeitlicher Hinsicht ist also zu überprüfen, ob der Schutz des Dritten bereits anfänglich als zum Vertragsgegenstand zugehörig bezeichnet werden kann. Maßgeblich ist insofern, ob eine mögliche Haftung Dritten gegenüber bei Vertragsschluss erkennbar war.[350]

Eine ergänzende Vertragsauslegung scheitert daher nicht – jedenfalls nicht generell – am Verbot der Erweiterung des Vertragsgegenstandes.[351]

(b) Vorvertragliche Schuldverhältnisse und nichtige Verträge

Einzuräumen ist, dass eine ergänzende Vertragsauslegung dann nicht herangezogen werden kann, wenn es um die Drittschutzwirkung vorvertraglicher Schuldverhältnisse oder nichtiger Verträge geht; als Grundlage kann in diesen Fällen auf § 242 BGB zurückgegriffen werden.[352] § 311 Abs. 3 BGB bietet dagegen auch für den vorvertraglichen Anwendungsbereich des Drittschutzes keine taugliche Rechtsgrundlage.[353] Er ist zwar auf vorvertragliche Schuldverhältnisse zugeschnitten, spricht jedoch in diesem Zusammenhang ausschließlich die Dritthaftung, nicht aber die Drittberechtigung an.[354] Vorliegend kommt es hierauf ohnehin nicht an, da es um bereits geschlossene Verträge geht.

Generell ist eine ergänzende Vertragsauslegung im Sinne einer flexiblen Handhabung zu bevorzugen, da die jeweiligen Umstände des Einzelfalles, insbesondere der Vertragszweck und die konkreten Parteiinteressen, so besser berücksichtigt werden können.[355]

---

349 Ziegltrum, S. 182.

350 Ziegltrum, S. 182.

351 So auch Sutschet, S. 103; a.A. Kümmeth, S. 93.

352 Hadding, in: Soergel, Anh. § 328 BGB, Rn. 7; dem folgend Bell, S. 95; für vorvertragliche Schuldverhältnisse auch Zenner, NJW 2009, 1030, 1032; vgl. auch Dahm, JZ 1992, 1167, 1170 ff.; hierauf als Argumente gegen eine ergänzende Vertragsauslegung wiesen bereits Canaris, JZ 1965, 475, 477 f.; Berg, JuS 1977, 363; Schwerdtner, Jura 1980, 493, 495; Hirth, S. 115; Dickes, S. 35; Klumpp, in: Staudinger, § 328 BGB, Rn. 103 hin.

353 S. hierzu bereits S. 58 f.

354 S. Nachweise hierzu in Fn. 265.

355 So auch Grüneberg, in: Palandt, § 328 BGB, Rn. 14; vgl. auch Hadding, in: Soergel, Anh. § 328 BGB, Rn. 7; Dahm, JZ 1992, 1167, 1169; Jagmann, in: Staudinger (2009), § 328 BGB, Rn. 94 m.w.N.; im Ergebnis so auch Bell, S. 95; den „Charme einer gewissen Flexibilität" ergänzender Vertragsauslegung räumt auch Klumpp, in: Staudinger, § 328 BGB, Rn. 102 ein.

(c) Auslegungsmerkmale

Unabhängig davon, ob der Vertrag mit Schutzwirkung zugunsten Dritter nun auf eine ergänzende Vertragsauslegung zurückgeführt wird oder als richterliche Rechtsfortbildung des Grundsatzes von Treu und Glauben verstanden wird, herrscht über die Einbeziehungskriterien weitestgehend Einigkeit.[356] Diese setzen voraus, dass für den Schuldner sowohl eine „bestimmungsgemäße Leistungsnähe" des schutzbedürftigen Dritten als auch ein Interesse des Vertragsgläubigers am Schutz dieses Dritten erkennbar sind.[357]

Lediglich die „Qualität" dieser Kriterien unterscheidet sich je nach Begründungsansatz.[358] Während sie vor dem Hintergrund einer vertraglichen Begründung als Auslegungsmerkmale zu begreifen sind,[359] müssen sie auf der Grundlage einer institutionellen Grundlage als objektive Voraussetzungen verstanden werden.[360]

Ausgehend von der hier vertretenen Rechtsgrundlage handelt es sich bei den einzelnen Drittschutzkriterien also um Auslegungsregeln.[361] Diese haben lediglich eine indizielle Wirkung.[362] Sie verhindern, dass der Einschlag des Grundsatzes von Treu und Glauben im Rahmen der ergän-

---

356 Vgl. etwa BGH, NJW 1977, 2073, 2074, wonach die Rechtsgrundlage als „gleichgültig" bezeichnet wird; Jagmann, in: Staudinger (2009), § 328 BGB, Rn. 95; Grüneberg, in: Palandt, § 328 BGB, Rn. 14; Lorenz, in: Medicus/Lorenz, SchuldR I AT, Rn. 867; Backmann, in: jurisPK-BGB, § 157 BGB, Rn. 58; so wohl auch Klumpp, in: Staudinger, § 328 BGB, Rn. 110; a.A. Zenner, NJW 2009, 1030,1031 ff., 1033, der einige Kriterien bei Heranziehung einer ergänzenden Vertragsauslegung für entbehrlich hält.

357 Vgl. zu den Voraussetzungen des vertraglichen Drittschutzes etwa BGH, NJW-RR 2017, 888, Rn. 17; NJW 2018, 1537, Rn. 18; Klumpp, in: Staudinger, § 328 BGB, Rn. 109 ff.; Gottwald, in: MüKoBGB, § 328 BGB, Rn. 182 ff.; vgl. ausführlich hierzu später.

358 Vgl. Dickes, S. 38 f., 47 f.; Bell, S. 86 f.; Karampatzos, S. 69; Zenner, NJW 2009, 1030; vgl. auch Dahm, JZ 1992, 1167, 1170 f.

359 Dahm, JZ 1992, 1167, 1170; Dickes, S. 38 f.; Bell, S. 96; Sutschet, S. 108 f.; Karampatzos, S. 69; Zenner, NJW 2009, 1030, 1031; vgl. bereits Larenz, NJW 1960, 78, 81; s. auch Grüneberg, in: Palandt, § 328 BGB, Rn. 14.

360 Dickes, S. 47 f.; Bell, S. 87; Karampatzos, S. 69; Zenner, NJW 2009, 1030, 1031.

361 So im Ergebnis auch Dahm, JZ 1992, 1167, 1170; Bell, S. 96; Sutschet, S. 108 f.

362 Vgl. zur Indizwirkung der Auslegungsmerkmale Dahm, JZ 1992, 1167, 1170; Dickes, S. 39; Bell, S. 96; Sutschet, S. 108 f.; Karampatzos, S. 69; Zenner, NJW 2009, 1030, auch wenn nicht alle unter ihnen die Drittschutzkriterien tatsächlich als Auslegungskriterien begreifen; vgl. auch Grüneberg, in: Palandt, § 328 BGB, Rn. 14.

zenden Vertragsauslegung zu konturenlosen Ergebnissen gelangt.[363] Ausschlaggebend bleiben allerdings stets die Umstände des jeweiligen Einzelfalles.[364]

Das bedeutet, dass ein Drittschutz selbst dann nicht zwangsläufig ist, wenn alle Kriterien zu bejahen sind; andererseits können einzelne Kriterien zu verneinen und dennoch unmittelbare Ansprüche des Dritten anzunehmen sein.[365] Denn zur Vertragsfreiheit gehört es theoretisch, einem beliebigen Dritten die vertragliche Schutzwirkung zugute kommen zu lassen.[366]

363 Dahm, JZ 1992, 1167, 1170.
364 Dahm, JZ 1992, 1167, 1170; Dickes, S. 39; Sutschet, S. 108 f.
365 Sutschet, S. 108 f.; vgl. auch Dickes, S. 39; Bell, S. 96.
366 OLG Hamm, BeckRS 2018, 40173, Rn. 55; Gottwald, in: MüKoBGB, § 328 BGB, Rn. 182; Bell, S. 86 f.; vgl. auch Zenner, NJW 2009, 1030, 1031.

4. Teil: Der Bauvertrag als Vertrag mit Schutzwirkung zugunsten des Nachbarn

Im Anschluss an den allgemeinen Teil zur Darstellung des Vertrages mit Schutzwirkung zugunsten Dritter ist nun zu klären, ob der Bauvertrag zwischen Bauherrn und Bauunternehmer Schutzwirkung zugunsten des Nachbarn entfalten kann.

Entsprechend der von der Rechtsprechung[367] und hier herangezogenen Grundlage des Vertrages mit Schutzwirkung zugunsten Dritter ist zu überprüfen, ob redliche Vertragsparteien den Nachbarn nach einer angemessenen Interessenabwägung und nach den Grundsätzen von Treu und Glauben in den Schutzbereich des Bauvertrages hätten einbeziehen müssen, wenn sie eine etwaige Schädigung bedacht hätten.[368] Dabei ist von den im Vertrag enthaltenen Regelungen und Wertungen sowie von Sinn und Zweck des Vertrages auszugehen.[369]

Als Auslegungshilfe dienen die anerkannten Drittschutz-Kriterien:[370] Hierzu zählt die „bestimmungsgemäße Leistungsnähe", wonach der Dritte „bestimmungsgemäß mit der (Haupt-)Leistung in Berührung kommen und den Gefahren von Schutzpflichtverletzungen ebenso ausgesetzt sein [muss] wie der Gläubiger".[371] Darüber hinaus wird ein „Einbeziehungsinteresse" gefordert, also ein Interesse des Gläubigers am Schutz des Drit-

---

367 BGH, NJW 2004, 3035, 3036; NJW 2015, 2737, Rn. 25; NJW 2018, 1537, Rn. 16.

368 Vgl. allgemein zu diesen Grundsätzen BGH, NJW 1981, 219, 220; NJW 1982, 2184, 2185; NJW 2002, 2310, 2311; NJW-RR 2013, 494, Rn. 12; vgl. hierzu auch Roth, in: Staudinger, § 157 BGB, Rn. 30; Busche, in: MüKoBGB, § 157 BGB, Rn. 47; Mansel, in: Jauernig, § 157 BGB, Rn. 4.

369 BGH, NJW 2002, 2310, 2311; NJW-RR 2005, 1421, 1422; NJW-RR 2012, 1223, Rn. 10; Ellenberger, in: Palandt, § 157 BGB, Rn. 7; Roth, in: Staudinger, § 157 BGB, Rn. 30; Brinkmann, in: PWW-BGB, § 157 BGB, Rn. 25.

370 Zum Charakter der vom BGH herausgearbeiteten „Voraussetzungen" als Auslegungsgrundsätze oder Indizien Dahm, JZ 1992, 1167, 1170; Bell, S. 87, 96; Sutschet, S. 108 f.; vgl. auch Dickes, S. 38 f.; Karampatzos, S. 69; Zenner, NJW 2009, 1030; siehe zu den Kriterien des Vertrages mit Schutzwirkung zugunsten Dritter etwa BGH, NJW-RR 2017, 888, Rn. 17; NJW 2018, 1537, Rn. 18; Klumpp, in: Staudinger, § 328 BGB, Rn. 109 ff.; Gottwald, in: MüKoBGB, § 328 BGB, Rn. 182; jeweils m.w.N.

371 Siehe etwa BGH, NJW-RR 2017, 888, Rn. 17; vgl. näher hierzu S. 76 ff. m.w.N.

ten.[372] Sowohl die Leistungsnähe als auch das Einbeziehungsinteresse sollen für den Schuldner „erkennbar" und „zumutbar" sein.[373] Schließlich wird das „Schutzbedürfnis" des Dritten überprüft.[374]

Auch wenn es sich nach hier vertretener Auffassung auf der Grundlage ergänzender Vertragsauslegung nicht um starre Voraussetzungen, sondern um Indizien handelt,[375] ziehen diese dennoch – wie stets betont wird – die „Grenze zwischen Vertrags- und Deliktshaftung".[376] Um diese Grenze nicht zu „verwischen", fordert der Bundesgerichtshof eine „Beschränkung auf eng begrenzte Fälle".[377]

I. Bestimmungsgemäße Leistungsnähe

Der Dritte muss „bestimmungsgemäß", also „typischerweise" mit der Vertragsleistung des Schuldners in Berührung kommen, sodass ihn Schutzpflichtverletzungen in gleicher Weise treffen können wie den Gläubiger selbst.[378] Eine rein faktische Leistungsnähe, also eine nur zufällige Berührung erfüllt diese Anforderung nicht.[379]

Anerkannt ist, dass die „Leistungsnähe" nicht nur Beeinträchtigungen infolge der Schlechterfüllung von Leistungspflichten erfasst, sondern auch

372 Siehe etwa BGH, NJW-RR 2017, 888, Rn. 17; NJW 2018, 1537, Rn. 18; vgl. näher hierzu S. 124 ff. m.w.N.

373 Siehe etwa BGH, NJW-RR 2017, 888, Rn. 17; vgl. näher hierzu S. 156 ff. m.w.N.

374 Siehe etwa BGH, NJW-RR 2017, 888, Rn. 17; vgl. näher hierzu S. 169 ff. m.w.N.

375 Vgl. hierzu die Darstellungen zur heranzuziehenden Rechtsgrundlage des Vertrages mit Schutzwirkung zugunsten Dritter m.N.

376 BGH, NJW 1977, 2073, 2074; Klumpp, in: Staudinger, § 328 BGB, Rn. 109; Gottwald, in: MüKoBGB, § 328 BGB, Rn. 182; Hadding, in: Soergel, Anh. § 328 BGB, Rn. 13.

377 BGH, NJW 1976, 712, 713; NJW 2008, 2245, Rn. 27; jeweils m.w.N.; vgl. auch BGH, NJW 1977, 2073, 2074; Klumpp, in: Staudinger, § 328 BGB, Rn. 109; Gottwald, in: MüKoBGB, § 328 BGB, Rn. 182; Schwerdtner, Jura 1980, 493, 496.

378 BGH, NJW 1996, 2927, 2928; NJW-RR 2017, 888, Rn. 17; NJW 2018, 1537, Rn. 18; Grüneberg, in: Palandt, § 328 BGB, Rn. 17; Klumpp, in: Staudinger, § 328 BGB, Rn. 111; Gottwald, in: MüKoBGB, § 328 BGB, Rn. 184; Mäsch, in: BeckOGK BGB, § 328 BGB, Rn. 170 ff.

379 KG, Urteil vom 18. Oktober 2012 – 22 U 226/09, Rn. 79 nach juris; Gottwald, in: MüKoBGB, § 328 BGB, Rn. 184; Schulze, in: HK-BGB, § 328 BGB, Rn. 15; Mäsch, in: BeckOGK BGB, § 328 BGB, Rn. 170.

solche infolge von Schutzpflichtverletzungen im Sinne des § 241 Abs. 2 BGB.[380] Insofern wird auch von einer „Einwirkungsnähe“ gesprochen.[381]

1. Leistungsnähe durch räumliche Nähe der Nachbargrundstücke

In den bereits entschiedenen Nachbarschädigungsfällen, in denen der Vertrag mit Schutzwirkung zugunsten Dritter bejaht wurde, stellten die Gerichte für die bestimmungsgemäße Leistungsnähe auf die räumliche Nähe der Nachbargrundstücke ab.[382] Bereits aus dieser Nähe ergebe sich offensichtlich, dass der Nachbar bestimmungsgemäß und nicht nur zufällig mit der Leistung in Berührung gekommen sei.[383]

Hierbei stellen sich verschiedene Fragen: Zum einen ist unklar, was unter einer „räumlichen Nähe“ zu verstehen ist, bis zu welcher Entfernung eine solche also anzunehmen ist. Während in der Entscheidung des OLG Düsseldorf aus dem Jahre 1964 noch maßgeblich damit argumentiert wurde, dass die gegenständliche Grenzmauer beiden Nachbarn in gleicher Weise habe zugutekommen sollen,[384] ließ das OLG Koblenz die Frage nach einer Verbindung beider Bauwerke dahinstehen.[385] Es vertrat die Auffassung, auch ohne Verbindung bestehe jederzeit die Gefahr, dass sich die Baumaßnahmen des Bauherrn auf das Grundstück des Nachbarn auswirken könnten.[386] Ist von einer räumlichen Nähe also auszugehen, wenn Baumaßnahmen im Grundstücksgrenzbereich stattfinden[387] oder reicht es

---

380 Gottwald, in: MüKoBGB, § 328 BGB, Rn. 180 f.; Klumpp, in: Staudinger, § 328 BGB, Rn. 113; Stürner, in: PWW-BGB, Vor. §§ 328 ff. BGB, Rn. 6; Mäsch, in: BeckOGK BGB, § 328 BGB, Rn. 170.1.

381 Canaris, ZIP 2004, 1781, 1787; Stürner, in: PWW-BGB, Vor. §§ 328 ff. BGB, Rn. 6; Preuß, in: Dauner-Lieb/Langen, Vor. §§ 328 ff. BGB, Rn. 12; Klumpp, in: Staudinger, § 328 BGB, Rn. 113; Mäsch, in: BeckOGK BGB, § 328 BGB, Rn. 170.1.

382 S. OLG Koblenz, NJW-RR 2000, 544; KG, IBRRS 2003, 2417; IBRRS 2015, 0388.

383 KG, IBRRS 2003, 2417; so auch OLG Koblenz, NJW-RR 2000, 544; KG, IBRRS 2015, 0388.

384 OLG Düsseldorf, NJW 1965, 539, 541.

385 OLG Koblenz, NJW-RR 2000, 544.

386 OLG Koblenz, NJW-RR 2000, 544.

387 So wohl Inhuber, in: Motzke/Bauer/Seewald, § 12, Rn. 230, der den Anwendungsbereich des Vertrages mit Schutzwirkung zugunsten des Nachbarn scheinbar auf eine „besondere Gefahrensituation im Grundstücksgrenzbereich“ beschränkt sieht.

aus, wenn diese an einer beliebigen Stelle des unmittelbar angrenzenden Grundstücks vorgenommen werden? Oder müssen die betroffenen Grundstücke möglicherweise nicht einmal eine gemeinsame Grenzlinie aufweisen?

Anschließend ist zu überprüfen, ob eine „räumliche Nähe“ alleine ausreicht, um eine „bestimmungsgemäße“ Leistungsnähe begründen zu können oder ob hierfür weitere Umstände hinzutreten müssen.

2. Anforderungen an das Kriterium der räumlichen Nähe

Zunächst ist auf das Kriterium der „räumlichen Nähe“ einzugehen. Tangiert werden können nicht nur Bauwerke auf dem unmittelbar angrenzenden, sondern auch auf entfernteren Grundstücken. Denkbar sind großflächige Auswirkungen zum Beispiel bei Grundwasserabsenkungen, bei Maßnahmen, die Erschütterungen oder gar Explosionen auslösen.

An dieser Stelle ist auf den Begriff des „Nachbarn“ einzugehen.[388] Möglicherweise lässt dieser Rückschlüsse auf den räumlichen Anwendungsbereich des Vertrages mit Schutzwirkung zugunsten des Nachbarn zu.

Laut Duden ist ein „Nachbar“ derjenige, „der in jemandes (unmittelbarer) Nähe wohnt, dessen Haus, Grundstück in der (unmittelbaren) Nähe von jemandes Haus, Grundstück liegt“.[389] Auch wenn unter diesem Nachbarbegriff im umgangssprachlichen Sinne nicht zwingend ausschließlich der unmittelbar nebenan Wohnende verstanden wird, ist der räumliche Bereich jedenfalls relativ eng abgesteckt.[390]

Anders verhält sich dies zum Teil für den Begriff des Nachbarn im juristischen Sinne.

a) Begriff des Nachbargrundstücks im privaten Nachbarrecht

Vorschriften zum privaten Nachbarrecht finden sich in den §§ 903 ff. BGB. Die dort geregelten Eigentumsbeschränkungen regeln das Verhältnis der

388 Vgl. für eine ausführliche Darstellung der verschiedenen Nachbarbegriffe Fuchs, S. 66 ff.

389 Duden, Deutsches Universalwörterbuch, S. 1254 (Abkürzungen wurden nachträglich vervollständigt).

390 Vgl. auch Fuchs, S. 66: „Regelmäßig geht man von einer oder mehreren gemeinsamen (Teil-)Grenzen aus.“; vgl. so auch Grziwotz/Lüke/Saller, 1. Teil, Rn. 62.

Nachbarn untereinander aber nicht vollumfänglich.[391] In den meisten Ländern gibt es daneben Landesnachbarrechtsgesetze.[392]

Unterscheiden lassen sich das Nachbargrundstück, das auch als „Nachbarschaftsobjekt“ bezeichnet wird, und der Grundstücksberechtigte, also das „Nachbarschaftssubjekt“.[393] Im Rahmen einer hier vorzunehmenden räumlichen Begrenzung des Schutzbereichs spielt die Person des Nachbarn zunächst keine Rolle; einzugehen ist an dieser Stelle nur auf das „Nachbarschaftsobjekt“.

Im BGB wird der Begriff des „Nachbargrundstücks“ in § 909 BGB verwendet. Danach darf ein Grundstück nicht in der Weise vertieft werden, dass der Boden des Nachbargrundstücks die erforderliche Stütze verliert, es sei denn, dass für eine genügende anderweitige Befestigung gesorgt ist. § 906 BGB, der die grundstücksbezogene Zuführung unwägbarer Stoffe regelt, spricht dagegen lediglich von einem „anderen Grundstück“. Bereits aus dem Wortlaut des § 906 BGB folgt, dass das Grundstück, von dem die Beeinträchtigung ausgeht, nicht unmittelbar an das beeinträchtigte Grundstück angrenzen muss.[394] Auf den ersten Blick erscheint die sprachliche Begrenzung auf „Nachbargrundstücke“ in § 909 BGB enger zu sein als der Terminus des „anderen Grundstücks“, sodass – anders als bei § 906 BGB – nur räumlich unmittelbar angrenzende Grundstücke geschützt zu werden scheinen.[395] Dem Schutzzweck des § 909 BGB lässt sich allerdings – wie das Reichsgericht bereits entschied – etwas Anderes entnehmen.[396] Das Reichsgericht führte aus, bei „erheblichen Entfernungen, wohl von 1000 m und darüber“ könne von „Nachbarschaft im gewöhnlichen Sinne“ kaum mehr die Rede sein.[397] Die Rechtsprechung habe aber für die Anwendung des § 909 BGB den Begriff der Nachbarschaft dahin erweitert, dass sie so weit zu erstrecken sei, wie der Einwirkungskreis der Vertiefungsarbeiten reiche.[398] Daran sei, dem Zweck dieser Vorschrift ent-

---

391 Althammer, in: Staudinger, Einleitung zu §§ 903 ff. BGB, Rn. 8.

392 Althammer, in: Staudinger, Einleitung zu §§ 903 ff. BGB, Rn. 8; vgl. Albrecht, in: Staudinger, Art. 124 EGBGB, Rn. 13 mit einer Übersicht der Länder, die eigene Nachbarrechtsgesetze haben.

393 Oblinger-Grauvogl/Hagmaier/Englert, in: Englert/Grauvogl/Maurer, 5. Kapitel, Rn. 393; s. auch Fuchs, S. 66 f.

394 Vgl. OLG Koblenz, BeckRS 2009, 3901; Fritzsche, in: BeckOK BGB, § 906 BGB, Rn. 35; Brückner, in: MüKoBGB, § 906 BGB, Rn. 59; Berger, in: Jauernig, § 906 BGB, Rn. 2; jeweils m.w.N.; vgl. auch Boisserée, S. 142; Fuchs, S. 67.

395 Vgl. Boisserée, S. 142; Fuchs, S. 67.

396 RGZ 167, 14, 21; vgl. hierzu Fuchs, S. 67 m.w.N.

397 RGZ 167, 14, 21.

398 RGZ 167, 14, 21 m.N.

sprechend, festzuhalten.[399] Sie wolle Schutz im Zusammenwirken derer gewähren, die räumlich voneinander abhängig seien.[400]

Weitestgehend durchgesetzt hat sich im Anschluss daran die Auffassung, dass nicht nur unmittelbar angrenzende, sondern auch entferntere Grundstücke, die von einer Vertiefung betroffen werden können, von § 909 BGB erfasst werden.[401] Entscheidend ist lediglich, dass sich das Grundstück im „Einwirkungskreis" der Vertiefungsarbeiten befindet.[402]

Daneben gibt es Vorschriften im BGB, wie etwa die §§ 921, 922 BGB, die eine gemeinsame Grenze zwischen den Nachbargrundstücken voraussetzen, und sich daher ausschließlich auf unmittelbar angrenzende Grundstücke beziehen. Auch in den Landesnachbarrechtsgesetzen erfassen einige Regelungen nur den unmittelbar angrenzenden Nachbarn, so etwa die Regelungen zur Unterfangung von Nachbarwänden gemäß § 15 Abs. 2 NachbG NRW oder die zur besonderen Gründung der Grenzwand gemäß § 21 NachbG NRW.[403]

Je nachdem, wie die Grundstücke zueinander liegen, kann zwischen verschiedenen Nachbarschaftsbegriffen unterschieden werden.[404] Besteht eine gemeinsame Grenze zwischen den Grundstücken, ist von einem „unmittelbaren Nachbargrundstück"[405] die Rede. Ausschließlich punktuell angrenzende Grundstücke sind „Punktnachbargrundstücke".[406] Grundstücke, die lediglich im Einwirkungskreis eines anderen Grundstücks liegen,

399 RGZ 167, 14, 21.

400 RGZ 167, 14, 21.

401 BGH, NJW 1954, 593, 594; NJW-RR 1996, 852; Pastor, in: Werner/Pastor, Rn. 2614; Roth, in: Staudinger, § 909 BGB, Rn. 22; Lemke, in: PWW-BGB, § 909 BGB, Rn. 20; Brückner, in: MüKoBGB, § 909 BGB, Rn. 4; Fuchs, S. 67; a.A. Boisserée, S. 141 ff.

402 RGZ 167, 14, 21 m.w.N.; OLG Düsseldorf, BeckRS 1975, 00697, Rn. 56; so auch Berger, in: Jauernig, § 909 BGB, Rn. 1; Inhuber, in: Motzke/Bauer/Seewald, § 12, Rn. 126.

403 Vgl. Englert/Bauer, Rn. 22; Fuchs, S. 69.

404 Oblinger-Grauvogl/Hagmaier/Englert, in: Englert/Grauvogl/Maurer, 5. Kapitel, Rn. 399; so auch Fuchs, S. 67 f.

405 Oblinger-Grauvogl/Hagmaier/Englert, in: Englert/Grauvogl/Maurer, 5. Kapitel, Rn. 399; Fuchs, S. 68; Vgl. auch BGH, NJW 1954, 593, 594.

406 Dirnberger, in: Simon/Busse, BayBO, Art. 66, Rn. 70; so auch Englert/Grauvogl/Maurer, 5. Kapitel, Rn. 399; Englert/Bauer, Rn. 22 f.; Fuchs, S. 68.

aber nicht an dieses angrenzen, werden als „Drittnachbargrundstück"[407] oder „entfernteres" Nachbargrundstück[408] bezeichnet.

Die „Nachbarschaftsvielecke"[409] von *Englert/Grauvogl/Maurer*[410] und *Fuchs*[411], die hier in kombinierter und jeweils leicht abgeänderter Form übernommen werden, „umschreiben" die verschiedenen Begriffe des Nachbargrundstücks grafisch:

Drittnachbar-grundstück	Drittnachbar-grundstück	Drittnachbar-grundstück
Drittnachbar-grundstück	Drittnachbar-grundstück	Drittnachbar-grundstück
Punktnachbar-grundstück	Unmittelbares Nach-bargrundstück	Punktnachbar-grundstück
Unmittelbares Nachbar-grundstück	Baugrundstück	Unmittelbares Nachbar-grundstück
Punktnachbar-grundstück	Unmittelbares Nach-bargrundstück	Punktnachbar-grundstück
Drittnachbar-grundstück	Drittnachbar-grundstück	Drittnachbar-grundstück
Drittnachbar-grundstück	Drittnachbar-grundstück	Drittnachbar-grundstück

(Abbildung: leicht abgeänderte Abbildung des „Nachbarschaftsvielecks" von Oblinger-Grauvogl/Hagmaier/Englert, in: *Englert/Grauvogl/Maurer*, 5. Kapitel, Rn. 400 sowie einer daran angelehnten Darstellung von *Fuchs*, S. 68)

---

407 Oblinger-Grauvogl/Hagmaier/Englert, in: Englert/Grauvogl/Maurer, 5. Kapitel, Rn. 399.

408 BGH, Urteil vom 22. Dezember 1953 – V ZR 175/52, Rn. 12 nach juris; Oblinger-Grauvogl/Hagmaier/Englert, in: Englert/Grauvogl/Maurer, 5. Kapitel, Rn. 399.

409 Oblinger-Grauvogl/Hagmaier/Englert, in: Englert/Grauvogl/Maurer, 5. Kapitel, Rn. 400.

410 Englert/Grauvogl/Maurer, 5. Kapitel, Rn. 400.

411 Fuchs, S. 68.

b) Begriff des Nachbargrundstücks im öffentlichen Recht

Auch der Nachbar im Sinne des öffentlichen Baurechts muss nicht zwingend unmittelbar angrenzen.[412] Als Nachbar gilt jeder, der von einem Bauvorhaben in seinen subjektiven Rechten betroffen wird.[413] Die Qualifikation als „Nachbar" richtet sich sowohl nach dem Schutzbereich der einschlägigen Normen, also danach, ob der Dritte zum Kreis derer gehört, dem die Norm subjektiv-öffentliche Rechte zuschreiben will, als auch nach dem tatsächlichen Einwirkungskreis des konkreten baulichen Vorhabens.[414]

Der Nachbarbegriff, der auf ein unmittelbares räumliches Angrenzen abstellt, kann lediglich für die Angrenzerbenachrichtigung aus § 72 BauO NRW relevant werden.[415]

Hiervon zu unterscheiden ist der immissionsschutzrechtliche Nachbarbegriff.[416] Die Nachbarschaft im Sinne des Immissionsschutzgesetzes setzt nach der Rechtsprechung des Bundesverwaltungsgerichts ein „qualifiziertes Betroffensein [voraus], das sich deutlich abhebt von den Auswirkungen, die den einzelnen als Teil der Allgemeinheit treffen können".[417] Im Interesse klarer sowie überschaubarer Konturen und damit letztlich im Interesse der Rechtssicherheit setze sie ein besonderes Verhältnis des Betroffenen zu der Anlage im Sinne einer „engeren räumlichen und zeitlichen Beziehung" voraus.[418] Eine solche Beziehung, so das Bundesverwaltungsgericht weiter, könne sich aus der Lage des Immissionsortes in Bezug auf die emittierende Anlage ergeben.[419] Sie könne aber auch hervorgerufen werden durch Auswirkungen in einem weiteren Umfeld der Anlage, die in einem funktionellen Zusammenhang mit dem Betrieb stünden und diesem auch in räumlicher Hinsicht noch zuzurechnen seien, weil sie den

412 BVerwG, NJW 1988, 839, 840; Hellermann, in: Dietlein/Hellermann, § 4, Rn. 310; Gärditz, in: Gärditz VwGO, § 42 VwGO, Rn. 94.

413 Hellermann, in: Dietlein/Hellermann, § 4, Rn. 311; vgl. auch Fuchs, S. 71 m.w.N.

414 Schenke, in: Kopp/Schenke, § 42 VwGO, Rn. 97; Hellermann, in: Dietlein/Hellermann, § 4, Rn. 311; Gärditz, in: Gärditz VwGO, § 42 VwGO, Rn. 93 f.; vgl. auch Fuchs, S. 71.

415 Hellermann, in: Dietlein/Hellermann, § 4, Rn. 267, 310.

416 Vgl. hierzu auch Fuchs, S. 72.

417 BVerwG, NJW 1983, 1507, 1508; NVwZ 1997, 276, 277.

418 BVerwG, NJW 1983, 1507, 1508; NVwZ 1997, 276, 277.

419 BVerwG, NVwZ 1997, 276, 278.

Bezug zu der emittierenden Anlage noch nicht verloren hätten.[420] Diese Grundsätze gälten auch im Rahmen des Gaststättenrechts.[421]

c) Maßgeblicher Nachbarbegriff

Dem Begriff des Nachbarn bzw. dem des Nachbargrundstücks liegt – wie gezeigt – kein einheitliches Verständnis zugrunde. Fraglich ist, worauf im Rahmen des vertraglichen Drittschutzes abgestellt werden könnte, falls ein solcher zu bejahen sein sollte.

Vor dem Hintergrund der gebotenen engen Betrachtung des Drittschutzes,[422] ließe sich annehmen, dass die räumliche Entfernung als Kriterium nicht zu weit gehen dürfe und aus diesem Grunde eine räumliche Begrenzung zu ziehen sei. Wie bereits der Fall des Reichsgerichts zeigte, können Beeinträchtigungen auch noch in Entfernungen von mehr als 1000 m eintreten,[423] was zunächst die Vermutung einer erheblichen unkalkulierbaren Haftungsausweitung nahelegt, die es – wie anhaltend betont –[424] gerade zu vermeiden gilt.

Auch der Vergleich mit den Rechtsbereichen, in denen ein weiter Nachbarbegriff herangezogen wird, könnte auf den ersten Blick für eine enge Betrachtung sprechen. Die §§ 906, 909 BGB sind im BGB im Abschnitt 3 über das „Eigentum" unter Titel 1 „Inhalt des Eigentums" geregelt. Als absolutes Recht wirkt das Eigentum gegenüber jedermann.[425]

Ausweislich der Rechtsprechung des Bundesgerichtshofs entscheiden die §§ 906 ff. BGB innerhalb ihres Regelungsbereiches über die Rechtswidrigkeit von Einwirkungen, die von einem Grundstück auf ein anderes ausgehen, und bestimmen daher über das Vorliegen einer widerrechtlichen deliktischen Handlung im Sinne des § 823 BGB.[426] Das OLG Düsseldorf

---

420 BVerwG, NVwZ 1997, 276, 278.

421 BVerwG, NVwZ 1997, 276, 278.

422 Vgl. etwa BGH, NJW 1976, 712, 713; NJW-RR 2017, 888, Rn. 15; NJW 2018, 1537, Rn. 16; Klumpp, in: Staudinger, § 328 BGB, Rn. 109.

423 RGZ 167, 14, 21.

424 S. u.a. BGH, NJW-RR 2017, 888, Rn. 15; NJW 2018, 1537, Rn. 16; Gottwald, in: MüKoBGB, § 328 BGB, Rn. 182; Schwerdtner, Jura 1980, 493, 496; Lorenz, in: Medicus/Lorenz, SchuldR I AT, Rn. 866; Looschelders, SchuldR AT, § 9, Rn. 8.

425 Brückner, in: MüKoBGB, § 903 BGB, Rn. 2; vgl. hierzu auch Boisserée, S. 45.

426 BGH, NJW 1984, 2207 m.w.N., NJW 1985, 47, 48; vgl. auch Roth, in: Staudinger, § 909 BGB, Rn. 45; Fritzsche, in: BeckOK BGB, § 906 BGB, Rn. 2; Lemke, in: PWW-BGB, § 903 BGB, Rn. 13.

hat ausgeführt, die Regelungen seien die „notwendige Ergänzung einerseits zu den Vorschriften der §§ 823 ff. BGB, welche das Eigentum vor Beschädigungen durch Dritte schützen sollen, und andererseits zu der Vorschrift des § 903 BGB, die jedem Eigentümer grundsätzlich gestattet, mit seinem Eigentum nach Gutdünken zu verfahren".[427] Diese Thematik ist geradezu konträr zu der hier gegenständlichen Fragestellung, in der es nicht um das Vorliegen einer deliktischen „Jedermann-Haftung", sondern um eine Abgrenzung von dieser geht. Entscheidend ist die Frage, ob der Dritte auf das Deliktsrecht beschränkt sein soll oder ob er nach dem hypothetischen Parteiwillen aufgrund der besonderen Interessenlage in den Schutzbereich des Vertrages einbezogen werden und damit in den Genuss aller vertraglichen Privilegierungen kommen sollte, die dem Geschädigten im Rahmen der Deliktshaftung verwehrt bleiben. Der Einbezug in den Vertrag bedarf besonderer Umstände, die die Annahme rechtfertigen, dass redliche Vertragsparteien dem Dritten im Gegensatz zum Deliktsrecht eine hervorgehobene Stellung zugesprochen hätten.

Würde hieraus aber der Schluss einer engen Absteckung des räumlichen Schutzbereiches gezogen, so würde sich die Folgefrage stellen, wie eine räumliche Begrenzung vorgenommen werden sollte. Eine in bestimmten Zahlen ausgedrückte Höchstentfernung wäre willkürlich. Auch eine Beschränkung des Schutzes ausschließlich auf unmittelbare Nachbargrundstücke, Punktnachbargrundstücke oder auf das nächste Drittnachbargrundstück erscheint sachfern. Dies gilt insbesondere in Rückbesinnung auf die Grundlage des vertraglichen Drittschutzes. Wird diese nämlich in einer ergänzenden Vertragsauslegung gesehen, so ist zu berücksichtigen, dass die Vertragsfreiheit Verträge beliebigen Inhalts zulässt.[428] In den Schutzbereich des Vertrages könnte theoretisch jeder beliebige Dritte unabhängig von seiner räumlichen Nähe einbezogen werden.[429] Gewiss ergäbe es keinen Sinn, die Schutzwirkung auf völlig Unbeteiligte zu erstrecken.[430] Bei Ermittlung des hypothetischen Parteiwillens wird sich aber Folgendes ergeben: Es entspricht dem Interesse des Gläubigers, solche Dritte einzubeziehen, die besonders gefährdet sind.[431] Gerade die eingehende Regelung der Sorgfaltspflichten für das nachbarliche Verhältnis in

427 OLG Düsseldorf, NJW 1959, 580.

428 Zenner, NJW 2009, 1030, 1031; vgl. auch Bell, S. 96 f.

429 Vgl. so allgemein OLG Hamm, BeckRS 2018, 40173, Rn. 55; Gottwald, in: MüKoBGB, § 328 BGB, Rn. 182; Bell, S. 96 f.; Zenner, NJW 2009, 1030, 1031.

430 Zenner, NJW 2009, 1030, 1031.

431 Vgl. Köndgen, Einbeziehung Dritter in den Vertrag, S. 8; in diese Richtung auch Zenner, NJW 2009, 1030, 1031.

den §§ 905 ff. BGB, die nicht nur für das unmittelbare Nachbargrundstück gelten, sind Ausdruck einer solchen besonderen Gefährdungslage, die ein gesteigertes Interesse am Schutz des jeweils anderen daher möglich erscheinen lässt.[432]

Je stärker die Gefährdung des Nachbarn ausgeprägt ist, desto höher ist das mutmaßliche Interesse des Bauherrn am Schutz des Nachbarn.[433] Eine besonders enge räumliche Nähe ist zwar ein Indiz, aber weder erforderliche noch hinreichende Bedingung hierfür.

Es kann keinen Unterschied für den hypothetischen Parteiwillen machen, ob Gebäudeschäden nur auf unmittelbaren Nachbargrundstücken oder auch auf Dahinterliegenden auftreten, wenn eine Beeinträchtigung des Drittnachbargrundstücks zu erwarten und eben aus diesem Grunde die Vornahme besonderer Schutzmaßnahmen geboten war, die möglicherweise sogar Hauptleistungspflichten eines Vertrages geworden sind.[434] Abzustellen ist daher auf die tatsächliche Gefährdung der Nachbarbebauung im konkreten Fall. Diese ist abhängig vom verfolgten Bauvorhaben und den Gegebenheiten vor Ort. Je nach Art, Umfang und Ausmaß des Vorhabens können die Risiken von Schäden an der Nachbarbebauung in unterschiedlicher Intensität ausgestaltet sein. So beeinträchtigen beispielsweise sehr große Baugruben besonders stark die vorhandenen Bodenverhältnisse.[435] Ebenso stellen Neubauten mit hohem Gewicht eine sehr viel stärkere Belastung für den Boden dar als kleinere Bauwerke.

Sind sowohl die unmittelbar angrenzende als auch die dahinterliegende Bebauung durch eine bestimmte Maßnahme in gleicher Weise gefährdet und potentiell eintretende Schäden in vergleichbarer Intensität zu erwarten, so kann es nicht im Interesse redlicher und verständiger Parteien liegen, die Nachbarn ausschließlich in Abhängigkeit von der räumlichen Entfernung in den Schutzbereich des Vertrages einzubeziehen.

Besonders deutlich wird dies in folgender Konstellation: Drei Reihenhäuser sind baulich verbunden und auf einer Bodenplatte errichtet. Kommt es infolge der Baumaßnahmen zu Setzungserscheinungen, wird unter Umständen nicht nur das unmittelbar angrenzende Nachbargebäude, sondern in gleicher Weise werden auch – ggf. vermittelt durch die bauliche Verbindung – die dahinterliegenden Parzellen gefährdet. Eine

---

432 Vgl. hierzu S. 142 ff. m.w.N.

433 Vgl. so generalisierend zur Interessenlage des Vertragsgläubigers am Schutz des Dritten Köndgen, Einbeziehung Dritter in den Vertrag, S. 8.

434 Vgl. näher zu den nachbarschützenden Hauptleistungspflichten S. 102 ff.

435 Boisserée, S. 11 f.

grundsätzlich unterschiedliche rechtliche Bewertung ist infolge des einheitlichen Vorgangs, der zu einer einheitlichen Schädigung aller drei Gebäude geführt hat, nicht geboten.

Zur Bestimmung der Leistungsnähe kann unter dem Gesichtspunkt räumlicher Nähe demnach nicht auf feststehende Kriterien, wie eine bestimmte Entfernung oder eine bestimmte räumliche Lage der Grundstücke zueinander, zurückgegriffen werden.

Darüber hinaus ist zu beachten, dass eine besondere Nähe alleine meist auch bei rein zufälligen Berührungen gegeben ist, die zum allgemeinen Lebensrisiko gehören und daher über das Deliktsrecht zu lösen sind.[436] Eine gewisse räumliche Nähe ist daher zwar Ausgangsvoraussetzung für eine Nachbarschädigung; eine Abgrenzung zum deliktischen Bereich kann sie dagegen nicht gewährleisten.

Entsprechend dem zivilrechtlichen Nachbarbegriff ist der räumliche Schutzradius nach dem Einwirkungsbereich des Bauvorhabens zu bestimmen.

d) Kontrollüberlegung im Hinblick auf eine unkalkulierbare Haftungsausweitung

Klar ist, dass die Anzahl möglicherweise Drittgeschützter durch diese Auslegung speziell bei Großbauprojekten sehr hoch sein kann. Dies führt aber nicht per se zu einer unkalkulierbaren Haftungsausweitung, da es sich ausschließlich um „potenziell" Drittgeschützte handelt.[437]

Auch der Bundesgerichtshof legt den Vertrag mit Schutzwirkung zu Gunsten Dritter im Hinblick auf den zu schützenden Personenkreis vor allem im Rahmen des Vermögensschutzes sehr weit aus.[438] Vom Schutzbereich eines Gutachtervertrages zur Grundstückswertermittlung sah er bei-

---

436 Köndgen, Einbeziehung Dritter in den Vertrag, S. 8; vgl. auch S. 89; S. 108 ff. m.w.N.

437 Vgl. so für den Bereich des Vermögensschutzes und der Massengeschäfte Klumpp, in: Staudinger, § 328 BGB, Rn. 112; vgl. zur Ausdehnung des geschützten Personenkreises im Ergebnis auch Gernhuber, in: FS für A. Nikisch, S. 249, 271.

438 S. etwa BGH, NJW 2004, 3035, 3038; vgl. speziell zur Ausdehnung der bestimmungsgemäßen Leistungsnähe Klumpp, in: Staudinger, § 328 BGB, Rn. 112; vgl. allgemein zur weiten Ausdehnung des geschützten Personenkreises Gottwald, in: MüKoBGB, § 328 BGB, Rn. 190; Stürner, in: PWW-BGB, Vor. §§ 328 ff. BGB, Rn. 11; jeweils mit Rechtsprechungsnachweis.

spielsweise eine „namentlich nicht bekannte Vielzahl privater Kreditgeber oder Kapitalanleger“ umfasst.[439] Eine derartige Ausdehnung der Leistungsnähe führt dazu, dass sich die Schutzwirkung des Vertrages auf eine häufig nur schwer überschaubare Anzahl von Personen bezieht. Der Umfang des geschützten Personenkreises kann in diesen Fällen weitaus größer sein als in den Nachbarschädigungsfällen, in denen die Zahl Betroffener bereits aufgrund der räumlich bedingt begrenzten Einwirkungsmöglichkeit beschränkt ist.

Zuzugeben ist: die besonders starke Ausdehnung betrifft vor allem eine andere Fallgruppe des Vertrages mit Schutzwirkung zugunsten Dritter. Von vornherein fällt eine Abgrenzung anhand des Kriteriums der Leistungsnähe im Bereich des Vermögensschutzes besonders schwer.[440] Dies stellt sich beim Vertrag mit Schutzwirkung zugunsten Dritter in seiner ursprünglichen Form, in der ausschließlich vor Integritätsschäden geschützt wird, anders dar.[441] Wird aber bereits in den Fällen des Vermögensschutzes, in denen sich eine Leistungsnähe im herkömmlichen Sinne nur schwer begründen lässt, eine derartige Ausweitung des Schutzbereiches angenommen, darf dieser in den Nachbarschädigungsfällen nicht unnötig verengt werden. Denn hier ist sogar ein direkter und zwar durch die tatsächliche Einwirkung physisch vermittelter Kontakt mit den vom Schuldverhältnis ausgehenden Gefahren zu verzeichnen. Darüber hinaus wurde auch in den das Integritätsinteresse betreffenden Fällen eine breite Schutzwirkung angenommen. Bei Mietverträgen über Säle oder Sportstadien für „Massenveranstaltungen“ beispielsweise kommt die Schutzwirkung des Vertrages üblicherweise ebenfalls einem sehr großen Personenkreis zugute.[442]

Speziell für die Nachbarschädigungsfälle lässt sich darüber hinaus anführen, dass die Einwirkungsmöglichkeit unabhängig vom Grad der physischen Nähe, also auch bei Einwirkungen, die von entfernteren Drittnachbargrundstücken ausgehen, dauerhaft und unausweichlich besteht.[443] Aufgrund dessen ist die Berührung von Drittnachbarn mit den vom Schuldverhältnis ausgehenden Gefahren unter Umständen selbst bei größeren

439 BGH, NJW 2004, 3035, 3038.

440 Klumpp, in: Staudinger, § 328 BGB, Rn. 112.

441 Vgl. Klumpp, in: Staudinger, § 328 BGB, Rn. 112.

442 Gottwald, in: MüKoBGB, § 328 BGB, Rn. 190 m.w.N.; vgl. bezüglich der Saalmiete BGH, NJW 1965, 1757; Gernhuber, in: FS für A. Nikisch, S. 249, 271.

443 Vgl. Krebs, S. 233 zu den dauerhaften und unausweichlichen Einwirkungsmöglichkeiten beim nachbarlichen Gemeinschaftsverhältnis, ohne dass er dies jedoch im Hinblick auf den vertraglichen Drittschutz thematisiert.

Entfernungen besonders intensiv. Denkbar ist, dass die Wahrscheinlichkeit des Schadenseintritts aufgrund der ständigen Belegenheit im Einwirkungsradius sogar höher ist als im Falle des zwar vorübergehenden unmittelbaren körperlichen Kontaktes, der aber nicht von dauerhafter Natur ist und „Ausweichmöglichkeiten“ zulässt.

Zudem bedeutet eine weite Auslegung in diesem Stadium noch nicht, dass tatsächlich alle Personen mit besonderer Leistungsnähe in den Schutzbereich des Vertrages einbezogen werden.[444] Auch wenn es sich gewissermaßen um eine Ausgangsvoraussetzung handelt, ist die räumliche Nähe doch – um es mit *Klumpp*[445] auszudrücken, der sich allerdings auf das Merkmal der Gläubigernähe schlechthin bezieht – ein „weiches Kriterium“. Da die ergänzende Vertragsauslegung nicht zu einer übermäßigen und unkalkulierbaren Haftungsausweitung führen darf, ist stets zu prüfen, ob die Leistungsnähe „bestimmungsgemäß“ ist.[446] Darüber hinaus muss die Schutzpflichterstreckung auf den Dritten für den Schuldner erkennbar und damit zumutbar sein.[447] Eine Begrenzung des geschützten Personenkreises erfolgt somit vor allem über andere Kriterien als die Leistungsnähe.[448] Dass vor allem die Zumutbarkeit haftungsbeschränkend wirkt,[449] zeigt sehr anschaulich die Vorgehensweise im oben genannten Fall der Gutachtenerstellung für Kreditgeber und Kapitalanleger. Der Bundesgerichtshof prüfte im Sinne der Haftungsbeschränkung die Auswirkung der Einbeziehung auf das Haftungsrisiko: Trete an die Stelle eines Kreditgebers eine Vielzahl von Anlegern, werde das Haftungsrisiko lediglich auf diese aufgeteilt.[450]

Ob ein Vertrag mit Schutzwirkung zugunsten Dritter anzunehmen ist, richtet sich stets nach einer Gesamtschau aller Kriterien, von denen einige stärker oder schwächer ausgeprägt sein können als andere.[451]

---

444 Vgl. auch Klumpp; in: Staudinger, § 328 BGB, Rn. 114: „potenziell Drittgeschützte“.

445 Klumpp, in: Staudinger, § 328 BGB, Rn. 112.

446 Zur „Bestimmungsgemäßheit“ der Leistungsnähe vgl. S. 89 ff.

447 Klumpp, in: Staudinger, § 328 BGB, Rn. 112.

448 Vgl. auch Klumpp, in: Staudinger, § 328 BGB, Rn. 112.

449 Vgl. auch Klumpp, in: Staudinger, § 328 BGB, Rn. 112, der insofern von einer „gewissen Redundanz“ des Merkmals der Gläubigernähe mit dem der Erkennbarkeit spricht; allgemein hierzu verweist er auf Köndgen, JZ 2010, 418, der die Zurechnungskriterien als „teilweise schon je für sich nicht tragfähig, teilweise redundant“ bezeichnet.

450 BGH, NJW 2004, 3035, 3038.

451 Zur Einordnung der Drittschutzkriterien als Indizien vgl. die Darstellungen zur Rechtsgrundlage des Vertrages mit Schutzwirkung zugunsten Dritter m.N.

Kommt es demnach zu einer Einwirkung auf ein Grundstück im Umfeld der Baustelle und infolge dessen zu einer Schädigung, kann eine Leistungsnähe unabhängig von einer räumlichen Entfernung und der dadurch möglicherweise hohen Zahl Drittgeschützter gegeben sein, ohne dass dies zwingend zu einer unkalkulierbaren Haftungsausweitung führt.

3. „Bestimmungsgemäße" Leistungsnähe

Eine räumliche Nähe mag zwar – wie gezeigt – eine „Leistungsnähe" begründen, kann für sich genommen aber noch kein wesentliches Indiz für eine drittschützende Wirkung des Bauvertrages sein. Denn eine tatsächliche Gefährdung durch eine physische Nähe ist, wie *Köndgen*[452] – wenngleich nicht in Bezug auf die hier gegenständliche Fallgruppe, sondern generell – richtigerweise feststellte, „der ureigenste Grund, den Gefahrverantwortlichen mit einer schadensvermeidenden deliktischen Verhaltenspflicht zu belegen."

Die Leistungsnähe muss daher „bestimmungsgemäß" und nicht nur zufällig von der vertraglichen Beziehung zwischen Schuldner und Gläubiger ausgehen.[453] Das bedeutet, dass der Dritte „aus dem Vertragsprogramm heraus" unmittelbar mit dem Gefahrenbereich des Schuldverhältnisses in Berührung kommen muss.[454] Nicht notwendig ist, dass die Leistung die Person des Dritten berührt; ausreichend ist, dass „Güterkontakt"[455]besteht.[456]

Abzustellen ist darauf, ob ein spezifischer Risikozusammenhang zwischen der Vertragsverletzung und der Beeinträchtigung der Interessen des Dritten gegeben ist.[457] Der spezifische Risikozusammenhang ist abhängig vom Gewicht des mit der Vertragserfüllung verbundenen Risikos der Drittschädigung; in jedem Fall ist die Berührung mit dem Gefahrenbereich bestimmungsgemäß, wenn sich die Schädigung des Dritten als

---

452 Köndgen, Einbeziehung Dritter in den Vertrag, S. 8.

453 Klumpp, in: Staudinger, § 328 BGB, Rn. 111 m.w.N.; Gottwald, in: MüKoBGB, § 328 BGB, Rn. 184; Mäsch, in: BeckOGK BGB, § 328 BGB, Rn. 170; Janoschek, in: BeckOK BGB, § 328 BGB, Rn. 54.

454 Klumpp, in: Staudinger, § 328 BGB, Rn. 111 m.w.N.

455 Blomeyer, S. 259; Gernhuber, in: FS für A. Nikisch, S. 249, 270.

456 Blomeyer, S. 259; Gernhuber, in: FS für A. Nikisch, S. 249, 270; Hirth, S. 122 m.w.N.

457 BGH, NZG 2011, 1384, Rn. 18 (Steuerberatungsvertrag); Klumpp, in: Staudinger, § 328 BGB, Rn. 111; Mäsch, in: BeckOGK BGB, § 328 BGB, Rn. 171.

„typische Begleiterscheinung" der Nicht- oder Schlechterfüllung von Vertragspflichten darstellt.[458]

Da die bestimmungsgemäße Leistungsnähe eine Gefährdung „aus dem Vertragsprogramm" voraussetzt,[459] sind wesentliche Anknüpfungspunkte des vertraglichen Drittschutzes der konkrete Vertragsinhalt sowie Sinn und Zweck des betreffenden Vertrages.[460]

Das Bauvorhaben und damit alle zu diesem Zwecke abgeschlossenen Verträge dienen in erster Linie der Verwirklichung des Bauziels des Bauherrn, also beispielsweise der Herstellung, der Beseitigung oder dem Umbau eines Bauwerkes (vgl. § 650a Abs. 1 BGB).

Sein Bauziel darf der Bauherr aber nicht ohne jegliche Rücksichtnahme auf die Belange der Nachbargrundstücke verfolgen. Zwar kann der Grundstückseigentümer gemäß § 903 S. 1 BGB mit seiner Sache grundsätzlich nach Belieben verfahren („positiver Eigentumskern") und andere von jeder Einwirkung ausschließen („negativer Eigentumskern").[461] Da die Auswirkungen der Grundstücksnutzung allerdings nicht ausschließlich das eigene Grundstück betreffen, sondern über die Grundstücksgrenze hinaus auch das Nachbargrundstück berühren können, entstehen Interessenkollisionen: Die Lage der Grundstücke zueinander führt zu Konflikten zwischen den Nutzungsbefugnissen des einen und den Abwehrrechten des anderen Grundstückseigentümers.[462] Beeinträchtigungen auf das Nachbargrundstück, die sich aus der Nutzung von Grundstücken – hier aus der Verwirklichung von Baumaßnahmen – ergeben können, wurden bereits ausführlich dargestellt.

Eigentumsbeschränkungen zum Zweck des Interessenausgleichs sehen zunächst die §§ 905 ff. BGB und landesrechtliche Regelungen vor.[463] Beschränkungen der Eigentumsbefugnisse ergeben sich darüber hinaus aus öffentlich-rechtlichen Vorschriften, insbesondere aus baurechtlichen Be-

---

458 Vgl. BGH, NZG 2011, 1384, Rn. 9 (Steuerberatungsvertrag); Klumpp, in: Staudinger, § 328 BGB, Rn. 111; Mäsch, in: BeckOGK BGB, § 328 BGB, Rn. 171.

459 S. Fn. 454.

460 Vgl. zur Berücksichtigung von Inhalt und Sinn und Zweck des Vertrages unabhängig von der heranzuziehenden Rechtsgrundlage u.a. BGH, NJW 1976, 712, 713; NJW-RR 2004, 1254; NJW-RR 2017, 888, Rn. 16; Gottwald, in: MüKoBGB, § 328 BGB, Rn. 171; Jagmann, in: Staudinger (2009), § 328 BGB, Rn. 94; Mäsch, in: BeckOGK BGB, § 328 BGB, Rn. 170.

461 S. hierzu Althammer, in: Staudinger, § 903 BGB, Rn. 2; Wilhelmi, in: Erman BGB, § 903 BGB, Rn. 1; Brox, JA 1984, 182.

462 Brox, JA 1984, 182.

463 Vgl. Brox, JA 1984, 182 zur Zwecksetzung; vgl. ausführlich zu den Eigentumsbeschränkungen Althammer, in: Staudinger, § 903 BGB, Rn. 13 ff. m.w.N.

stimmungen, etwa über Abstandsflächen, Standsicherheit oder Brandwände.[464] Neben gesetzlich geregelten Beschränkungen ist die Lehre vom nachbarlichen Gemeinschaftsverhältnis zu beachten.[465] Danach wird aus dem Grundsatz von Treu und Glauben (§ 242 BGB) die Pflicht der Nachbarn zur gegenseitigen Rücksichtnahme hergeleitet.[466]

Aus alledem folgt, dass der Bauherr sein Bauvorhaben nicht unabhängig von den Interessen seiner Umwelt verwirklichen darf, sondern stets die Belange benachbarter Grundstücke zu berücksichtigen und im Rahmen der Realisierung einzubeziehen hat.

Besonders relevant für die Fälle der Nachbarschädigung ist die Regelung des § 909 BGB. Diese besagt, dass ein Grundstück nicht in der Weise vertieft werden darf, dass der Boden des Nachbargrundstücks die erforderliche Stütze verliert, es sei denn, dass für eine genügende anderweitige Befestigung gesorgt ist. Die Wahl über die Ausführungsvariante der Befestigung ist dem Bauherrn überlassen:[467] So kann er beispielsweise Stützbauwerke errichten oder aber Bodenverfestigungsmaßnahmen vornehmen lassen. Beauftragt er einen Bauunternehmer ausschließlich mit der Vornahme solcher Maßnahmen, so liegen Sinn und Zweck der Vertragserfüllung entsprechend dem Schutzzweck des § 909 BGB darin, die Festigkeit des Bodens des Nachbargrundstücks und darüber hinaus die Standsicherheit dort vorhandener Bauwerke zu sichern.[468] Die Schutzmaßnahme zugunsten des Nachbargrundstücks wird hier zum Gegenstand der Hauptleistungspflicht des Bauunternehmers gegenüber dem Bauherrn.

Auch wenn kein eigener Leistungsanspruch des Nachbarn entsteht, sondern dieser im Falle der unzureichenden Befestigung ausschließlich einen Anspruch auf Unterlassung der unzulässigen Vertiefung hat,[469] ist offensichtlich, dass eine drohende Verletzung dieser Pflicht vor allem zu Schäden des Nachbarn führen wird. Die Drittschädigung ist hier nicht nur typische Begleiterscheinung der Pflichtverletzung, sondern deren Vermeidung (eines der) Hauptmotiv(e) für die Beauftragung der Baumaßnahme.

---

464 Althammer, in: Staudinger, § 903 BGB, Rn. 17.

465 Vgl. etwa Althammer, in: Staudinger, § 903 BGB, Rn. 15 m.w.N.; vgl. hierzu S. 138 ff.

466 Vgl. BGH, NJW 1965, 389, 390 f.; NJW-RR 2012, 1160, Rn. 20; Althammer, in: Staudinger, § 903 BGB, Rn. 15 m.w.N.; vgl. hierzu S. 138 ff. m.w.N.

467 Vgl. Roth, in: Staudinger, § 909 BGB, Rn. 31, 38, 41.

468 Siehe zum Schutzzweck des § 909 BGB: BGH, NJW-RR 2008, 969, Rn. 10; s. auch BGH, NJW 1988, 1202, 1203; Brückner, in: MüKoBGB, § 909 BGB, Rn. 2.

469 Vgl. etwa Roth, in: Staudinger, § 909 BGB, Rn. 38; Brückner, in: MüKoBGB, § 909 BGB, Rn. 27 ff.

Von einer bestimmungsgemäßen Leistungsnähe wird in einem solchen Fall auszugehen sein.

Freilich kann es für die bestimmungsgemäße Leistungsnähe keinen Unterschied machen, ob ein Unternehmer alleine mit der Vornahme solcher Schutzmaßnahmen beauftragt wird oder ob etwa ein Generalunternehmer alle zur Errichtung des Bauwerkes notwendigen Leistungen zu erbringen hat. Gegenstand des Bauvertrages sind häufig eine Vielzahl unterschiedlichster Pflichten, die alle einem übergeordneten Zweck dienen. Dieser liegt regelmäßig alleine in der Verwirklichung eines bestimmten Bauvorhabens, nicht dagegen darin, die Nachbarbebauung vor Schäden zu bewahren. Für die Frage, ob die redlichen Parteien den Nachbarn in den Schutzbereich des Vertrages einbezogen hätten, kann der Umfang der beauftragten Positionen des Leistungsverzeichnisses aber kein Unterscheidungsmerkmal darstellen. Entscheidend ist daher nicht alleine der übergeordnete Zweck des Gesamtvertrages. Stattdessen muss kleinteiliger ermittelt werden, welchem Zweck die einzelnen Vertragsbestandteile dienen.

Dabei kann allerdings nicht die Zwecksetzung aller aus dem Vertrag resultierenden Pflichten gleichermaßen auf einen hypothetischen Drittschutzwillen hinweisen. Abstufungen müssen sich aus der unterschiedlichen Bedeutung verschiedener Vertragspflichten ergeben.[470]

a) Abgrenzung zwischen Leistungs- und Schutzpflichten

Das „charakteristische Gepräge“ des Vertrages bestimmen die Hauptleistungspflichten (§ 241 Abs. 1 BGB).[471] Dies sind die Pflichten, die das „Erreichen des primären Obligationszwecks fördern“,[472] um deren Willen der Vertrag also überhaupt geschlossen wird und für deren Erbringung regelmäßig eine Gegenleistung vereinbart wird.[473] Sie stellen den „notwendigen Kern“ des Vertrages dar.[474]

Daneben trifft den Schuldner die Pflicht zur Rücksicht auf die Rechte, Rechtsgüter und Interessen des anderen Teils (§ 241 Abs. 2 BGB). Die aus

470 Vgl. hierzu näher den folgenden Abschnitt mit Nachweisen in Fn. 485.

471 Lorenz, in: Medicus/Lorenz, SchuldR I AT, Rn. 108; so auch Bachmann, in: MüKoBGB, § 241 BGB, Rn. 29; vgl. auch Larenz, SchuldR AT, S. 7 f.

472 Olzen, in: Staudinger, § 241 BGB, Rn. 145.

473 Grigoleit, in: FS für C.-W. Canaris, S. 275, 276 f.; vgl. auch Larenz, SchuldR AT, S. 6.

474 Grigoleit, in: FS für C.-W. Canaris, S. 275, 276.

§ 241 Abs. 2 BGB resultierenden Pflichten werden als Schutz-,[475] Nebenpflichten,[476] weitere Verhaltenspflichten,[477] Sorgfalts-[478] und Rücksichtspflichten[479] bezeichnet.[480] In der vorliegenden Arbeit wird entsprechend der Terminologie des „Vertrages mit Schutzwirkung zugunsten Dritter" der Begriff der „Schutzpflichten" verwendet. Diese Pflichten dienen dem Schutz der gegenwärtigen Güterlage.[481] Gegenstand ist ein „allgemein vertragsgerechtes Verhalten", das neben den Leistungspflichten geschuldet wird.[482] Die Schutzpflichten hängen nur mittelbar mit dem Vertragszweck zusammen und sollen in erster Linie dafür sorgen, dass dieser nicht durch „Begleitschäden" entwertet oder gestört wird.[483] Sie erfüllen in der Regel lediglich eine „Hilfsfunktion"; haben dagegen keine unmittelbare Aussagekraft bezüglich des Vertragscharakters.[484]

Aus alledem folgt, dass bei Ermittlung des hypothetischen Einbeziehungswillens besonderes Augenmerk auf Sinn und Zweck der Leistungspflichten gelegt werden kann, da diese für den Vertrag zielweisend sind.[485]

---

475 Vgl. BT-Drs. 14/6040, 125; s. u.a. auch Stoll, AcP 136 (1932), 257; Bachmann, in: MüKoBGB, § 241 BGB, Rn. 114; Krebs, in: Dauner-Lieb/Langen, § 241 BGB, Rn. 4; Grigoleit, in: FS für C.-W. Canaris, S. 275.

476 U.a. Canaris, JZ 1965, 475; Sutschet, in: BeckOK BGB, § 241 BGB, Rn. 42 ff.

477 Vgl. BT-Drs. 14/6040, 125; s. u.a. auch Larenz, SchuldR AT, S. 6 ff.; Gernhuber, Das Schuldverhältnis, S. 22.

478 U.a. Lorenz, JZ 1960, 108.

479 Vgl. BT-Drs. 14/6040, 125; in Anlehnung an den Wortlaut des § 241 Abs. 2 BGB Olzen, in: Staudinger, § 241 BGB, Rn. 154 ff.; Weller, S. 240.

480 Vgl. näher zur Terminologie Larenz, SchuldR AT, S. 10 f.; Olzen, in: Staudinger, § 241 BGB, Rn. 154 ff. m.w.N.

481 Thiele, JZ 1967, 649, 650; Olzen, in: Staudinger, § 241 BGB, Rn. 156 m.w.N.; Krebs, in: Dauner-Lieb/Langen, § 241 BGB, Rn. 48; Bachmann, in: MüKoBGB, § 241 BGB, Rn. 60 m.w.N.

482 Larenz, SchuldR AT, S. 365; Weller, S. 240.

483 Grigoleit, in: FS für C.-W. Canaris, S. 275, 277; so auch Weller, S. 240, 256; s. bereits Canaris, JZ 1965, 475, 477.

484 Larenz, SchuldR AT, S. 7.

485 Ebenfalls zwischen Leistungs- und Schutzpflichten unterscheidet Martiny, JZ 1996, 19, 22, der – wie hier – bei den Leistungspflichten auf die Zielrichtung der Leistung abstellt; er behandelt allerdings die Fallgruppen der Vermögensschädigung des Dritten; vgl. bereits Gernhuber, Das Schuldverhältnis, S. 512 ff., der nicht bezweifelt, dass dem „Dualismus" die Zukunft gehöre; tendenziell ebenso Gottwald, in: MüKoBGB, § 328 BGB, Rn. 180 f.; in diese Richtung auch Hirth, S. 120 ff., der es zwar für sinnlos hält, „einen abstrakten Drittschutztatbestand auf der Basis einer Unterscheidung zwischen Leistungs- und Schutzpflichtverletzung aufzubauen", da die Rechtsprechung offensichtlich nach allgemeingültigen Drittschutzkriterien verfahren wolle. Dennoch differenziert er,

Entscheidend ist auf den durch die vertragliche Vereinbarung der Parteien hergestellten Bezug der Leistungspflichten zu den Interessen des Dritten abzustellen.[486] Dem Zweck der Schutzpflichten als solcher kann dagegen – da diese lediglich das Schuldverhältnis begleitende Pflichten darstellen – keine derartige für den hypothetischen Parteiwillen ausschlaggebende Bedeutung beigemessen werden. Freilich kommt auch im Rahmen einer gewöhnlichen Schutzpflichtverletzung eine drittschützende Wirkung des Vertrages in Betracht. Insofern bedarf es zur Feststellung der Drittschutzwirkung allerdings einer eingehenderen Überprüfung.

Schwierig stellt sich in den Konstellationen des Vertrages mit Schutzwirkung zugunsten Dritter und im Speziellen in den Nachbarschädigungsfällen allerdings die Abgrenzung zwischen Leistungs- und Schutzpflichten dar.[487]

Primär wird für eine Unterscheidung auf die Zielsetzung der jeweils verletzten Pflicht abgestellt.[488] Die Leistungspflichten sind auf die Veränderung der Güterlage, also auf eine Aufstockung des Gläubigervermögens gerichtet und zielen damit auf den status ad quem; die Schutzpflichten im Sinne des § 241 Abs. 2 BGB dienen der Erhaltung der gegenwärtigen Güterlage, also des status quo der am Schuldverhältnis beteiligten Personen.[489] Folglich ist im Einzelfall zu bestimmen, ob die jeweilige Pflicht das Äquivalenz- oder das Integritätsinteresse betrifft.[490]

---

indem er zunächst einen Tatbestand für die Einbeziehung des Integritätsinteresses Dritter entwickeln und diesen anschließend soweit verschärfen möchte, dass er auch den Erfüllungsschaden des Vertragsfremden erfasse; vgl. auch van Eickels, S. 258 ff.

486 So auch Gernhuber, Das Schuldverhältnis, S. 538; Martiny, JZ 1996, 19, 24.

487 Vgl. für die Testamentsfälle Looschelders, SchuldR AT, § 9, Rn. 18, der darauf hinweist, dass sich in diesen Fällen bestätige, dass zahlreiche Pflichten eine „Doppelnatur" aufweisen würden, also Schutz- und Leistungspflichten seien; allgemein zu den Abgrenzungsschwierigkeiten zwischen Leistungs- und Schutzpflichten vgl. etwa Olzen, in: Staudinger, § 241 BGB, Rn. 162; Krebs, in: Dauner-Lieb/Langen, § 241 BGB, Rn. 48; s. auch Grigoleit, in: FS für C.-W. Canaris, S. 275, 295 ff.

488 Olzen, in: Staudinger, § 241 BGB, Rn. 161 f.; Krebs, in: Dauner-Lieb/Langen, § 241 BGB, Rn. 48; vgl. auch Thiele, JZ 1967, 649, 650 ff.; Bachmann, in: MüKoBGB, § 241 BGB, Rn. 60.

489 Thiele, JZ 1967, 649, 650 ff.; Olzen, in: Staudinger, § 241 BGB, Rn. 161; Bachmann, in: MüKoBGB, § 241 BGB, Rn. 60; Grigoleit, in: FS für C.-W. Canaris, S. 275, 276 f.; Krebs, in: Dauner-Lieb/Langen, § 241 BGB, Rn. 48; Riehm, in: BeckOGK BGB, § 324 BGB, Rn. 27.

490 Olzen, in: Staudinger, § 241 BGB, Rn. 162; Bachmann, in: MüKoBGB, § 241 BGB, Rn. 62; jeweils m.w.N.

Zu Abgrenzungsschwierigkeiten führt in den Nachbarschädigungsfällen allerdings der Umstand, dass die betroffenen Interessen vom Bauherrn auf der einen Seite und dem Nachbarn auf der anderen Seite oftmals nicht übereinstimmen werden. Kommt es infolge der Schlechterfüllung von Baumaßnahmen zu Schäden an der Nachbarbebauung, beeinträchtigt dies das Integritätsinteresse des Nachbarn. Aus Sicht des Bauherrn kann die Schlechtleistung auch das Äquivalenzinteresse des Bauherrn berühren. Beauftragt er beispielsweise Maßnahmen zur Befestigung des Nachbargrundstücks, so wird gemäß § 909 BGB erst hierdurch eine Grundstücksvertiefung zulässig und ein damit verfolgtes Bauprojekt realisierbar, was für ihn zu einer Vermögensaufstockung führt und seinem Leistungsinteresse dient. Es stellt sich also die Frage, welches Interesse hier maßgeblich ist.

Schützt eine bestimmte Pflicht sowohl Leistungs- als auch Integritätsinteressen, wird teilweise vertreten, dass in diesen Fällen durch Auslegung zu ermitteln sei, welcher konkrete Zweck der Pflicht durch deren Verletzung betroffen werde.[491] Wird dem Boden des Nachbargrundstücks aber beispielsweise durch eine Vertiefung die erforderliche Stütze entzogen, werden durch ein und dieselbe Pflichtverletzung unterschiedliche Interessen berührt, je nachdem, ob auf die Sicht des Bauherrn oder des Dritten abgestellt wird. Dies unterscheidet sich von den Fällen, in denen eine Pflicht gegenüber ein und derselben Person sowohl deren Leistungs- als auch deren Schutzinteresse dient und eine Pflichtverletzung im konkreten Fall unter Umständen nur eines der Interessen tangiert.[492] Indem beim Vertrag mit Schutzwirkung zugunsten Dritter aber eine dritte Person in den Schutzbereich des Vertrages einbezogen wird, liegen zwei unterschiedliche Betrachtungsperspektiven hinsichtlich der beeinträchtigten Interessen vor, die gleichzeitig durch ein und dieselbe Pflichtverletzung betroffen werden können.[493]

Auch *Looschelders*[494] weist für den Vertrag mit Schutzwirkung zugunsten Dritter darauf hin, dass zahlreiche Pflichten eine „Doppelnatur" aufweisen

---

491 Olzen, in: Staudinger, § 241 BGB, Rn. 162 m.w.N.

492 Dies betrifft vor allem Aufklärungspflichten. In der Gesetzesbegründung zum Gesetz zur Modernisierung des Schuldrechts, BT-Drs. 14/6040, 125 wurde das Beispiel einer Anleitung über die richtige Bedienung einer Motorsäge genannt. Zweck der Aufklärung könne sowohl das Funktionieren der Säge sein als auch die Verhinderung von Verletzungen des Benutzers oder der Zerstörung der Säge; vgl. hierzu Olzen, in: Staudinger, § 241 BGB, Rn. 162 m.w.N.

493 Ähnlich Looschelders, SchuldR AT, § 9, Rn. 18; a.A. wohl Gottwald, in: MüKo-BGB, § 328 BGB, Rn. 181.

494 Looschelders, SchuldR AT, § 9, Rn. 18.

würden, also sowohl Leistungs- als auch Schutzpflichten seien. Vor Augen hat er dabei vor allem den Testamentsfall[495], in dem die Pflicht eines Rechtsanwalts gegenüber einem Erblasser zur Mitwirkung bei der testamentarischen Einsetzung seiner Tochter besteht.[496] Die Leistungspflichtverletzung gegenüber dem Gläubiger ordnet er im Verhältnis zum Dritten als Schutzpflichtverletzung ein.[497]

Ebenso verhält es sich – wie die vorangehende Darstellung gezeigt hat – in den Nachbarschädigungsfällen. Eine einheitliche Qualifikation entweder als Leistungs- oder als Schutzpflicht sowohl gegenüber dem Vertragsgläubiger als auch gegenüber dem Nachbarn lässt sich nicht immer vornehmen.

Da es für den Einbezug des Dritten auf den hypothetischen Willen der direkten Vertragsparteien, nicht dagegen auf den des Dritten ankommt, könnte insofern alleine eine Betrachtung aus Sicht des Bauherrn maßgeblich sein. Soweit das Äquivalenzinteresse des Bauherrn betroffen ist, würde es sich dann um eine Leistungspflicht handeln. Problematisch ist aber, dass der Bauherr aus seiner Sicht zwar ein Interesse am Erhalt der Leistung hat, weil er unter Umständen andernfalls sein geplantes Bauvorhaben nicht verwirklichen darf; gleichzeitig weiß er aber, dass die entsprechende Maßnahme dem Integritätsschutz des Nachbarn dient.[498] Ein generelles Interesse am Erhalt der Güterlage des Nachbarn wird dem redlichen Bauherrn unterstellt werden müssen, sodass die aus seiner Sicht gleichzeitig verfolgten Integritätsinteressen des Nachbarn nicht außer Acht gelassen werden können.

Es kommt folglich zu einem Fall der Überschneidung von Leistungs- und Schutzpflichten; die Verletzung einer dem Äquivalenzinteresse dienenden Pflicht führt dazu, dass gleichzeitig sonstige Rechtsgüter des Gläubigers bzw. hier des Dritten beeinträchtigt werden.[499]

In diesen Fällen kann ein Integritätsschaden unter Umständen ebenfalls dem Leistungsinteresse zugerechnet werden, wenn der Gläubiger –

495 BGH, NJW 1965, 1955.

496 Looschelders, SchuldR AT, § 9, Rn. 18.

497 Looschelders, SchuldR AT, § 9, Rn. 18.

498 Dies unterscheidet sich von den Testamentsfällen, auf die Looschelders verweist.

499 Vgl. ausführlich zu Überschneidungen zwischen Schutz- und Leistungspflichten Grigoleit, in: FS für C.-W. Canaris, S. 275, 295 ff.; vgl. auch Olzen, in: Staudinger, § 241 BGB, Rn. 162.

wie *Grigoleit*[500] ausführt – den Schutz sonstiger Rechtsgüter „in seinen Verwendungsplan aufgenommen hat". Es ist davon auszugehen, dass der redliche Bauherr sein Bauvorhaben nicht ohne jegliche Rücksichtnahme auf die Interessen seiner Umgebung durchführen möchte und daher bei Beauftragung einiger nachbarschützender Maßnahmen vor allem auch den Schutz der Nachbarbebauung in seinen Verwendungsplan aufgenommen hat. Dies ergibt sich auch aus der gesetzlichen Wertung der §§ 905 ff. BGB, namentlich aus § 909 BGB. Käme es dennoch zu Vertiefungen des Nachbargrundstücks und infolge dessen zu Gebäudeschäden, so würde der Bauherr eines der Ziele verfehlen, die er mit der Werkleistung verfolgte.[501] Von einer Betroffenheit des Integritätsinteresses und damit einer Schutzpflichtverletzung wäre nur auszugehen, wenn eine Schädigung infolge anderer Umstände als der Nicht- oder Schlechtleistung eintreten würde.[502]

Eine Abgrenzung nach der Zielrichtung einer bestimmten Pflicht lässt sich im hier gegenständlichen Fall folglich nur schwer vornehmen.

Teilweise wird dann eine Unterscheidung danach vorgenommen, ob die Pflicht uneingeschränkt einklagbar sei.[503] In diesem Falle solle es sich um eine Leistungspflicht handeln.[504]

---

500 Grigoleit, in: FS für C.-W. Canaris, S. 275, 301 ff. unter Verweis auf einen ähnlichen Ansatz von Gsell, JZ 2002, 1089, 1090; als Anwendungsfall nennt Grigoleit (m.w.N. zu diesem Beispielsfall) die Beauftragung eines Dachdeckers mit der Reparatur eines undichten Daches, wenn dadurch Feuchtigkeitsschäden am Fußboden verhindert werden sollen. Auf der Grundlage des Verwendungsplans des Auftraggebers liege bei einer Beschädigung des Bodens infolge unsachgemäßer Reparatur eine Verletzung des Leistungsinteresses vor, obwohl ein Gegenstand beschädigt worden sei, der unabhängig vom Vertrag zum Vermögen des Gläubigers gehöre.

501 Vgl. so auch Gsell, JZ 2002, 1089, 1090 zu den Sachverhalten, die den Apfelschorf-Entscheidungen (BGHZ 80, 186 und BGHZ 80, 199) zugrunde lagen: Kaufe ein Obstbauer ehemals wirksame Spritzmittel gegen Apfelschorf, nachdem sich bereits Resistenzen gebildet haben, mit der Folge, dass der Pilz sich an den behandelten Bäumen stark ausbreite, so erleide der Käufer nicht nur einen Begleitschaden, sondern ihm entgehe genau das, was er sich von der Kaufsache versprochen habe.

502 Vgl. Grigoleit, in: FS für C.-W. Canaris, S. 275, 302.

503 Krebs, in: Dauner-Lieb/Langen, § 241 BGB, Rn. 48; vgl. auch Sutschet, in: BeckOK BGB, § 241 BGB, Rn. 43.

504 Krebs, in: Dauner-Lieb/Langen, § 241 BGB, Rn. 48.

Aus zweierlei Gründen kann dieses Kriterium allerdings nicht – jedenfalls nicht bei alleiniger Heranziehung – überzeugen.[505] Zum einen ist strittig, ob Schutzpflichten tatsächlich nicht klagbar sind.[506] Zum anderen ergibt sich selbst bei Zugrundelegung dieser Prämisse die Klagbarkeit einer Pflicht erst nachdem festgestellt wurde, ob es sich nun um eine Schutz- oder Leistungspflicht handelt, sodass eine Überprüfung anhand dessen zu einem Zirkelschluss führen würde.[507]

Eine weitere Abgrenzungsüberlegung aus der Literatur besteht darin, auf den Zeitpunkt der Fixierung der jeweiligen Pflicht abzustellen.[508] Um eine Leistungspflicht solle es sich danach handeln, wenn die in Frage stehende Pflicht anfänglich im Moment des Vertragsschlusses „auf autonomer oder gesetzlicher Grundlage in konkreter Form fixiert“ worden sei.[509] Werde sie dagegen erst „nachträglich während der Vertragsdurchführung heteronom [...] konkretisiert“, handele es sich um eine Rücksichtnahmepflicht.[510] Die Eigenart der Schutzpflichten sei daher gerade in ihrer Situationsgebundenheit zu sehen;[511] eine konkrete und absolute ex-ante-Definition in dem für die Leistungspflichten prägenden Sinne fehle.[512]

Zu einer eindeutigen Grenzziehung führt aber auch diese Methode nicht.[513] Zum einen können Konkretisierungen von Schutzpflichten be-

---

505 So auch Olzen, in: Staudinger, § 241 BGB, Rn. 159; Bachmann, in: MüKoBGB, § 241 BGB, Rn. 62; Medicus, in: FS für C.-W. Canaris, S. 835, 839; Weller, S. 255.

506 Medicus, in: FS für C.-W. Canaris, S. 835, 839; Olzen, in: Staudinger, § 241 BGB, Rn. 159, 557; vgl. auch Weller, S. 255, der ausführt, dass Leistungspflichten stets und Rücksichtspflichten immerhin manchmal klagbar seien; vgl. zur Klagbarkeit von Schutzpflichten etwa Bachmann, in: MüKoBGB, § 241 BGB, Rn. 66 ff.; Krebs, in: Dauner-Lieb/Langen, § 241 BGB, Rn. 67 f.

507 Olzen, in: Staudinger, § 241 BGB, Rn. 159.

508 Weller, S. 256 f.; so auch Grigoleit, in: FS für C.-W. Canaris, S. 275, 276 ff.: „konkret-absoluter Charakter der Leistungspflicht“, „abstrakt-relativer Charakter der Schutzpflichten“; Medicus, in: FS für C.-W. Canaris, S. 835, 840: „Situationsgebundenheit der Schutzpflichten“; Riehm, in: BeckOGK BGB, § 324 BGB, Rn. 25; vgl. auch Larenz, SchuldR AT, S. 11 f.; kritisch Olzen, in: Staudinger, § 241 BGB, Rn. 160.

509 Weller, S. 256.

510 Weller, S. 256.

511 Medicus, in: FS für C.-W. Canaris, S. 835, 840; so auch Grigoleit, in: FS für C.-W. Canaris, S. 275, 277 f.

512 Grigoleit, in: FS für C.-W. Canaris, S. 275, 277.

513 Vgl. insoweit kritisch Olzen, in: Staudinger, § 241 BGB, Rn. 160; Bachmann, in: MüKoBGB, § 241 BGB, Rn. 62; vgl. auch Larenz, SchuldR AT, S. 11, der von vornherein klarstellt, dass Leistungspflichten „in der Regel“ von vornherein inhaltlich bestimmt seien.

reits anfänglich aus gesetzlichen Vorschriften folgen; aus Unfallverhütungsvorschriften können sich beispielsweise bestimmte Anforderungen ergeben.[514]

Darüber hinaus steht es den Parteien selbstverständlich frei, auch dem Integritätsinteresse dienende Pflichten von vornherein vertraglich festzulegen oder zu konkretisieren.[515]

Auch die „Allgemeinen Technischen Vertragsbedingungen für Bauleistungen" der VOB/C, die Bestimmungen für die Ausführung bestimmter Bauleistungen treffen,[516] enthalten Regelungen, die eindeutig dem Schutz der bestehenden Güterlage dienen. Nur weil die betreffenden Pflichten bereits zum Zeitpunkt des Vertragsschlusses feststehen, können sie dadurch aufgrund der verfolgten Interessen nicht automatisch zur Leistungspflicht werden.[517]

Eine eindeutige Trennung zwischen Leistungs- und Schutzpflichten ist damit nicht immer möglich.[518] Dies gilt insbesondere, da der Schutz von Rechtsgütern stets auch zum Inhalt einer eigenständigen Leistungspflicht erhoben werden kann.[519]

Letztlich kann jede Pflicht, die dem Schutz der bestehenden Güterlage dient, sowohl eine Schutzpflicht im Sinne des § 241 Abs. 2 BGB, eine Nebenleistungspflicht oder eine Hauptleistungspflicht im Sinne des § 241 Abs. 1 BGB darstellen.[520] Insoweit besteht ein „Stufenverhältnis", das nach

---

514 Grigoleit, in: FS für C.-W. Canaris, S. 275, 278 selbst räumt dies ein.

515 Grigoleit, in: FS für C.-W. Canaris, S. 275, 278.

516 Vgl. zum Inhalt der VOB/C: Hess, in: Englert/Katzenbach/Motzke, VOB/C, Einführung; Jansen, in: Nicklisch/Weick/Jansen/Seibel, Einführung, Rn. 4.; Busche, in: MüKoBGB, § 650a BGB, Rn. 87.

517 Vgl. auch Olzen, in: Staudinger, § 241 BGB, Rn. 160, der eine solche Unterscheidung jedenfalls als einziges Kriterium aufgrund der verschiedenen Interessen nicht für überzeugend hält.

518 Dies stellte der Gesetzgeber bereits in der Gesetzesbegründung zum Gesetz zur Modernisierung des Schuldrechts, BT-Drs. 14/6040, 125 fest; vgl. auch Canaris, JZ 1965, 475, 477; Jansen/v. Rintelen, in: Kniffka Bauvertragsrecht, § 631 BGB, Rn. 245; Krebs, in: Dauner-Lieb-Langen, § 241 BGB, Rn. 48 mit Verweis auf den Abschlussbericht der Kommission zur Überarbeitung des Schuldrechts, S. 113.

519 Jansen/v. Rintelen, in: Kniffka Bauvertragsrecht, § 631 BGB, Rn. 245 mit Verweis auf die in der Gesetzesbegründung zum Gesetz zur Modernisierung des Schuldrechts (BT-Drs. 14/6040, 125) genannten Verträge über Beratungs- und Aufklärungspflichten; vgl. auch Grigoleit, in: FS für C.-W. Canaris, S. 275, 295; Krebs, in: Dauner-Lieb/Langen, § 241 BGB, Rn. 48.

520 Krebs, in: Dauner-Lieb/Langen, § 241 BGB, Rn. 48; vgl. auch Larenz, SchuldR AT, S. 12, der sich hierbei allerdings nur auf Schutz- und Nebenleistungspflichten bezieht.

der Bedeutung des Schutzes für den konkreten Vertrag gestaffelt ist, sodass mit steigender Bedeutung der jeweiligen Pflicht für das Vertragsverhältnis die Wahrscheinlichkeit sinkt, dass es sich lediglich um eine Schutzpflicht handelt.[521]

b) Bestimmungsgemäße Leistungsnähe bei der Verletzung von Hauptleistungspflichten

Auch wenn demzufolge im Einzelfall nicht immer eine klare Unterscheidung möglich ist, können die Tendenzen zur Unterscheidung von Schutz- und Leistungspflichten herangezogen werden:[522] Steht fest, dass es sich bei einer bestimmten nachbarschützenden Baumaßnahme um eine Hauptleistungspflicht handelt, prägt sie den Charakter des Vertrages.[523] Da die Leistungspflichten auf die Erreichung des Vertragszwecks gerichtet sind,[524] kommt es zu einem Gleichlauf der Zwecksetzungen, die sowohl mit den Leistungspflichten im Einzelnen als auch mit dem Vertrag insgesamt verfolgt werden. Diese Bedeutung der Hauptleistungspflichten ermöglicht einen Rückgriff auf den mit ihnen verfolgten Zweck als zentralen Anknüpfungspunkt für den vertraglichen Drittschutz.

Dem Zweck der Schutzpflichten kann dagegen, da diese nur ein „allgemein-vertragsgerechtes Verhalten“[525] zum Gegenstand haben und in ihrer Ausgestaltung häufig unabhängig vom Willen der Vertragsparteien[526] bestehen, keine vergleichbare Bedeutung beigemessen werden. Per Defi-

---

521 Krebs, in: Dauner-Lieb/Langen, § 241 BGB, Rn. 48.

522 Vgl. hierzu bereits die Quellenangaben in Fn. 485.

523 Vgl. hierzu S. 92.

524 Olzen, in: Staudinger, § 241 BGB, Rn. 145; Grigoleit, in: FS für C.-W. Canaris, S. 275, 276; vgl. auch S. 92.

525 S. die Quellenangaben dazu in Fn. 482.

526 Canaris, JZ 1965, 475, 479; Koziol, Einbeziehung Dritter in den Vertrag, in der Diskussion zum Karlsruher Forum, S. 111; Grigoleit, in: FS für C.-W. Canaris, S. 275, 281 ff. m.w.N. zur gesetzlichen Einordnung des Rechtsgrundes von Schutzpflichten; Grigoleit erwähnt einschränkend, dass sich in der Rechtsprechung Ansätze für die Rückführung von Schutzpflichten auf den Parteiwillen fänden. Beispielhaft hierfür nennt er den Vertrag mit Schutzwirkung zugunsten Dritter, der auf eine ergänzende Vertragsauslegung zurückgeführt werde. Dies trifft allerdings nur bezüglich der Einbeziehung des Dritten in den Schutzbereich des Vertrages zu, während die generelle Pflicht, ein „allgemein vertragsgerechtes Verhalten“ an den Tag zu legen, regelmäßig unabhängig vom Parteiwillen besteht.

nition ist ihnen ein Schutzzweck bereits immanent. Dies hat zur Konsequenz, dass im Falle der Schutzpflichtverletzung andere Maßstäbe zur Feststellung der bestimmungsgemäßen Leistungsnähe heranzuziehen sind.

aa) Parallele zu anderen Fallgruppen des Vertrages mit Schutzwirkung zugunsten Dritter

Dass nicht nur Schutzpflichtverletzungen, sondern auch (Haupt-) Leistungspflichtverletzungen Schadensersatzansprüche nach den Grundsätzen des Vertrages mit Schutzwirkung zugunsten Dritter auslösen können, ist bereits seit längerer Zeit anerkannt.[527] Die diskutierten Fallgruppen beziehen sich regelmäßig auf das Leistungsinteresse und einen Vermögensschaden des Dritten.[528] Bezug genommen wird häufig auf die Schadensersatzverpflichtung des Rechtsanwalts, der seine gegenüber dem Erblasser bestehende Pflicht zur Mitwirkung an einer drittbegünstigenden Testamentserrichtung schuldhaft verletzt.[529] Daneben ist insbesondere die Haftung für fehlerhafte Auskünfte und Gutachten zu nennen, von denen der Dritte bestimmungsgemäß Kenntnis erlangt.[530]

Eine unmittelbare Verknüpfung zwischen der Zielrichtung von Hauptleistungspflichten und den Interessen des Dritten spricht dafür, einen hypothetischen Parteiwillen dahingehend anzunehmen, den Dritten in den

527 Vgl. etwa Gernhuber, Das Schuldverhältnis, S. 512 ff.; Gottwald, in: MüKoBGB, § 328 BGB, Rn. 181; Klumpp, in: Staudinger, § 328 BGB, Rn. 113; jeweils m.w.N.

528 Vgl. u.a. Gernhuber, Das Schuldverhältnis, S. 513; Gottwald, in: MüKoBGB, § 328 BGB, Rn. 181; Hirth, S. 133 ff.; Martiny, JZ 1996, 19, 22, 23 f.; Köndgen, Einbeziehung Dritter in den Vertrag, S. 31.

529 BGH, NJW 1965, 1955; hierauf Bezug nehmen u.a. Gernhuber, Das Schuldverhältnis, S. 513; Gottwald, in: MüKoBGB, § 328 BGB, Rn. 181; Martiny, JZ 1996, 19, 22; Köndgen, Einbeziehung Dritter in den Vertrag, S. 31; Klumpp, in: Staudinger, § 328 BGB, Rn. 115.

530 S. bspw. BGH, NJW-RR 1986, 1307; NJW 2014, 2345, Rn. 12; hierauf Bezug nehmen etwa Gottwald, in: MüKoBGB, § 328 BGB, Rn. 181; Martiny, JZ 1996, 19, 23; Klumpp, in: Staudinger, § 328 BGB, Rn. 115.

Schutzbereich des Vertrages einzubeziehen.[531] In Fällen dieser Art wird auch von einer „objektiven Drittbezogenheit der Leistung“[532] gesprochen.

Anders als in den vorgenannten Fallbeispielen geht es bei der Nachbarschädigung nicht um das Leistungsinteresse des Dritten, sondern um die Verletzung seines Integritätsinteresses. Einen Vermögensvorteil zieht regelmäßig alleine der Bauherr aus der Leistung, da er durch diese sein Bauvorhaben ermöglicht. Insofern unterscheiden sich die Fallgruppen voneinander. Doch trotz der Unterschiede im Fall der Integritätsschäden einerseits und der Vermögensschäden andererseits wendet die Rechtsprechung auf alle Fallgruppen des vertraglichen Drittschutzes grundsätzlich einheitliche Kriterien an.[533]

bb) (Auch-)nachbarschützende Hauptleistungspflichten

Gemein ist beiden Konstellationen, dass die Hauptleistung vor allem den Interessen des Dritten dient. Übertragen lassen sich auf die Nachbarschädigungsfälle daher auch die in der Literatur entwickelten Grundsätze zur Bestimmung „objektiv-drittbezogener Leistungen“.

Danach ist eine Leistung objektiv drittbezogen, wenn

1. mit ihr gerade Drittinteressen verfolgt werden, die Leistung dem Dritten also „zugutekommen“ soll,[534] hier indem der Leistungszweck darin besteht, das Nachbargrundstück vor Schäden zu schützen, und

---

531 Vgl. so auch – für den Fall eines bestehenden Leistungsinteresses des Dritten -Gernhuber, Das Schuldverhältnis, S. 539; Hirth, S. 134 f.; Martiny, JZ 1996, 19, 24.

532 Musielak, VersR 1977, 973, 977 f.; Hirth, S. 134 f.; Walker, AcP 194 (1994), 293, 316; Martiny, JZ 1996, 19, 24; Gernhuber, Das Schuldverhältnis, S. 538 spricht von „drittbestimmten Leistungen“; ebenso Gottwald, in: MüKoBGB, § 328 BGB, Rn. 184; Ziegltrum, S. 180 ff. spricht im Anschluss an Kreuzer, JZ 1976, 778, 781; Schmalzbauer, S. 98 (und Winterfeld, S. 106) von „leistungsvermittelnden Schädigungen“; Saar, JuS 2000, 220, 224: „objektive Drittbezogenheit des Schuldverhältnisses“.

533 Vgl. auch Hirth, S. 120 f.; kritisch Gernhuber, Das Schuldverhältnis, S. 513.

534 Vgl. für die Fälle der Vermögensschäden Gernhuber, Das Schuldverhältnis, S. 539; Hirth, S. 134; Martiny, JZ 1996, 19, 23 f.; vgl. auch v. Caemmerer, in: FS für F. Wieacker, S. 311, 321; Köndgen, Einbeziehung Dritter in den Vertrag, S. 36 f.; Gottwald, in: MüKoBGB, § 328 BGB, Rn. 184; Jagmann, in: Staudinger (2009), § 328 BGB, Rn. 94; van Eickels, S. 258 f.

2. ein aus der Pflichtverletzung resultierender Schaden gerade und erkennbar beim Dritten aufzutreten droht.[535]

Bezogen auf die hier vorliegende Fallgruppe kann von einer „nachbarschützenden Hauptleistungspflicht" gesprochen werden.

Zuzugeben ist, dass die Bewahrung des Nachbarn vor Schäden oftmals nicht der einzige Grund für die Durchführung bestimmter Maßnahmen ist. Stützbauwerke beispielsweise sind bereits auch deshalb oft notwendig, um die Baugrube von nachrutschender Erde freizuhalten und dienen damit nicht alleine dem Schutz des Nachbarn; dennoch verdeutlicht das besonders hohe Risiko der Schädigung des Nachbarn im Falle der Pflichtverletzung die starke Drittbezogenheit der Leistung.

Auch wenn der vom Bauherrn verfolgte Primärzweck nach wie vor in der Erreichung des Gesamtvorhabens liegt und die Errichtung von Stützbauwerken lediglich ein Mittel zur Erreichung dieses Ziels darstellt, ist der Schutz des Nachbarn aus objektiver Sicht (zumindest ein) wesentlicher Zweck dieser konkreten Vertragspflicht.

Dies unterscheidet sich nicht von den anerkannten Fallgruppen der Vermögensbeeinträchtigung; denn auch dort wird häufig ein übergeordnetes abweichendes Ziel verfolgt. Beispielsweise in Fällen, in denen ein Grundstücksgutachten für potentielle Grundstückskäufer in Auftrag gegeben wird, liegt der vom Grundstücksverkäufer verfolgte Zweck der Gutachtensbeauftragung häufig in der Verkaufsabsicht.

Relativiert ließe sich in Anlehnung an die Geschäftsführung ohne Auftrag und das dort bekannte „auch-fremde Geschäft" von einer „objektiv (auch-) drittbezogenen Leistung"[536] bzw. von einer „(auch-)nachbarschützenden Hauptleistungspflicht" sprechen.

Als Geschäftsführung ohne Auftrag werden die Fälle bezeichnet, in denen jemand ein Geschäft für einen anderen besorgt, ohne von ihm

---

535 So für die Fälle der Vermögensschäden Medicus/Lorenz, SchuldR I AT (20. Aufl. 2012), Rn. 823; Gottwald, in: MüKoBGB, § 328 BGB, Rn. 184; van Eickels, S. 258; vgl. auch v. Caemmerer, in: FS für F. Wieacker, S. 311, 321; Martiny, JZ 1996, 19, 24; Klumpp, in: Staudinger, § 328 BGB, Rn. 115.

536 Vgl. auch Hirth, S. 135: Dass der Schutz des Dritten „mit dem mutmaßlichen Willen des Anschlussgläubigers in Einklang steht, ist indiziert, wenn die ausbedungene Leistung objektiv nicht (nur) ihm selbst, sondern (auch) dem Dritten zugute kommen soll."; vgl. allgemein Grüneberg, in: Palandt, § 328 BGB, Rn. 17: „Leistungsverhalten [...], das inhaltlich (auch) drittbezogen ist"; Klumpp, in: Staudinger, § 328 BGB, Rn. 119: „...wenn die Leistung (vor allem) den Interessen des Dritten dient"; vgl. auch Ziegltrum, S. 192; Jagmann, in: Staudinger (2009), § 328 BGB, Rn. 94.

beauftragt oder sonst dazu berechtigt zu sein (vgl. § 677 BGB). Die in den §§ 677 ff. BGB enthaltenen Regelungen dienen dem Ausgleich der widerstreitenden Interessen zwischen Geschäftsführer und Geschäftsherr.[537] Hierzu gehört unter anderem ein Aufwendungsersatzanspruch des Geschäftsführers für die Übernahme der Geschäftsführung in § 683 BGB. Eingangsvoraussetzung für die Geschäftsführung ohne Auftrag ist stets die Geschäftsbesorgung „für einen anderen", also die Besorgung eines fremden Geschäfts.[538] Dies sind nach der Rechtsprechung solche Geschäfte, die „in einen fremden Rechts- und Interessenkreis eingreifen".[539] Als ausreichend erachtet wird jedoch die Besorgung eines „auch-fremden Geschäfts".[540] Die Rechtsprechung führt aus, dass eine Geschäftsbesorgung für einen anderen auch dann vorliegen könne, wenn das Geschäft nicht (nur) als eigenes, sondern (auch) als fremdes geführt werde, also in dem Bewusstsein und mit dem Willen, zumindest auch im Interesse eines anderen zu handeln.[541] Für eine solche Betrachtung spricht, dass sich durch eine Überschneidung der Rechts- und Interessenkreise oftmals eine ausschließliche Zuordnung zu den Interessen entweder des Geschäftsherrn oder denen des Geschäftsführers nicht vornehmen lässt;[542] stattdessen handelt der Geschäftsführer im „Doppelinteresse".[543]

Entsprechende Überlegungen gelten für die nachbarschützenden Hauptleistungspflichten. Selbst wenn der Bauherr gleichzeitig eigene Interessen verfolgt, liegt ein ganz wesentlicher von ihm verfolgter Zweck der Leistung im Schutz des Nachbargrundstücks. Gerade das Nachbarschaftsverhältnis ist durch Rechtskreisüberschneidungen geprägt,[544] wodurch eine objektiv eindeutige Klassifizierung entweder als ausschließlich nachbar-

537 Dornis, in: Erman BGB, Vor. §§ 677 ff. BGB, Rn. 2; Gehrlein, in: BeckOK BGB, § 677 BGB, Rn. 1; Looschelders, SchuldR BT, § 42, Rn. 3 f. m.w.N.

538 Schäfer, in: MüKoBGB, § 677 BGB, Rn. 36 f.; Gehrlein, in: BeckOK BGB, § 677 BGB, Rn. 11; Looschelders, SchuldR BT, § 43, Rn. 3 m.w.N.

539 BGH, NJW 2009, 2590, Rn. 18; vgl. auch Schäfer, in: MüKoBGB, § 677 BGB, Rn. 39; Gehrlein, in: BeckOK BGB, § 677 BGB, Rn. 11; Looschelders, SchuldR BT, § 43, Rn. 3; jeweils m.w.N.

540 BGH, NJW-RR 2004, 81, 82 m.w.N.; Schäfer, in: MüKoBGB, § 677 BGB, Rn. 41; Beuthien, in: Soergel, § 677 BGB, Rn. 8; Looschelders, SchuldR BT, § 43, Rn. 4.

541 BGH, NJW 1991, 2638, 2639; NJW 2000, 72; NJW-RR 2004, 81, 82; vgl. auch Gehrlein, in: BeckOK BGB, § 677 BGB, Rn. 15; Looschelders, SchuldR BT, § 43, Rn. 4 m.w.N.

542 So auch Schäfer in MüKoBGB, § 677 BGB, Rn. 41.

543 Beuthien, in: Soergel, § 677 BGB, Rn. 8; so auch Gehrlein, in: BeckOK BGB, § 677 BGB, Rn. 15.

544 Vgl. hierzu Krebs, S. 233; Krebs, in: Dauner-Lieb/Langen, § 241 BGB, Rn. 33.

schützende oder dem Bauherrn dienliche Leistung oftmals unmöglich wird. Dem objektiven Nachbarbezug der Leistung tut dies keinen Abbruch, wenn etwaige Schäden vor allem beim Nachbarn eintreten werden.

Die Verletzung einer (auch-)nachbarschützenden Hauptleistungspflicht reicht daher, um ohne weiteren Begründungsaufwand von einer bestimmungsgemäßen Leistungsnähe ausgehen zu können.

c) Bestimmungsgemäße Leistungsnähe bei beabsichtigter Einwirkung auf das Nachbargrundstück

Bestimmungsgemäß und nicht nur zufällig ist der Leistungskontakt darüber hinaus regelmäßig bei einer beabsichtigten Einwirkung auf das Nachbargrundstück. Eine irgendwie geartete – wenn auch mittelbare -Einwirkung muss bei Eintritt einer Schädigung des Nachbargebäudes stets vorgelegen haben. Differenzierungen im Hinblick auf einen Drittbezug lassen sich allerdings danach vornehmen, ob die Einwirkung von vornherein beabsichtigt war, ob die Baumaßnahme also darauf angelegt war, auf das Nachbargrundstück einzuwirken und dann infolge einer unsachgemäßen Bauausführung Schäden an der Nachbarbebauung eingetreten sind oder ob das Nachbargrundstück im Zuge der Arbeiten planmäßig überhaupt nicht berührt werden sollte.

Der Terminus „beabsichtigt“ darf hierbei nicht im technischen Sinne, also dahingehend verstanden werden, dass der Handelnde gerade den „missbilligten Erfolg“, also eine Schädigung erreichen will[545] oder dass es ihm gerade darauf ankommt,[546] auf das Nachbargrundstück einzuwirken. Dies wird – jedenfalls beim redlichen Bauherrn – wohl nie der Fall sein. Die Verwirklichung bestimmter Bauvorhaben kann allerdings eine Inanspruchnahme des Nachbargrundstücks erfordern oder aber die technische Umsetzung zumindest erleichtern. Dies gilt beispielsweise für Bodenverbesserungsmaßnahmen oder Rückverankerungen, die aufgrund enger Bebauung bis unter das Nachbargrundstück oder sogar das Nachbargebäude reichen. Mit einer „beabsichtigten“ Einwirkung ist hier also gemeint, dass die Ausführung der Baumaßnahme darauf angelegt war, auf das Nachbargrundstück einzuwirken, ohne dabei aber Beeinträchtigungen an der Bebauung herbeizuführen.

545 Caspers, in: Staudinger, § 276 BGB, Rn. 22.
546 Kühl, in: Lackner/Kühl, § 15 StGB, Rn. 20 m.w.N.

Je stärker der Dritte durch die Vertragserfüllung gefährdet wird, desto höher ist das mutmaßliche Interesse des Gläubigers am Schutz des Dritten.[547] Wie hoch das Risiko der Drittschädigung im konkreten Fall ist, hängt von den Umständen des Einzelfalles ab. Eine besondere Gefährdung liegt beispielsweise vor, wenn Einwirkungen unterhalb des Nachbargebäudes stattfinden. Hebungen des Bodens, die durch eine unsachgemäße Ausführung hervorgerufen werden, führen mit hoher Wahrscheinlichkeit zu Schäden an der Bebauung.

Anders sind dagegen Sachverhalte zu bewerten, in denen zwar beabsichtigt auf das Nachbargrundstück eingewirkt wird, hierbei aber aufgrund der Belegenheit der Bebauung im Allgemeinen nicht mit Schädigungen gerechnet werden kann, etwa weil der Abstand zwischen der Bebauung und den Stellen, an denen Anker eingebracht werden sollen, derart groß ist, dass selbst etwaige Bodenhebungen mit keinerlei zu erwartendem Risiko für die Bebauung einhergehen würden.

Generell ist die beabsichtigte Einwirkung auf das Nachbargrundstück daher in eng bebauten Gebieten risikobehafteter als in weitläufigeren Gegenden und die Wahrscheinlichkeit, dass eine bestimmungsgemäße Leistungsnähe anzunehmen ist, somit größer.

d) Bestimmungsgemäße Leistungsnähe bei Arbeiten an Grenzeinrichtungen und Bauverbindungsteilen

Daneben stellen vor allem Arbeiten an Bauverbindungsteilen[548] oder an Grenzeinrichtungen[549] ein erhebliches Gefahrenpotential für die Nachbarbebauung dar.

Bauarbeiten an Doppelhaushälften oder an Reihenhäusern beziehen sich oftmals zwangsläufig auf die Bauverbindung der benachbarten Bauwerke. Diesbezügliche Ausführungsfehler werden daher typischerweise beide Nachbargebäude gleichermaßen betreffen. Zugrunde lag ein solcher Sachverhalt der Entscheidung des AG Dülmen.[550] Bei der Neueindeckung einer Doppelhaushälfte war die Walzbleieinfassung, ein Verbindungsteil beider Dachhälften, fehlerhaft befestigt worden, sodass in der Haushälfte des Nachbarn Feuchtigkeit eindrang, die zu Schäden führte.

547 So auch Köndgen, Einbeziehung Dritter in den Vertrag, S. 8.
548 Vgl. etwa AG Dülmen, NZBau 2002, 395.
549 Vgl. etwa OLG Düsseldorf, NJW 1965, 539.
550 AG Dülmen, NZBau 2002, 395.

Dieselben Gefahren ergeben sich bei Arbeiten an einer gemeinsamen Nachbarwand. Eine Nachbarwand ist gemäß § 7 NachbG NRW die auf der Grenze zweier Grundstücke errichtete Wand, die den auf diesen Grundstücken errichteten oder zu errichtenden baulichen Anlagen als Abschlusswand oder zur Unterstützung oder Aussteifung dient oder dienen soll. Fehler, die bei Bauarbeiten unterlaufen, die die Nachbarwand umfangen, tangieren mit hoher Wahrscheinlichkeit auch die benachbarte Doppelhaushälfte.

Ein Sachverhalt, der ebenfalls eine gemeinsame Grenzeinrichtung betraf, war Gegenstand der bereits dargestellten Ausgangsentscheidung des OLG Düsseldorf.[551] Hier ging es nicht um Arbeiten an einer bestehenden Nachbarwand, sondern um deren Errichtung, die nicht so ausgeführt worden war, dass sie ohne vorherige Unterfangung zum Anbau durch den Nachbarn geeignet war. Das OLG Düsseldorf bejahte die drittschützende Wirkung des Vertrages mit der Begründung, dass die Grenzeinrichtung beiden Nachbarn in gleicher Weise habe zugutekommen sollen.[552] Dies ergebe sich sowohl aus dem Grundgedanken der §§ 921, 922 BGB als auch aus dem nachbarlichen Gemeinschaftsverhältnis.[553] Daraus folge, dass die Giebelmauer vom Erstbauenden von vornherein mit Rücksicht auf den späteren Anbau so zu erstellen sei, dass sie sich dazu auch eigne.[554]

Ausdrücklich geregelt ist dies auch in § 9 Abs. 1 NachbG NRW, wonach die Nachbarwand in der für ihren Zweck erforderlichen Art und Dicke auszuführen ist.[555] Da die Nachbarwand dazu bestimmt ist, dem Anbau durch beide Nachbarn zu dienen, ist sie so zu errichten, dass ihre Bauart beiden Bauvorhaben genügt.[556] Auf Verlangen des Eigentümers des Nachbargrundstücks ist der Erbauer einer Nachbarwand verpflichtet, die Wand in einer solchen Bauart zu errichten, dass bei der Bebauung des Nachbargrundstücks zusätzliche Baumaßnahmen vermieden werden, § 9 Abs. 2 NachbG NRW. Eine nicht dementsprechende Errichtung betrifft den Nachbarn zwangsläufig. Anders als in den sonstigen Konstellationen

551 OLG Düsseldorf, NJW 1965, 539.

552 OLG Düsseldorf, NJW 1965, 539, 541 unter Bezugnahme auf BGH, NJW 1963, 161.

553 OLG Düsseldorf, NJW 1965, 539, 541 unter Bezugnahme auf BGH, NJW 1963, 161.

554 OLG Düsseldorf, NJW 1965, 539, 541.

555 Das OLG Düsseldorf, NJW 1965, 539, 541 hat auf § 2 Hess. NachbG verwiesen, der Entsprechendes regelt.

556 Stollenwerk, NachbG NRW, § 9 NachbG NRW; vgl. auch OLG Düsseldorf, NJW 1965, 539, 541 m.w.N. für das hessische Nachbarrecht.

kommt es nicht zu Schäden an bereits bestehenden Gebäuden. Hier entsteht dem Nachbarn ein Vermögensschaden, weil er im Rahmen eines späteren Anbaus zusätzliche Kosten für Nachgründungen etc. aufwenden muss.[557]

Die nicht der vertraglichen Vereinbarung bzw. den gesetzlichen Vorgaben entsprechende Errichtung der Nachbarwand stellt eine Hauptleistungspflichtverletzung dar (die im Gegensatz zu den oben beschriebenen Fallgruppen der nachbarschützenden Hauptleistungspflichtverletzungen[558] allerdings nicht das Integritätsinteresse, sondern das Leistungsinteresse des Dritten betrifft). Eine bestimmungsgemäße Leistungsnähe ist nach den dort herausgearbeiteten Voraussetzungen jedenfalls zu bejahen, wenn mit der Leistung auch Drittinteressen verfolgt werden und ein aus der Pflichtverletzung resultierender Schaden gerade und erkennbar beim Nachbarn auftritt.[559] Dass dies der Fall ist, ergibt sich aus dem Wesen der Nachbarwand, die dazu bestimmt ist, beiden Nachbarn zu dienen.[560] Unter Umständen wird sogar der später anbauende Nachbar stärker betroffen, wenn die Beschaffenheit der Nachbarwand – wie es in der Entscheidung des OLG Düsseldorf wohl der Fall war – zwar noch dem Anbau des Erstanbauenden, nicht aber mehr dem des Zweitanbauenden genügt. Denn nur dem Zweitanbauenden entstehen in diesem Fall zusätzliche Kosten.

e) Bestimmungsgemäße Leistungsnähe bei Schutzpflichtverletzungen

In den vorangehend dargestellten Fallgruppen weist der Vertrag einen besonders starken Nachbarbezug auf. Schwächer ausgeprägt ist er im Bereich der gewöhnlichen Schutzpflichtverletzung, ohne dass dies einem vertraglichen Drittschutz aber entgegenstehen würde; handelt es sich hierbei

557 Das OLG Düsseldorf, NJW 1965, 539, 541 wies bereits ausdrücklich darauf hin, dass nach den Grundsätzen des Vertrages mit Schutzwirkung zugunsten Dritter nicht nur Sach- und Körper-, sondern auch Vermögensschäden zu ersetzen seien, was zum Entscheidungszeitpunkt noch nicht so selbstverständlich war, wie es heute ist.

558 Vgl. S. 102ff.

559 Vgl. S. 102ff. m.N.

560 Vgl. hierzu Stollenwerk, NachbG NRW, § 9 NachbG NRW; vgl. auch OLG Düsseldorf, NJW 1965, 539, 541.

doch gerade um den ursprünglichen Anwendungsbereich des Vertrages mit Schutzwirkung zugunsten Dritter.[561]

Setzt die bestimmungsgemäße Leistungsnähe voraus, dass der Dritte unmittelbar „aus dem Vertragsprogramm heraus" mit den Gefahren des Schuldverhältnisses in Berührung kommen muss,[562] so bedeutet dies nicht, dass bereits Sinn und Zweck des Vertrages auf einen besonderen Drittbezug angelegt sein müssen, sondern, dass mit der von Drittinteressen grundsätzlich unabhängigen Vertragserfüllung typischerweise ein besonderes Risiko für den Dritten einhergeht.[563]

Eine besondere Gefährdung alleine kann allerdings noch kein Indiz für einen vertraglichen Drittschutz darstellen.[564] Stattdessen trifft jeden eine allgemeine Rechtspflicht, eine Schädigung Dritter durch solche Gefahren zu verhindern, die er selbst geschaffen hat.[565] Es besteht eine deliktsrechtliche Pflicht zur Verkehrssicherung, also zur Vornahme aller möglichen Sicherungsmaßnahmen, die notwendig und zumutbar sind, um diese Gefahren von Dritten abzuwenden.[566] Verkehrssicherungspflichten bestehen gegenüber solchen Personen, die – meist aufgrund besonderer räumlicher Nähe – mit der Gefahrenquelle in Berührung kommen.[567] Die Verletzung führt zur deliktischen Schadensersatzpflicht.

---

561 Vgl. hierzu die Darstellungen zur Entwicklung des Vertrages mit Schutzwirkung zugunsten Dritter.

562 Klumpp, in: Staudinger, § 328 BGB, Rn. 111 m.N.; vgl. hierzu auch die allgemeinen Darstellungen zur bestimmungsgemäßen Leistungsnähe.

563 Vgl. hierzu auch S. 110 ff.; vgl. zu den Anforderungen an die bestimmungsgemäße Leistungsnähe Gottwald, in: MüKoBGB, § 328 BGB, Rn. 184; Klumpp, in: Staudinger, § 328 BGB, Rn. 111; Mäsch, in: BeckOGK BGB, § 328 BGB, Rn. 170 ff.

564 Vgl. so auch Köndgen, Einbeziehung Dritter in den Vertrag, S. 8, der ausführt, dass eine besondere physische Nähe zu einer Gefahrenquelle der ureigenste Grund sei, den Gefahrverantwortlichen mit einer deliktischen Verkehrspflicht zu belegen.

565 BGH, NJW 1952, 1050, 1051; NJW 1973, 460, 461; NJW 1988, 2667; NJW 2018, 2956, Rn. 17; Hager, in: Staudinger, § 823 BGB, Rn. E1; Katzenmeier, in: Dauner-Lieb/Langen, § 823 BGB, Rn. 124; vgl. auch Köndgen, Einbeziehung Dritter in den Vertrag, S. 8.

566 BGH, NJW 1952, 1050, 1051; NJW 1973, 460, 461; NJW 1993, 1799, 1801; NJW 2018, 2956, Rn. 17; Hager, in: Staudinger, § 823 BGB, Rn. E1; Förster, in: BeckOK BGB, § 823 BGB, Rn. 309 ff.

567 Köndgen, Einbeziehung Dritter in den Vertrag, S. 8; vgl. näher zum geschützten Personenkreis Hager, in: Staudinger, § 823 BGB, Rn. E36 ff.; Förster, in: BeckOK BGB, § 823 BGB, Rn. 320 ff.

Soll eine besondere Nähe zu einer Gefahrenquelle also sowohl Indiz für einen hypothetischen Drittschutzwillen im Rahmen vertraglicher Haftung als auch typisch für eine deliktische Verkehrspflicht sein, stellt sich die Frage, was eine Besserstellung im Hinblick auf das Vorliegen einer bestimmungsgemäßen Leistungsnähe rechtfertigen kann.[568] Eine Nähe der deliktischen Verkehrspflichten zum Merkmal der „bestimmungsgemäßen Leistungsnähe" lässt sich jedenfalls nicht leugnen.[569]

aa) Auf dem Vertragsverhältnis beruhende besondere Gefährdung des Nachbarn

Während es bei den deliktischen Verkehrspflichten nicht darauf ankommt, ob die Gefahrenquelle auf rein tatsächlichen Umständen oder auf einem Vertragsverhältnis beruht,[570] setzt die bestimmungsgemäße Leistungsnähe zwingend voraus, dass die Gefahren, denen der Dritte ausgesetzt wird, von einem fremden Vertragsverhältnis ausgehen.[571]

Wie bereits ausgeführt, ist insofern allerdings nicht erforderlich, dass der Dritte bereits nach Sinn und Zweck des Vertrages mit der Leistung in Berührung kommt. Ist das der Fall, deutet dies lediglich auf eine besonders stark ausgeprägte Leistungsnähe hin,[572] ohne diese für den umgekehrten Fall jedoch auszuschließen. Ausreichend ist stattdessen, dass der Dritte erst infolge einer Abweichung von der vorgesehenen Vertragserfüllung oder

568 Vgl. auch Köndgen, Einbeziehung Dritter in den Vertrag, S. 8.

569 Martiny, JZ 1996, 19, 23 mit Verweis auf v. Bar, Verkehrspflichten, S. 251 ff.; Köndgen, Einbeziehung Dritter in den Vertrag, S. 8; vgl. auch Köndgen, JZ 2010, 418: „merkwürdiges mixtum compositum aus vertragsrechtlichen und deliktsrechtlichen Kriterien"; nicht speziell im Hinblick auf die „bestimmungsgemäße Leistungsnähe", sondern generell Westermann, in: Erman BGB, § 328 BGB, Rn. 12.

570 Vgl. hierzu die Rechtsprechungsübersicht zu den Verkehrssicherungspflichten bei Hager, in: Staudinger, § 823 BGB, Rn. E73 ff.; Vgl. auch Köndgen, Einbeziehung Dritter in den Vertrag, S. 8.

571 Klumpp, in: Staudinger, § 328 BGB, Rn. 111: Kontakt mit der Leistung „aus dem Vertragsprogramm heraus"; vgl. auch Gernhuber, in: FS für A. Nikisch, S. 249, 270; Puhle, S. 68; Schinkels, in: jurisPK-BGB, § 328 BGB, Rn. 76; kritisch insofern Köndgen, Einbeziehung Dritter in den Vertrag, S. 8, der es für „einerlei [hält], ob die Gefahrenquelle von ausströmendem Giftgas oder von der Erfüllung eines Kaufvertrages oder von sonstiger vertraglicher Interaktion ausgeht.".

572 Vgl. zu dieser Fallgruppe S. 91 ff., S. 102 ff.

infolge einer „nachlässigen Vertragserfüllung“[573] typischerweise mit den Gefahren des Schuldverhältnisses in Berührung kommt.[574]

Unzutreffend ist daher – unabhängig von einer grundsätzlichen Bewertung der Entscheidung – die Begründung des OLG Hamm[575] zur Verneinung der bestimmungsgemäßen Leistungsnähe. Im zugrundeliegenden Fall kam es infolge von Sprengarbeiten in einem Steinbruch zu Rissschäden an einem in der Nähe befindlichen Gebäude. Das Gericht führte aus, dass der Dritte den Gefahren der Leistung der Sprengfirma gerade nicht so habe ausgesetzt sein sollen wie die Auftraggeberin.[576] Nach Sinn und Zweck des Vertrages hätten Anlieger des Steinbruchs gerade nicht durch die Sprengungen beeinträchtigt werden und mit deren Auswirkungen in Berührung kommen sollen.[577]

Diese Ausführungen überzeugen in Anbetracht dessen nicht, dass Sinn und Zweck des Vertrages niemals eine Beeinträchtigung und Schädigung des Dritten beinhalten. Der Schädigungseintritt beruht – abgesehen von vorsätzlichen Schädigungen etc. – immer darauf, dass es zu unplanmäßigen Abweichungen des nach dem Vertrag vorgesehenen Ablaufs gekommen ist.

Missverständlich ist insofern auch die gängige Verwendung des Begriffs der „bestimmungsgemäßen“ Leistungsnähe.[578] Diese kann nur als Umschreibung des spezifischen Risikozusammenhangs und in Abgrenzung zu lediglich zufälligen Berührungen des Dritten mit dem Gefahrenbereich des Schuldverhältnisses verstanden werden.[579] Nicht gemeint ist dagegen, wie es der Terminus vermuten ließe, dass der Dritte bereits der Vertragsbestimmung entsprechend mit den Vertragsleistungen in Berührung kommen muss. Anders ließe sich auch nicht eine Prüfung der „Erkennbarkeit“

---

573 Mäsch, in: BeckOGK BGB, § 328 BGB, Rn. 171.

574 Vgl. etwa Mäsch, in: BeckOGK BGB, § 328 BGB, Rn. 171; Westermann, in: Erman BGB, § 328 BGB, Rn. 13a: Berührung „mit den Risiken einer unkorrekten Vertragserfüllung“.

575 OLG Hamm, Urteil vom 25.06.2002 – 34 U 6/97, Rn. 70 nach juris.

576 OLG Hamm, Urteil vom 25.06.2002 – 34 U 6/97, Rn. 70 nach juris.

577 OLG Hamm, Urteil vom 25.06.2002 – 34 U 6/97, Rn. 70 nach juris.

578 In diese Richtung auch Köndgen, Einbeziehung Dritter in den Vertrag, S. 6.

579 Vgl. etwa Klumpp, in: Staudinger, § 328 BGB, Rn. 111: „Weil diese Leistungsnähe [...] bestimmungsgemäß sein muss, sind die Fälle auszuscheiden, in denen ein Dritter nurmehr zufällig mit den im Vertrag vereinbarten Leistungspflichten in Berührung kommt.“; Mäsch, in: BeckOGK BGB, § 328 BGB, Rn. 170 ff.; kritisch zur Verwendung des Begriffs der „bestimmungsgemäßen“ Berührung mit der Vertragsleistung wohl auch Köndgen, Einbeziehung Dritter in den Vertrag, S. 6.

der Leistungsnähe erklären.[580] Diese bräuchte nicht mehr in Frage gestellt zu werden, wenn der Vertrag von vorn herein nach dem Parteiwillen darauf angelegt sein müsste, den Dritten zu berühren.

Ob von der Erfüllung des Bauvertrages typischerweise eine besondere Gefährdung für den Nachbarn ausgeht, hängt vom konkreten Vertragsinhalt ab. § 1 Abs. 2 VOB/B listet verschiedene Vertragsbestandteile des Bauvertrages auf. Hierzu gehört in erster Linie die Leistungsbeschreibung. Weitere mögliche Bestandteile sind die Allgemeinen Vertragsbedingungen für die Ausführung von Bauleistungen (VOB/B) und die Allgemeinen Technischen Vertragsbedingungen für Bauleistungen (VOB/C) sowie Besondere Vertragsbedingungen, etwaige Zusätzliche Vertragsbedingungen und etwaige Zusätzliche Technische Vertragsbedingungen.

(1) Besondere Bezugnahme auf die Nachbarbebauung in den Vertragsunterlagen

Ein Hinweis für die Nachbarschädigung als typische Folge der Vertragsverletzung liegt in einer besonderen Bezugnahme auf die Nachbarbebauung in den Vertragsunterlagen. Weisen diese beispielsweise ausdrücklich auf etwaige Gefahren für die Nachbarbebauung hin oder sehen sie eine Berücksichtigung derselben vor, spricht dies für eine besondere Leistungsnähe.[581]

Die DIN-Normen der VOB/C enthalten „Hinweise für das Aufstellen der Leistungsbeschreibung“ und legen fest, welche Angaben in der Leistungsbeschreibung „nach den Erfordernissen des Einzelfalls“ insbesondere zu machen sind (so jeweils die DIN-Normen der VOB/C in Abschnitt 0, Vor 0.1). In Abschnitt 0.1 werden jeweils die „Angaben zur Baustelle“ behandelt. Nach der DIN 18299 VOB/C, die für Bauarbeiten jeder Art gilt, zählen hierzu Angaben zur „Art und Lage der baulichen Anlagen“

---

580 Vgl. Köndgen, Einbeziehung Dritter in den Vertrag, S. 6, der in Frage stellt, wie es zusammenpasse, dass der BGH im „Nitrierofen-Fall“ fordere, dass der Dritte „bestimmungsgemäß“ mit der Vertragsleistung in Berührung komme, es in derselben Entscheidung aber heiße, dass die Einbeziehung des Dritten erkennbar sein müsse.

581 Nach Auffassung des BGH, BeckRS 2013, 20079, Rn. 14 und des OLG Frankfurt am Main, IBRRS 2007, 1691 genügt die Auferlegung nachbarschützender Maßnahmen im Bauvertrag nicht zur Begründung vertraglichen Drittschutzes, ohne dass dies allerdings speziell auf die bestimmungsgemäße Leistungsnähe bezogen wurde.

(Abschnitt 0.1.3). Zu berücksichtigen sind dabei sowohl die zu errichtenden Bauwerke als auch die vorhandene Nachbarbebauung.[582]

Zahlreiche Normen der DIN 18300 ff. VOB/C, die besondere Regelungen für spezielle Bauleistungen enthalten, sehen vor, dass Gründungstiefen, Gründungsarten, Lasten und Konstruktionen benachbarter Bauwerke in der Leistungsbeschreibung aufzuführen sind (so beispielsweise Abschnitt 0.1.2 der DIN 18303 für Verbauarbeiten; Abschnitt 0.1.1 der DIN 18304 VOB/C für Ramm-, Rüttel- und Pressarbeiten). Nach Abschnitt 0.1.2 der DIN 18300 VOB/C für Erdarbeiten ist darüber hinaus explizit die Gefährdung benachbarter Bauwerke anzugeben.

In Abschnitt 0.1.1 der DIN 18305 VOB/C heißt es, dass „Gründungstiefen, Gründungsflächen und Gründungsarten von Bauwerken im Einflussbereich der Wasserhaltung“ anzugeben sind. Mögliche Auswirkungen auf Bauwerke im Umfeld der Baustelle lassen sich anhand dessen beurteilen.[583] Geht aus der Leistungsbeschreibung beispielsweise hervor, dass ein Nachbarbauwerk auf Holzpfählen gegründet ist, so ist bei Vornahme einer Grundwasserabsenkung zu berücksichtigen, dass eine Austrocknung der Holzpfähle die Standsicherheit der Nachbarbebauung beeinträchtigen kann.[584]

Um bei der Wasserhaltung zu bleiben, seien beispielhaft noch folgende Punkte zu nennen: Abschnitt 0.1.2 sieht vor, dass in der Leistungsbeschreibung „vorgesehene und bereits durchgeführte Leistungen zum Feststellen des Zustands der von der Wasserhaltung betroffenen Bauwerke und anderen Anlagen vor Beginn der Wasserhaltung“ anzugeben sind. Abschnitt 0.2 befasst sich jeweils mit den „Angaben zur Ausführung“. Nach dessen Abschnitt 0.2.20 sind „besondere Vorkehrungen zum Schutz von Grundstücken, Bauwerken, Pflanzenbeständen und dergleichen im Einflussbereich der Wasserhaltung“ aufzuführen. Dazu kann bspw. die Einrichtung von Negativbrunnen zählen, die das abgepumpte Wasser wieder in den Boden leiten.[585]

582 Englert/Grauvogl/Katzenbach, in: Englert/Katzenbach/Motzke, VOB/C, DIN 18299, Rn. 27.

583 Vgl. noch zur VOB/C Ausgabe September 2012 Englert/Haugwitz, in: Englert/Katzenbach/Motzke, VOB/C, DIN 18305, Rn. 12.

584 Vgl. Englert/Haugwitz, in: Englert/Katzenbach/Motzke, VOB/C, DIN 18305, Rn. 13.

585 Vgl. S. 34 f.; vgl. noch zur VOB/C Ausgabe September 2012 Englert/Haugwitz, in: Englert/Katzenbach/Motzke, VOB/C, DIN 18305, Rn. 30.

Die genannten Beispiele finden sich entsprechend auch in anderen DIN-Normen der VOB/C und lassen Rückschlüsse darauf zu, ob im Einzelfall typischerweise mit Nachbarschäden gerechnet werden kann.

Auch losgelöst von den Vorgaben der VOB/C zum Aufstellen einer Leistungsbeschreibung können sich typische Schädigungsmöglichkeiten aus den Vertragsunterlagen herleiten lassen.

(2) DIN-Normen

Selbst wenn vertraglich nicht ausdrücklich auf die Nachbarbebauung Bezug genommen wird, können sowohl die echten DIN-Normen als auch die DIN-Normen der VOB/C[586] Indikatoren für typische Gefahren enthalten. Das OLG Koblenz nahm richtigerweise eine bestimmungsgemäße Leistungsnähe für Bauarbeiten im Grundstücksgrenzbereich an, weil DIN-Unfallverhütungsvorschriften gerade für Bauarbeiten an Grundstücksgrenzen eine im Vergleich zu anderen Bauausführungen hohe Regelungsdichte aufweisen würden.[587]

Ungeachtet dessen, dass es sich bei DIN-Normen nicht um Rechtsnormen, sondern lediglich um „private technische Regelungen mit Empfehlungscharakter" handelt,[588] geben sie Hinweise darauf, in welchen Situationen aufgrund von Gefahren für die Nachbarbebauung eine besondere Berücksichtigung derselben stattzufinden hat.

Dies gilt auch für die DIN-Normen der VOB/C. Selbst wenn sie mangels Einbeziehung nicht Vertragsbestandteil geworden sind, geben sie Auskunft zur anerkannten und üblichen technischen Ausführung und können daher zur Auslegung des Vertragsinhalts herangezogen werden.[589]

---

586 Vgl. zur Unterscheidung zwischen den echten/typischen DIN-Normen und den DIN-Normen der VOB/C Motzke, in: Englert/Katzenbach/Motzke, VOB/C, Syst. III, Rn. 39 ff.; Tempel, NZBau 2003, 465, 468 f.

587 OLG Koblenz, NJW-RR 2000, 544; vgl. hierzu auch die Darstellung der Baumaßnahmen, die häufig zu Schäden an der Nachbarbebauung führen.

588 BGH, NJW 1998, 2814, 2815 m.w.N.; vgl. auch BGH, Urteil vom 09.07.1985 – VI ZR 118/84, Rn. 10 nach juris.

589 Busche, in: MüKoBGB, § 650a BGB, Rn. 87 m.w.N.; Leupertz/v. Wietersheim, in: Ingenstau/Korbion, Einleitung, Rn. 68; vgl. auch Tempel, NZBau 2003, 465, 469.

(3) In den Vertrag einbezogene Gutachten und Beweissicherungsmaßnahmen

Weitere Anzeichen für eine typische Gefährdungslage stellen Gutachten dar, die vor Baubeginn erstellt wurden (dies können beispielsweise Bodengutachten etc. sein).[590] Auch Beweissicherungsmaßnahmen über den Zustand der Nachbarbebauung deuten auf eine typische Gefährdung hin.[591]

Eine Empfehlung zur Durchführung eines Beweissicherungsverfahrens sieht beispielsweise die Anmerkung zu Abschnitt 6.4 der DIN 4123[592] vor, die für Ausschachtungen, Gründungen und Unterfangungen im Bereich bestehender Gebäude heranzuziehen ist. Auch nach der VOB/C sind in der Leistungsbeschreibung regelmäßig Angaben zu Beweissicherungsmaßnahmen zu machen (siehe etwa Abschnitt 0.1.4 der DIN 18303 VOB/C für Verbauarbeiten; Abschnitt 0.1.9 der DIN 18304 VOB/C für Ramm-, Rüttel- und Pressarbeiten; Abschnitt 0.1.2 der DIN 18305 VOB/C für Wasserhaltungsarbeiten).

Sowohl die Gutachten als auch die Beweissicherungsmaßnahmen spielen nicht nur im Rahmen der bestimmungsgemäßen Leistungsnähe eine Rolle, sondern sind gleichzeitig bereits Hinweis für eine Erkennbarkeit.[593]

bb) Besondere Gefährdung des Nachbargrundstücks

Neben der aus dem Vertrag resultierenden typischen Gefährdungslage erfordert die bestimmungsgemäße Leistungsnähe, dass der Dritte im Vergleich zu „Jedermann“ stärker gefährdet wird.[594] Nicht in den Schutzbe-

---

590 Vgl. Inhuber, in: Motzke/Bauer/Seewald, § 12, Rn. 230, der hieraus vor allem eine „Erkennbarkeit“ herleitet; vgl. auch OLG Koblenz, NJW-RR 2000, 544, das für eine bestimmungsgemäße Leistungsnähe die vom Sachverständigen in seinem Gutachten aufgeführten DIN-Unfallverhütungsvorschriften anführt.

591 Vgl. Inhuber, in: Motzke/Bauer/Seewald, § 12, Rn. 230 wiederum vor allem im Hinblick auf die Erkennbarkeit der Leistungsnähe.

592 DIN 4123:2013-04, Ausschachtungen, Gründungen und Unterfangungen im Bereich bestehender Gebäude.

593 Inhuber, in: Motzke/Bauer/Seewald, § 12, Rn. 230.

594 So auch van Eickels, S. 74 als Voraussetzung für die „Motivbeziehung“; vgl. auch Hirth, S. 121, 124 f.; dazu, dass der Dritte in gleicher Weise wie der Gläubiger gefährdet sein müsse vgl. etwa Gernhuber, in: FS für A. Nikisch, S. 249, 270; Gottwald, in: MüKoBGB, § 328 BGB, Rn. 184; Stadler, in: Jauernig, § 328 BGB, Rn. 24; Mäsch, in: BeckOGK BGB, § 328 BGB, Rn. 170.

reich des Vertrages kann beispielsweise der Passant fallen, der nur zufällig in der Nähe der Baustelle spazieren geht.[595]

Ob entsprechend der häufig gewählten Formulierung eine „gläubigergleiche Gefährdung" im buchstäblichen Sinne zu verlangen ist, wird später abgehandelt.[596] Jedenfalls besteht im Grundsatz ein Bedürfnis nach Schutzpflichten im Sinne des § 241 Abs. 2 BGB, weil die Vertragsparteien durch den Vertragsschluss einander verstärkte Einwirkungsmöglichkeiten auf ihre Rechte, Rechtsgüter und Interessen gegeben haben (s. § 311 Abs. 2 Nr. 2 BGB).[597] Soll der Nachbar ebenso wie der Gläubiger geschützt werden, so müssen auch die Rechtsgüter des Nachbarn einer verstärkten Gefährdung durch besondere Einwirkungsmöglichkeiten des Vertragsschuldners ausgesetzt sein.

Ähnlich stellt *Hirth*[598] klar, dass eine ausdrückliche Berücksichtigung des Gefährdungsgrades des Dritten nicht zuletzt auch schon wegen der inneren Rechtfertigung des Vertrages mit Schutzwirkung zugunsten Dritter geboten sei. Personen, die im Hinblick auf die vertragsspezifische Gefährdung ihrer Rechtsgüter signifikant unter der der entsprechenden Vertragspartei lägen, seien unter Gerechtigkeitsgesichtspunkten nicht zwingend besser zu stellen als andere, die als Außenstehende mit den Vertragsbeziehungen in Kontakt kämen.[599] *Hirth* nimmt als Grundlage vertraglichen Drittschutzes zwar keine ergänzende Vertragsauslegung an,[600] doch auch diese erfolgt unter Berücksichtigung der Grundsätze von Treu und Glauben, in die die Interessen des Dritten Eingang finden.[601]

Der hypothetische Parteiwille geht nicht dahin, jeden Außenstehenden in den Schutzbereich des Vertrages einzubeziehen.[602] Dies unterscheidet sich insofern von den Verkehrspflichten, als dass diese lediglich „gewis-

595 So auch Puhle, S. 71 f., allerdings im Hinblick auf das Gläubigerinteresse.

596 Vgl. hierzu mit Nachweisen S. 119 ff.

597 Bachmann, in: MüKoBGB, § 241 BGB, Rn. 117; Sutschet, in: BeckOK BGB, § 241 BGB, Rn. 90; Krebs, in: Dauner-Lieb/Langen, § 241 BGB, Rn. 45; Looschelders, SchuldR AT, § 1, Rn. 20.

598 Hirth, S. 124 f. für den „Vertrag mit Schutzinteresse Dritter".

599 Hirth, S. 125.

600 Vgl. Hirth, S. 91 ff.

601 Vgl. Hadding, in: Soergel, Anh. § 328 BGB, Rn. 16; so auch Hirth, S. 126; Bell, S. 93; s. auch BGH, NJW-RR 2017, 888, Rn. 16; NJW 2018, 1537, Rn. 17.

602 Vgl. auch Zenner, NJW 2009, 1030, 1031.

sermaßen abstrakte, jedenfalls aber ungezielte, nicht von vornherein auf bestimmte Personen abgestellte Sorgfaltspflichten"[603] darstellen.[604]

Parallel zum immissionsschutzrechtlichen Nachbarbegriff ist ein „qualifiziertes Betroffensein"[605] des Nachbarn zu fordern. Entsprechend den Anforderungen des Bundesverwaltungsgerichts an diesen Nachbarbegriff muss sich die Gefährdung des Nachbarn auch für die bestimmungsgemäße Leistungsnähe deutlich abheben, von der Gefährdung, die den Einzelnen als Teil der Allgemeinheit betrifft.[606]

Für eine im Vergleich zu Dritten hervorgehobene Gefährdung lässt sich zunächst anführen, dass der Nachbar den aus dem Bauvertrag resultierenden Gefahren „unentrinnbar"[607] ausgesetzt ist.[608] Er kann den Gefahren, die von einer Baustelle auf einem benachbarten Grundstück ausgehen, nicht ausweichen.[609] Für einen Ausschluss der Fälle faktischer Leistungsnähe genügt dieser Umstand allerdings noch nicht.

Anzustellen ist darüber hinaus ein Vergleich des konkreten Gefährdungsgrades, der den Nachbarn betrifft, mit dem eines Dritten, der sich zufällig in der Nähe der Baustelle befindet.[610] Besonders leicht überprüfen lässt sich dies anhand eines neben der Baustelle abgestellten Fahrzeuges. Ist dieses aufgrund der Bauarbeiten einer ähnlichen Gefährdung ausgesetzt wie das Nachbargebäude, ist von einer faktischen Leistungsnähe auszugehen. Dies betrifft etwa die Fälle, in denen nicht hinreichend gesicherte Baumaterialien umherfliegen und zu Sachschäden führen oder ein Kran umkippt und auf das Nachbargebäude stürzt. All diese Umstände hätten gleichermaßen zu Schäden an parkenden Autos etc. führen können. Dies

---

603 Thiele, JZ 1967, 649, 651.

604 Vgl. zum geschützten Personenkreis bei Verkehrspflichten Hager, in: Staudinger, § 823 BGB, Rn. E36 ff. m.N.

605 Vgl. hierzu BVerwG, NJW 1983, 1507, 1508; NVwZ 1997, 276, 277 f.; vgl. auch S. 82 f.

606 Vgl. BVerwG, NJW 1983, 1507, 1508; NVwZ 1997, 276, 277, wonach sich ein qualifiziertes Betroffensein deutlich abhebe von den Auswirkungen, die den Einzelnen als Teil der Allgemeinheit treffen können.

607 Dass der Dritte den Gefahren der Leistung „gleichsam unentrinnbar" ausgesetzt sein müsse, formuliert Strohbach, S. 84 als allgemeine Voraussetzung der bestimmungsgemäßen Leistungsnähe.

608 Vgl. hierzu auch Krebs, S. 233 im Rahmen der Prüfung, ob das nachbarliche Gemeinschaftsverhältnis infolge erhöhter Einwirkungsmöglichkeiten als Sonderverbindung einzuordnen sei.

609 Vgl. auch Krebs, S. 233; vgl. zu der daraus resultierenden zwischen den Nachbarn bestehenden besonderen Interessenlage S. 144 ff.

610 Vgl. in diese Richtung für den Vertrag mit Schutzwirkung zugunsten Dritter im Allgemeinen Hirth, S. 124; van Eickels, S. 74 für die „Motivbeziehung".

gilt auch für den Bagger, der nicht korrekt geführt wird und gegen eine Gebäudewand stößt oder für Schädigungen infolge von Explosionen. Brandgefahren betreffen nur dann in besonderer Weise das Nachbargebäude, wenn die Gefahr des Übergreifens gerade auf den konkreten Bauumständen beruht, also beispielsweise auf einer Bauverbindung der Gebäude. Von einer zufälligen Betroffenheit ist dagegen auszugehen, wenn der Brand sich auf ein benachbartes freistehendes Bauwerk ausbreitet.

Gefahren infolge von Vertiefungsmaßnahmen, der Einbringung von Bauteilen in den Boden, durch Bauarbeiten hervorgerufene Vibrationen, Erschütterungen oder Grundwasserabsenkungen betreffen dagegen lediglich die Nachbargrundstücke und infolgedessen die darauf befindliche Bebauung. Selbst wenn die Schädigung Außenstehender nicht gänzlich ausgeschlossen ist, wie dies etwa bei Erschütterungen der Fall sein kann, ist der Gefahrengrad jedenfalls nicht vergleichbar.

f) Zwischenergebnis

Die Konstellationen, in denen der Nachbar bestimmungsgemäß mit den Gefahren des Bauvertrages in Berührung kommt, lassen sich wie dargelegt in verschiedene Fallgruppen unterteilen. Von einer bestimmungsgemäßen Leistungsnähe ist jedenfalls auszugehen, wenn eine Hauptleistungspflicht dem Schutz der Nachbarbebauung dient und eine Verletzung dieser Pflicht typischerweise gerade zu Schäden an der Nachbarbebauung führt.[611] Es handelt sich dann um eine sogenannte „nachbarschützende Hauptleistungspflicht“. Ansonsten kommt der Nachbar bestimmungsgemäß mit dem Gefahrenbereich des Bauvertrages in Berührung, wenn infolge der beabsichtigten Einwirkung auf das Nachbargrundstück oder infolge von Bauarbeiten an Bauverbindungsteilen oder Grenzeinrichtungen besondere Gefahren für die Bebauung hervorgerufen werden.[612] Im Übrigen ist anhand der Umstände des Einzelfalles zu überprüfen, ob die Schädigung des Nachbarn typische Folge der Vertragsverletzung ist und der Nachbar im Vergleich zu anderen Menschen in besonderer Weise gefährdet ist.[613]

---

611 S. hierzu S. 102 ff.
612 S. hierzu S. 105 ff.
613 S. hierzu S. 108 ff.

Die Fallgruppen unterscheiden sich hinsichtlich des „Grades“ der Leistungsnähe.[614] Sie stehen zueinander in einem Rangverhältnis, an dessen oberster Stufe die „nachbarschützenden Hauptleistungspflichten“ stehen, gefolgt von der beabsichtigten Einwirkung auf das Nachbargrundstück und der Einwirkung auf Bauverbindungsteile bzw. Grenzeinrichtungen. An letzter Stelle stehen die sonstigen Beeinträchtigungen.

4. „Gläubigergleiche“ Gefährdung

Sowohl die Ausführungen zu den nachbarschädigenden Baumaßnahmen als auch jene zur bestimmungsgemäßen Leistungsnähe haben gezeigt, dass der Nachbar infolge einiger Baumaßnahmen in stärkerem Maße gefährdet sein kann als der Gläubiger selbst, sodass nicht im wahrsten Sinne des Wortes von einer „gläubigergleichen“ Gefährdung – wie die Anforderungen an die bestimmungsgemäße Leistungsnähe häufig formuliert werden –[615] gesprochen werden kann. In einigen Fällen ist der Vertragspartner selbst überhaupt nicht gefährdet und Schäden können von vornherein nur beim Dritten eintreten.[616] Dies ist beispielsweise denkbar, wenn Arbeiten auf großen Grundstücken nahe der Grundstücksgrenze stattfinden, die zwar in großer Entfernung zu den Gebäuden des Bauherrn selbst, aber in unmittelbarer Nähe zur Nachbarbebauung gelegen ist. Auch die mangelhafte Errichtung der bereits häufig erwähnten Stützkonstruktionen kann abhängig von den Gegebenheiten ausschließlich zu Schäden an der Nachbarbebauung führen.

---

614 Von einer Abstufung der Drittbezogenheit bei der Verletzung von drittschützenden Hauptleistungspflichten einerseits und Schutzpflichten andererseits geht auch Gottwald, in: MükoBGB, § 328 BGB, Rn. 181 aus; vgl. in diese Richtung auch Hirth, S. 134 f.; Martiny, JZ 1996, 19, 25: „Je mehr die Leistung dem Dritten zugutekommen soll und sich auf ihn bezieht, desto eher kommt es bei einer schuldhaften Pflichtverletzung zu einer Haftung des Schuldners.“.

615 S. etwa Gernhuber, JZ 1962, 553, 556; Musielak, VersR 1977, 973, 978; Köndgen, Einbeziehung Dritter in den Vertrag, S. 8; Becker, in: Dauner-Lieb/Langen, § 311 BGB, Rn. 143; vgl. auch Gottwald, in: MüKoBGB, § 328 BGB, Rn. 184; Stadler, in: Jauernig, § 328 BGB, Rn. 24; Mäsch, in: BeckOGK BGB, § 328 BGB, Rn. 170.

616 Vgl. so auch, allerdings nicht auf die hier gegenständliche Fallgruppe der Nachbarschädigung bezogen: Hadding, in: Soergel, Anh. § 328 BGB, Rn. 11; Gottwald, in: MüKoBGB, § 328 BGB, Rn. 194; s. auch van Eickels, S. 258 zur Fallgruppe des „Dritte[n] als alleiniger Benefiziar der Leistung“; jeweils unter Verweis auf BGH, NJW 1965, 1955 (Testamentsfall).

a) Abgrenzung zur Drittschadensliquidation

Kann der Schaden nicht beim Gläubiger, sondern ausschließlich bei einem Dritten eintreten, ist der Vertrag mit Schutzwirkung zugunsten Dritter von der Drittschadensliquidation abzugrenzen.[617] Hierunter fallen die Konstellationen des Auseinanderfallens von Geschädigtem und Anspruchsberechtigtem.[618] Der dem Grunde nach anspruchsberechtigten Vertragspartei ist aufgrund einer Schadensverlagerung kein Schaden entstanden, während der tatsächlich geschädigte Dritte keinen Anspruch hat.[619] Nach den Grundsätzen der Drittschadensliquidation kann der Anspruchsinhaber den Schaden des Dritten geltend machen.[620]

Eine Unterscheidung beider Figuren wird überwiegend danach vorgenommen, ob eine Schadensverlagerung oder eine Risikohäufung vorliegt; bei ersterem soll es um eine Drittschadensliquidation, bei letzterem um den Vertrag mit Schutzwirkung zugunsten Dritter gehen.[621]

Oftmals lassen sich aber nur Mutmaßungen darüber anstellen, ob tatsächlich nur dem Dritten ein Schaden hätte entstehen oder nicht doch auch der Gläubiger selbst hätte betroffen werden können.[622] Da die Rechtsprechung darüber hinaus zum Teil auch einen Vertrag mit Schutzwirkung zugunsten Dritter angenommen hat, wenn eine Schädigung von vornherein nur beim Dritten eintreten konnte (so etwa beim Anwaltsvertrag über die Mitwirkung an der Errichtung eines Testaments, durch das

617 Vgl. zur Abgrenzung u.a. Berg, JuS 1977, 363; ders., NJW 1978, 2018; Hübner/Sagen, JA 2013, 741; Gottwald, in: MüKoBGB, § 328 BGB, Rn. 194; Hadding, in: Soergel, Anh. § 328 BGB, Rn. 11 f.; Medicus/Petersen, Bürgerliches Recht, Rn. 840 ff.; vgl. auch van Eickels, S. 258.

618 BAG, NJW 2016, 2204, Rn. 28; OLG Hamm, NJW-RR 2011, 311; Janoschek, in: BeckOK BGB, § 328 BGB, Rn. 52; Magnus, in: Dauner-Lieb/Langen, Vor. §§ 249–255 BGB, Rn. 48; Hübner/Sagen, JA 2013, 741, 743.

619 Flume, in: BeckOK BGB, § 249 BGB, Rn. 367; Magnus, in: Dauner-Lieb/Langen, Vor. §§ 249–255 BGB, Rn. 48; Looschelders, SchuldR AT, § 46, Rn. 9.

620 BGH, NJW 2016, 1089, Rn. 27; Oetker, in: MüKoBGB, § 249 BGB, Rn. 294 m.w.N.; Magnus, in: Dauner-Lieb/Langen, Vor. §§ 249–255 BGB, Rn. 48; Looschelders, SchuldR AT, § 46, Rn. 9.

621 OLG Schleswig, BeckRS 2014, 07 732; Berg, JuS 1977, 363, 366; ders., NJW 1978, 2018; Medicus/Petersen, Bürgerliches Recht, Rn. 841 ff.; Looschelders, SchuldR AT, § 46, Rn. 9; im Ausgangspunkt als Kriterium für die Drittschadensliquidation zustimmend Gottwald, in: MüKoBGB, § 328 BGB, Rn. 194 m.w.N.

622 Gottwald, in: MüKoBGB, § 328 BGB, Rn. 194.

ein Dritter als Alleinerbe eingesetzt werden soll),[623] stellt sich die Frage nach dem Verhältnis beider Rechtsfiguren zueinander.

Früher vorgenommene Differenzierungen nach der Art des eingetretenen Schadens, wonach Sach- und Vermögensschäden nach der Drittschadensliquidation zu behandeln waren und auf Personenschäden der Vertrag mit Schutzwirkung zugunsten Dritter angewendet werden sollte, lassen sich nach Ausdehnung des letzteren auch auf Sach- und Vermögensschäden nicht mehr vornehmen.[624]

Kennzeichnend für die Drittschadensliquidation ist stattdessen eine „zufällige Schadensverlagerung".[625] Um eine solche geht es bei der Nachbarschädigung nicht.

Dient eine Baumaßnahme in erster Linie dem Schutz der Nachbarbebauung, muss dem Schuldner aufgrund des Vertragsinhalts von vornherein klar sein, dass ein etwaig eintretender Schaden vor allem den Nachbarn betreffen wird.[626] Dies ergibt sich aus dem Vertragszweck bzw. dem Zweck der bestimmten Bauleistung und darüber hinaus regelmäßig aus einschlägigen DIN-Normen. Die „Schadensverlagerung" – falls überhaupt von einer solchen gesprochen werden kann, wenn der Schaden beim Gläubiger selbst nicht eintreten kann – ist daher im Vertrag angelegt und keinesfalls zufällig. Entscheidender Unterschied zur Drittschadensliquidation ist, „dass der Schutz des Dritten [...] von vornherein im Spiel" ist.[627]

623 NJW 1965, 1955, 1957; hierauf weisen Gottwald, in: MüKoBGB, § 328 BGB, Rn. 194 und Hadding, in: Soergel, Anh. § 328 BGB, Rn. 11 hin.

624 Vgl. BGH, NJW 1968, 885, 887; vgl. so auch Medicus/Petersen, Bürgerliches Recht, Rn. 840 m.N. aus der Rspr.; Gottwald, in: MüKoBGB, § 328 BGB, Rn. 194; Klumpp, in: Staudinger, § 328 BGB, Rn. 141; Janoschek, in: BeckOK BGB, § 328 BGB, Rn. 52; Winterfeld, S. 107 ff.; Hübner/Sagan, JA 2013, 741, 744; teilweise m.N. zur früheren Auffassung; vgl. auch die Darstellung zur Ausdehnung des vertraglichen Drittschutzes.

625 S. BGH, NJW 2016, 1089, Rn. 27; BAG, NJW 2016, 2204, Rn. 28; OLG Koblenz, BeckRS 2016, 126 821; Janoschek, in: BeckOK BGB, § 328 BGB, Rn. 52 m.w.N.; Hübner/Sagen, JA 2013, 741, 744; Brockmann/Künnen, JA 2019, 729, 732; vgl. auch van Eickels, S. 258.

626 Vgl. so van Eickels, S. 258 allgemein für die Fälle, in denen der Dritte alleiniger Benefiziar der Leistung ist; vgl. in diese Richtung auch Gottwald, in: MüKoBGB, § 328 BGB, Rn. 181.

627 Gottwald, in: MüKoBGB, § 328 BGB, Rn. 181.

b) „Gläubigergleiche“ Gefährdung im buchstäblichen Sinne?

Von einer „gläubigergleichen Gefährdung“ im buchstäblichen Sinne kann in den genannten Fällen freilich nicht gesprochen werden. Bei Betrachtung von Sinn und Zweck dieses Auslegungskriteriums wird aber klar, dass eine solche nicht tatsächlich verlangt werden kann.[628] Sichergestellt werden soll durch dieses Merkmal, dass nicht solche Personen in den Schutzbereich des Vertrages einbezogen werden, die gänzlich außerhalb des Vertragsverhältnisses stehen und keinerlei oder nur eine zufällige Verbindung zum Vertragsgegenstand aufweisen;[629] die Erstreckung des Schutzes auf diese Personen entspricht nämlich tatsächlich nicht dem hypothetischen Parteiwillen.[630] Wird dagegen nur der Dritte oder dieser jedenfalls stärker als der Gläubiger gefährdet, schließt dies einen hypothetischen Einbeziehungswillen nicht aus.[631] Ganz im Gegenteil wird das Interesse redlicher Parteien am Schutz des Dritten umso höher anzusiedeln sein, je stärker dieser gefährdet wird. Für eine Einbeziehung in den Schutzbereich des Vertrages spricht daher vor allem der Umstand, dass der Dritte ebenso oder aber „mindestens“ so stark gefährdet wird wie der Gläubiger.[632] In

---

628 So auch Gottwald, in: MüKoBGB, § 328 BGB, Rn. 187; Stürner, in: PWW-BGB, Vor. §§ 328 ff. BGB, Rn. 5; Martiny, JZ 1996, 19, 23; für die Sachverständigenfälle vgl. auch Canaris, JZ 1998, 603, 604; a.A. Gernhuber, in: FS für A. Nikisch, S. 249, 270; ders., JZ 1962, 553, 555 f., der allerdings nicht auf die tatsächliche Gefährdung in der konkreten Situation abstellen will, sondern auf die Gefährdung bemessen an den Rechten, die das Schuldverhältnis dem Gläubiger eröffne (abweichend allerdings Gernhuber, Das Schuldverhältnis, S. 530, Fn. 46, wonach die Formel der gläubigergleichen Gefährdung zu Missverständnissen geführt habe); Musielak, VersR 1977, 973, 978.

629 Vgl. Zenner, NJW 2009, 1030, 1031; vgl. auch Hirth, S. 124 f., der ausführt, dass Personen, die im Hinblick auf die vertragsspezifische Gefährdung ihrer Rechtsgüter signifikant unter der entsprechenden Vertragspartei lägen, unter Gerechtigkeitsgesichtspunkten nicht zwingend besser zu stellen seien als alle anderen, die als Außenstehende mit den Vertragsbeziehungen in Kontakt kämen.

630 Vgl. auch Zenner, NJW 2009, 1030, 1031.

631 Gottwald, in: MüKoBGB, § 328 BGB, Rn. 187; Stürner, in: PWW-BGB, Vor. §§ 328 ff. BGB, Rn. 5 m.w.N.; vgl. für die Sachverständigenfälle auch Canaris, JZ 1998, 603, 604.

632 So auch Gernhuber, in: FS für A. Nikisch, S. 249, 270; dies darf allerdings nicht darüber hinwegtäuschen, dass die ergänzende Vertragsauslegung theoretisch auch bei einer weniger starken Gefährdung zur Bejahung des hypothetischen Drittschutzwillens gelangen kann, da es sich bei den Drittschutzkriterien lediglich um Indizien handelt. Anders sieht dies wohl Gernhuber, in: FS für A. Nikisch, S. 249, 270 f.

den Gutachterfällen, in denen Schäden regelmäßig nur beim Dritten eintreten können, bestätigt sich diese Sichtweise.[633]

Umgekehrt ist eine Drittwirkung allerdings auch dann nicht zwingend ausgeschlossen, wenn der Dritte weniger stark gefährdet wird als der Gläubiger, vorausgesetzt die Gefahr fällt nicht erheblich geringer aus.[634] *Martiny*[635] führt insofern richtigerweise aus, dass für den Dritten ja ein bestimmtes Maß an Schutzwirkung genüge.

5. Die bestimmungsgemäße Leistungsnähe des berechtigten Besitzers

Mit den von der Baustelle ausgehenden Gefahren können nicht nur der Eigentümer oder andere dinglich Berechtigte des Nachbargrundstücks in Berührung kommen, sondern auch berechtigte Besitzer (z.B. Mieter). Während diese jedenfalls im öffentlichen Baurecht grundsätzlich nicht dem Nachbarbegriff unterfallen,[636] gelten auch sie nach der Rechtsprechung des Bundesgerichtshofs und der überwiegenden Ansicht in der Literatur im Rahmen der §§ 906, 909 BGB als berechtigt.[637] In einer die Vertiefung gemäß § 909 BGB betreffenden Entscheidung führte der Bundesgerichtshof aus, dass auch der Besitzer des Grundstücks vom Verlust der bodenphysikalischen Stütze betroffen sei.[638] Rechtlich sei der Schutz

---

633 Vgl. auch Canaris, JZ 1998, 603, 604; Stürner, in: PWW-BGB, Vor. §§ 328 ff. BGB, Rn. 5.

634 Vgl. so auch Martiny, JZ 1996, 19, 23; Westermann/Bydlinski/Weber, SchuldR AT, 16/10; so wohl auch Gottwald, in: MüKoBGB, § 328 BGB, Rn. 187, der ausführt, dass eine beschränkte Teilnahme am fremden Schuldverhältnis stattfinde, wenn der Dritte den Leistungsgefahren „ähnlich" wie ein Vertragsgläubiger ausgesetzt sei; eine „wirklich gläubiger- oder schuldnergleiche Stellung des Dritten" sei dagegen nicht zu verlangen; a.A. Gernhuber, in: FS für A. Nikisch, S. 249, 270 f.; Musielak, VersR 1977, 973, 978.

635 Martiny, JZ 1996, 19, 23.

636 BVerwG, NJW 1994, 1233, 1234; NVwZ 1998, 956; Schenke, in: Kopp/Schenke, § 42 VwGO, Rn. 97; Hellermann, in: Dietlein/Hellermann, § 4, Rn. 312; vgl. auch Fuchs, S. 71; jeweils m.w.N.

637 Für § 906 BGB siehe BGH, NJW 1959, 1867; NZBau 2001, 393; NJW 2014, 458, Rn. 8; Klimke, in: BeckOGK BGB, § 906 BGB, Rn. 134; Fritzsche, in: BeckOK BGB, § 906 BGB, Rn. 97; kritisch Brückner, in: MüKoBGB, § 906 BGB, Rn. 181; für § 909 BGB siehe BGH, NZBau 2001, 393; Berger, in: Jauernig, § 909 BGB, Rn. 2; Brückner, in: MüKoBGB, § 909 BGB, Rn. 27; Roth, in: Staudinger, § 909 BGB, Rn. 35; vgl. auch Fuchs, S. 69.

638 BGH, NZBau 2001, 393, 395.

vor unzulässiger Vertiefung nicht in der Weise mit dem Eigentum verbunden, dass der bloße Besitz ihm keine Grundlage verschaffen könne.[639]

Eine solche Betroffenheit reicht auch zur Begründung einer bestimmungsgemäßen Leistungsnähe aus. Richtet sich diese danach, ob die Schädigung typische Begleiterscheinung der Verletzung von Vertragspflichten ist, so gilt dies unabhängig von den Eigentums- und Besitzverhältnissen. Entscheidend ist alleine, dass dem Grundstücksbesitzer ebenso gut wie dem Eigentümer ein Schaden entstehen kann. Die bestimmungsgemäße Leistungsnähe muss daher grundstücks- oder gebäudebezogen zu bestimmen sein.

II. Gläubigerinteresse

Nachdem zuvor die „bestimmungsgemäße Leistungsnähe“ des Nachbarn als Anspruchsindiz behandelt wurde, folgt eine Auseinandersetzung mit dem Merkmal des „Gläubigerinteresses“.

Unter „Gläubigerinteresse“ ist das Interesse des Gläubigers an der Einbeziehung des Dritten in den vertraglichen Schutzbereich zu verstehen.[640] Gebräuchlich sind auch die Bezeichnungen als „Einbeziehungsinteresse“[641] oder „Gläubigernähe“[642].

Ursprünglich beschränkte die Rechtsprechung die Anwendung des Vertrages mit Schutzwirkung zugunsten Dritter durch die sogenannte „Wohl- und Wehe-Formel“, wonach vorausgesetzt wurde, dass der Gläubiger für das Wohl und Wehe des Dritten mitverantwortlich sei, weil dessen Schädigung auch ihn treffe, indem er ihm gegenüber zu Schutz und Fürsorge verpflichtet sei.[643] Eine solche Fürsorgebeziehung wird insbesondere bei

639 BGH, NZBau 2001, 393, 395.

640 BGH, NJW 1996, 2927, 2928; NJW-RR 2017, 888, Rn. 17; NJW 2018, 1537, Rn. 17; Klumpp, in: Staudinger, § 328 BGB, Rn. 117; Gottwald, in: MüKoBGB, § 328 BGB, Rn. 185.

641 BGH, NJW-RR 2017, 888, Rn. 17; NJW 2018, 608, Rn. 12; Preuß, in: Dauner-Lieb/Langen, Vor. §§ 328 ff. BGB, Rn. 13; Schinkels, in: jurisPK-BGB, § 328 BGB, Rn. 77.

642 Gottwald, in: MüKoBGB, § 328 BGB, Rn. 185; Mäsch, in: BeckOGK BGB, § 328 BGB, Rn. 174; Schinkels, in: jurisPK-BGB, § 328 BGB, Rn. 77.

643 BGH, NJW 1969, 269, 272; NJW 1970, 38, 40; vgl. bereits die Rechtsprechung des Reichsgerichts RGZ 91, 21, 24; s. zur Wohl-und-Wehe-Formel Larenz, NJW 1956, 1194; Klumpp, in: Staudinger, § 328 BGB, Rn. 117 ff.; Gottwald, in: MüKoBGB, § 328 BGB, Rn. 185; vgl. zur Entwicklung des Kriteriums des „Gläubigerinteresses“ Zeigltrum, S. 158 ff.; vgl. auch S. 55 ff. m.w.N.

Rechtsbeziehungen mit „personenrechtlichem Einschlag“ angenommen, also beispielsweise bei familien-, arbeits- oder mietvertraglichen Verhältnissen.[644]

Später hat die Rechtsprechung das Fürsorgeerfordernis fallen gelassen und prüft nun stattdessen, ob der Gläubiger am Schutz des Dritten ein besonderes schutzwürdiges Interesse hat.[645] Da zwischen den Nachbarn üblicherweise kein Fürsorgeverhältnis besteht, eröffnet erst die Ausdehnung des Gläubigerinteresses die Möglichkeit, den Nachbarn in den Schutzbereich des Vertrages einzubeziehen.[646]

1. Erfordernis des Gläubigerinteresses

Seit Aufgabe der fürsorgerechtlichen Betrachtung fehlt ein eindeutiges Kriterium zur Bestimmung des Gläubigerinteresses.[647] *Klumpp*[648] spricht von einem sich zwangsläufig ergebenden „Graubereich“. In der Literatur wurden daraufhin verschiedene Vorschläge zu einer neuen Fassung des Gläubigerinteresses gemacht.[649]

Strauch[650] möchte darauf abstellen, ob der Gläubiger dem Dritten gegenüber schutzpflichtig sei. Auf diese Weise würden alle Dritten geschützt, an deren Schutz der Gläubiger ein rechtliches Interesse habe.[651] Dagegen würden all diejenigen ausgeschlossen, die ohne den Willen des Gläubigers nur zufällig mit der Leistung des Schuldners in Berührung kämen, wie ungebetene Vertreter, Bettler, Diebe und Hausierer.[652] Eine Einbeziehung des

---

644 BGH, NJW 1968, 1929, 1931; NJW 2014, 2345, Rn. 10; NJW-RR 2017, 888, Rn. 16 m.w.N.; NJW 2018, 1537, Rn. 17; Klumpp, in: Staudinger, § 328 BGB, Rn. 117 m.w.N.; Stadler, in: Jauernig, § 328 BGB, Rn. 25.

645 BGH, NJW 1996, 2927, 2928; NJW-RR 2017, 888, Rn. 16 f.; Klumpp, in: Staudinger, § 328 BGB, Rn. 117 f. m.w.N.; Gottwald, in: MüKoBGB, § 328 BGB, Rn. 185 m.w.N.; für eine Verabschiedung des Gläubigerinteresses Mäsch, in: BeckOGK BGB, § 328 BGB, Rn. 178; Harke, SchuldR AT, Rn. 436.

646 Vgl. Inhuber, in: Motzke/Bauer/Seewald, § 12, Rn. 227.

647 So u.a. Klumpp, in: Staudinger, § 328 BGB, Rn. 118; vgl. auch Gottwald, in: MüKoBGB, § 328 BGB, Rn. 189; Martiny, JZ 1996, 19, 25.

648 Klumpp, in: Staudinger, § 328 BGB, Rn. 118.

649 Vgl. zu einer ausführlichen Darstellung verschiedener Lösungsansätze Ziegltrum, S. 162 ff.; vgl. auch Ziegler, JuS 1979, 328, 329.

650 Strauch, JuS 1982, 823, 827.

651 Strauch, JuS 1982, 823, 827.

652 Strauch, JuS 1982, 823, 827.

Postboten, Milchmanns oder Zeitungsboten in den vertraglichen Schutzbereich hält *Strauch* dagegen wohl für möglich.[653]

Auch der Nachbar würde nach diesen Grundsätzen zum Kreis der geschützten Personen zählen. Gegen *Strauchs* Auffassung spricht aber, dass allgemeine Schutzpflichten letztlich gegenüber jedem Dritten bestehen können.[654] Sie vermag nicht zu klären, warum Schutzpflichten, die auch deliktischer Natur sein können, plötzlich eine Einbeziehung in ein Vertragsverhältnis rechtfertigen sollen.[655]

Gernhuber[656] ist der Auffassung, dass nicht nach Linien zu suchen sei, die den geschädigten Dritten mit dem Gläubiger oder Schuldner verbinden, sondern nach Fäden, die ihn mit dem Schuldverhältnis verknüpfen, und zwar im Stadium seiner Erfüllung. Dieser Forderung komme es am nächsten, dann eine Drittberechtigung anzunehmen, wenn entsprechend der Formulierung von *Blomeyer*[657], „der Vertrag inhaltlich drittbezogen" sei, das heißt „bestimmte Güterkontakte" mit Dritten vorsehe.[658] Eine beschränkte Teilnahme am Schuldverhältnis müsse dort stattfinden, wo die mit der Leistung verbundenen Gefahren nach der Anlage des Schuldverhältnisses einen Dritten mindestens ebenso stark wie den Gläubiger träfen, und dort, wo die mit einer ungenügenden Sicherung der Gläubigersphäre verbundenen Gefahren einen Dritten schuldnergleich träfen, weil er unter Billigung des Schuldverhältnisses die Leistung für den Schuldner erbringe.[659]

Gottwald[660], der eine verwandte Auffassung vertritt, formuliert, der Dritte müsse den Leistungsgefahren „ähnlich wie ein Vertragsgläubiger" ausgesetzt sein.

---

653 Vgl. Strauch, JuS 1982, 823, 826 f.

654 Ziegltrum, S. 164.

655 Ziegltrum, S. 164 ff., 166, die diese Argumentation explizit auch für den Nachbarn verfolgt: Es gebe keinen sachlichen Grund, warum der Nachbar, der im System des Bürgerlichen Gesetzbuches durch die §§ 906 ff. BGB ganz klar nur gegen bestimmte Schadensarten gegenüber „Jedermann" besonders geschützt sei, plötzlich vertragliche Ansprüche gegen den Werk- oder Bauunternehmer des angrenzenden Grundstückseigentümers haben solle.

656 Gernhuber, in: FS für A. Nikisch, S. 249, 270; vgl. ausführlich zu den Ausführungen Gernhubers auch Ziegltrum, S. 172 ff., 183 ff.

657 Blomeyer, S. 259.

658 Gernhuber, in: FS für A. Nikisch, S. 249, 270.

659 Gernhuber, in: FS für A. Nikisch, S. 249, 270.

660 Gottwald, in: MüKoBGB, § 328 BGB, Rn. 186 f., der allerdings betont, dass es dennoch immer eines besonderen Innenverhältnisses zwischen Vertragspartner

Diesen Vorschlag, weniger auf das Verhältnis des Dritten zum Vertragsgläubiger und stattdessen vermehrt auf einen Bezug zum Vertragsgegenstand abzustellen, haben zahlreiche Autoren (vor allem, aber nicht nur in Bezug auf die Vermögensschäden) aufgegriffen.[661] Begründet wird dies damit, dass nicht in der Nähe zum Vertragsgläubiger die eigentliche Gefahrenquelle liege, sondern in der Ausstrahlung des fremden Schuldverhältnisses.[662]

Dass die Drittbezogenheit des Vertragsgegenstandes ein wichtiger Anknüpfungspunkt zur Abgrenzung ist, trifft zu. Je stärker die Berührung des Dritten mit dem Vertragsgegenstand und dem davon ausgehenden Gefahrenpotential, desto mehr spricht für ein Interesse des Gläubigers am Schutz des Dritten.[663] Insofern ist anhand einer Bewertung der Interessen im konkreten Fall abzuwägen, ob der Vertragsgegenstand ausreichend drittbezogen ist.[664]

Allerdings ist dies richtigerweise eine Frage, die bereits das Kriterium der bestimmungsgemäßen Leistungsnähe betrifft[665] und daher bei den diesbezüglichen Ausführungen behandelt wurde.[666] Ist der Dritte den vom Schuldverhältnis ausgehenden Gefahren nicht in ähnlicher Weise wie der Gläubiger ausgesetzt, deutet dies auf einen nur zufälligen Kontakt mit

---

und Drittem bedürfe; kritisch zum Merkmal der „ähnlichen Gefährdung“ Ziegltrum, S. 179.

661 Vgl. u.a. Gottwald, in: MüKoBGB, § 328 BGB, Rn. 186 f.; Musielak, VersR 1977, 973, 977 f.; Hirth, S. 126 f., 136; Ziegltrum, S. 183 ff. verlangt im Anschluss an die Formulierung von Kreuzer, JZ 1976, 778, 781; Schmalzbauer, S. 98 (und Winterfeld, S. 106) eine „leistungsvermittelte Schädigung“; Walker, AcP 194 (1994), 295, 316: „objektive Drittbezogenheit der Leistung“; Martiny, JZ 1996, 19, 23 f.; Bayer, JuS 1996, 474, 477: „qualifizierte Nähe des Dritten zum Leistungsgegenstand“; Saar, JuS 2000, 220, 224.

662 Martiny, JZ 1996, 19, 23.

663 Köndgen, Einbeziehung Dritter in den Vertrag, S. 8.

664 Gottwald, in: MüKoBGB, § 328 BGB, Rn. 187.

665 So auch Hirth, S. 127; vgl. auch die ständige Rechtsprechung, die dies im Rahmen der Leistungsnähe prüft: z.B. BGH, NJW-RR 2017, 888, Rn. 17: „Der Dritte muss bestimmungsgemäß mit der Leistung des Schuldners in Berührung kommen und den Gefahren von Schutzpflichtverletzungen ebenso ausgesetzt sein wie der Gläubiger (Leistungsnähe).“; BGH, NJW 2018, 1537, Rn. 18; für weitere Literaturstimmen, die dies offenbar ebenso sehen vgl. Fn. 667; vgl. auch Hadding, in: Soergel, Anh. § 328 BGB, Rn. 15 f., der die „Leistungsnähe“ im Rahmen des Merkmals des „schutzwürdigen Interesses des Gläubigers“ anspricht.

666 Vgl. zur bestimmungsgemäßen Leistungsnähe S. 76 ff.

dem Vertragsgegenstand hin, der eine bestimmungsgemäße Leistungsnähe nicht begründen kann.

In der Literatur wird dies offensichtlich zum Teil erkannt.[667] Soweit darüber hinaus keine weiteren Voraussetzungen an eine „Gläubigernähe“ gestellt werden, wird vorgetragen, dass die Rechtsprechung sich der Sache nach vom „Tatbestandsmerkmal“ der Gläubigernähe ersatzlos verabschiedet habe und nur noch verbal an ihm festhalte.[668] Eines Interesses des Gläubigers am Schutz des Dritten bedürfe es nicht.[669] Im Ergebnis erfolge eine Abgrenzung des geschützten Personenkreises auf der Grundlage der neueren Rechtsprechung nur noch danach, ob eine „qualifizierte Nähe des Dritten zum Leistungsgegenstand“ vorgelegen habe und diese für den Vertragsschuldner vorhersehbar gewesen sei.[670] Angesprochen werden in diesem Zusammenhang vor allem die Expertenhaftungsfälle,[671] in denen die Rechtsprechung einen Dritten selbst dann von der Drittschutzwirkung eines Gutachtenvertrages etc. umfasst sieht, wenn die Interessen zwischen Gläubiger und Drittem gegenläufig sind.[672]

---

667 Vgl. Walker, AcP 194 (1994), 295, 316; Martiny, JZ 1996, 19, 23; Bayer, JuS 1996, 473, 477; Mäsch, in: BeckOGK BGB, § 328 BGB, Rn. 170, 178, die dies ebenfalls im Rahmen bestimmungsgemäßer Leistungsnähe diskutieren.

668 Mäsch, in: BeckOGK BGB, § 328 BGB, Rn. 178; bei Heranziehung einer ergänzenden Vertragsauslegung handelt es sich ohnehin nicht um „Tatbestandsmerkmale“, sondern um Indizien.

669 Ziegltrum, S. 192; Walker, AcP 194 (1994), 295, 316; Bayer, JuS 1996, 473, 477; Harke, SchuldR AT, Rn. 436; Mäsch, in: BeckOGK BGB, § 328 BGB, Rn. 178; nicht ganz so weitgehend Martiny, JZ 1996, 19, 23 f., der im Rahmen von Schutzpflichtverletzungen ein Interesse des Vertragsgläubigers am Schutz des Dritten „ernst nehmen“ will, bei drittbezogenen Leistungspflichten dagegen auf ein persönliches Verhältnis zwischen Drittem und Vertragsgläubiger verzichten möchte; vgl. auch Hirth, S. 126 f., 136 f., der ausführt, eine Übereinstimmung der Dritthaftung mit dem mutmaßlichen Willen des Anschlussgläubigers folge aus der konkreten Drittbezogenheit der Leistung.

670 Bayer, JuS 1996, 473, 477 zur Expertenhaftung; vgl. in diese Richtung auch Gernhuber, Das Schuldverhältnis, S. 539 f.; Walker, AcP 194 (1994), 295, 316; Martiny, JZ 1996, 19, 24; ähnlich auch für die Integritätsschäden des Dritten Hirth, S. 126 f.; Martiny, JZ 1996, 19, 23; Saar, JuS 2000, 220, 224; Mäsch, in: BeckOGK BGB, § 328 BGB, Rn. 178.

671 Martiny, JZ 1996, 19, 23; Bayer, JuS 1996, 473, 477; Mäsch, in: BeckOGK, § 328 BGB, Rn. 177; Saar, JuS 2000, 220, 224.

672 S. u.a. BGH, NJW-RR 1986, 484, 486; NJW 1987, 1758, 1759 f.; NJW 1995, 392; NJW 2001, 3115, 3116; NJW 2014, 2345, Rn. 13.

Picker[673] und *Martiny*[674] treffen den Kern, wenn sie von einer gewissen „Entpersönlichung“ sprechen; denn offensichtlich stellt die Rechtsprechung nicht mehr in dem Maße wie früher auf die persönliche Beziehung zwischen Gläubiger und Drittem ab.[675] *Martiny*[676] verweist hierfür auf die Entscheidung des Bundesgerichtshofs[677] zur Schutzwirkung von Mietverträgen, wonach der entscheidende Gesichtspunkt für die Einbeziehung weniger das Bestehen einer Obhuts- und Fürsorgepflicht des Mieters für den Dritten als vielmehr der Umstand sei, dass nach dem Inhalt des Vertrages der Mietgebrauch durch den Dritten gewissermaßen bestimmungsgemäß ausgeübt werde.

Hierin liegt aber kein vollständiger Verzicht auf ein Gläubigerinteresse, sondern lediglich auf die dafür früher vorausgesetzte personenrechtliche Beziehung.[678] Gewandelt haben sich lediglich die Umstände, unter denen ein Gläubigerinteresse angenommen wird.

Die Aufgabe der Wohl-und-Wehe-Formel ist folgerichtig, wenn als Grundlage auf eine ergänzende Vertragsauslegung zurückgegriffen wird. Eine Beschränkung des Schutzes auf solche Personen, die dem Gläubiger nahestehen, entspricht nämlich nicht zwangsläufig dem hypothetischen Parteiwillen.[679] Stattdessen kann es im Interesse des Gläubigers liegen, auch anderen Personen eine besondere Schutzwirkung zukommen zu lassen.[680]

Die Rechtsprechungsausweitung, wonach nicht mehr zwingend auf die Wohl-und-Wehe-Formel abgestellt wird, widerspricht dem Kriterium des Gläubigerinteresses daher nicht, sondern steht mit ihm gerade in Einklang.

Darüber hinaus lässt der bei der Ermittlung des hypothetischen Parteiwillens maßgebliche Grundsatz von Treu und Glauben (§ 242 BGB) eine Berücksichtigung nicht nur der Interessen der Vertragsparteien, sondern

---

673 Picker, JZ 1987, 1041, 1042, Fn. 6.

674 Martiny, JZ 1996, 19, 23.

675 Picker, JZ 1987, 1041, 1042, Fn. 6 im Hinblick auf die Lastschriftentscheidung des BGH (BGHZ 69, 82); allgemeiner und auch für die Integritätsschäden des Dritten Martiny, JZ 1996, 19, 23.

676 Martiny, JZ 1996, 19, 23.

677 BGH, NJW 1976, 1843, 1844; vgl. auch BGH, NJW 1973, 2059, 2061.

678 Auch Martiny, JZ 1996, 19, 23 betont, dass das Interesse des Vertragsgläubigers am Schutz des Dritten ernst zu nehmen sei.

679 So auch Zenner, NJW 2009, 1030, 1031; vgl. auch Bell, S. 86, 87.

680 Vgl. auch Zenner, NJW 2009, 1030, 1031, der insofern allerdings ausführt, dass das Schutzinteresse keine notwendige Voraussetzung für den Vertrag mit Schutzwirkung zugunsten Dritter sei.

auch derer des Dritten zu.[681] Bei der Ermittlung dessen, was dem Interesse des Gläubigers entspricht bzw. nach den Grundsätzen von Treu und Glauben entsprechen muss, dürfen die Drittinteressen demnach nicht vollkommen außer Betracht gelassen werden.

Selbst in den Gutachterfällen entspricht die Erstreckung der Schutzwirkung auf den Dritten bei genauerer Betrachtung dem mutmaßlichen Interesse des Vertragsgläubigers, da stets auf die Sichtweise einer redlichen und auch die Drittinteressen berücksichtigenden Partei abzustellen ist.[682] Bestellt jemand ein Gutachten, um dieses einem Dritten vorzulegen, entspricht es dem Interesse des Gläubigers, ein Gutachten zu erhalten, das gegenüber dem Dritten „Beweiskraft“ entfaltet.[683] Auch wenn Gläubiger und Dritter daher an sich gegenläufige Interessen verfolgen, schließen diese ein objektives Interesse an der Einbeziehung des Dritten in den Schutzbereich des Vertrages nicht aus.[684]

Abseits dieser Fälle und vor allem dann, wenn Integritätsschäden des Dritten drohen, spricht für ein Gläubigerinteresse gerade die – im Gegensatz zu den Gutachterfällen vollkommene – Übereinstimmung der Interessen zwischen Gläubiger und Drittem;[685] *Klumpp*[686] umschreibt diesen Interessengleichlauf mit einer „weichen Wohl-und Wehe-Formel“.

Im Gegensatz dazu würde die gänzliche Aufgabe eines Drittschutzinteresses als Einbeziehungskriterium dazu führen, dass sich kaum mehr eine eindeutige Abgrenzung von der Deliktshaftung vornehmen ließe.[687]

---

681 Hadding, in: Soergel, Anh. § 328 BGB, Rn. 16; Hirth, S. 126; Bell, S. 93; s. auch BGH, NJW-RR 2017, 888, Rn. 16; NJW 2018, 1537, Rn. 17.

682 Vgl. Jagmann, in: Staudinger (2009), § 328 BGB, Rn. 94; Sutschet, S. 149; vgl. auch Feddersen, WM 1999, 105, 108; kritisch Klumpp, in: Staudinger, § 328 BGB, Rn. 102; Canaris, JZ 1995, 441.

683 BGH, NJW 1987, 1758, 1759 f.; NJW 1995, 392; NJW 2014, 2345, Rn. 13; vgl. auch Feddersen, WM 1999, 105, 108; Sutschet, S. 149; Schulze, in: HK-BGB, § 328 BGB, Rn. 20.

684 Vgl. u.a. BGH, NJW 1995, 392; NJW 2014, 2345, Rn. 13; Gottwald, in: MüKo-BGB, § 328 BGB, Rn. 188; Stahl, S. 155 f.; Feddersen, WM 1999, 105, 108; Jagmann, in: Staudinger (2009), § 328 BGB, Rn. 94; Sutschet, S. 147 ff.

685 Klumpp, in: Staudinger, § 328 BGB, Rn. 119 f. m.w.N.; vgl. auch Mäsch, in: BeckOGK BGB, § 328 BGB, Rn. 176, der das Gläubigerinteresse allerdings nicht für erforderlich hält.

686 Klumpp, in: Staudinger, § 328 BGB, Rn. 120.

687 Vgl. in diese Richtung auch Klumpp, in: Staudinger, § 328 BGB, Rn. 120, der jedenfalls für die vertragliche Expertenhaftung der Auffassung ist, dass bereits das ausgeweitete Kriterium des Gläubigerinteresses keine allzu scharfe Abgrenzung zum deliktischen Bereich mehr ermögliche; a.A. wohl Mäsch, in: BeckOGK BGB, § 328 BGB, Rn. 178.

Zu prüfen wäre dann ausschließlich, ob der Dritte für den Schuldner erkennbar und bestimmungsgemäß mit dem Gefahrenbereich des Schuldverhältnisses in Berührung kommt und darüber hinaus schutzbedürftig ist. Bestimmungsgemäße Leistungsnähe und deliktische Verkehrssicherungspflichten liegen aber, wie bereits gezeigt, häufig nicht weit voneinander entfernt.[688] Dass darüber hinaus von einer Erkennbarkeit dieser Leistungsnähe und der Schutzbedürftigkeit des Dritten auszugehen ist, wird nicht selten der Fall sein. Diese Umstände alleine können aber keinen hypothetischen Parteiwillen dahingehend begründen, dem Dritten eine im Gegensatz zum Deliktsrecht verbesserte Rechtsposition einzuräumen.[689] Zur Abgrenzung ist ein Gläubigerinteresse daher zu fordern.[690]

2. Bestimmung des Gläubigerinteresses im Einzelfall

Zur Feststellung des Gläubigerinteresses bedarf es stets eines besonderen „Näheverhältnisses“ zwischen Vertragsgläubiger und Drittem.[691] Dieses kann nicht – wie bereits dargestellt – durch die allgemeine deliktische Pflicht, Dritte nicht zu schädigen, begründet werden.[692] Da diese ausnahmslos gegenüber jedem besteht, kann sie keine Grundlage für ein besonderes Drittschutzinteresse sein, das geeignet wäre, eine Haftungsbe-

---

688 Vgl. S. 89, S. 108 ff., jeweils m.N.

689 Im Ergebnis a.A. Mäsch, in: BeckOGK BGB, § 328 BGB, Rn. 178, der glaubt, dass die Erfordernisse der Leistungsnähe und Schutzbedürftigkeit des Dritten für eine hinreichende Begrenzung des begünstigten Personenkreises sorgten.

690 Für das Erfordernis eines Gläubigerinteresses vgl. die ständige Rspr. des BGH; s. u.a. BGH, NJW-RR 2017, 888, Rn. 17; NJW 2018, 1537, Rn. 18; Klumpp, in: Staudinger, § 328 BGB, Rn. 117 ff.; Gottwald, in: MüKoBGB, § 328 BGB, Rn. 185 ff.; Hadding, in: Soergel, Anh. § 328 BGB, Rn. 15; Schulze, in: HK-BGB, § 328 BGB, Rn. 16; Stürner, in: PWW-BGB, Vor. §§ 328 ff. BGB, Rn. 7; Preuß, in: Dauner-Lieb/Langen, Vor. § 328 ff. BGB, Rn. 13.

691 Stadler, in: Jauernig, § 328 BGB, Rn. 25; Janoschek, in: BeckOK BGB, § 328 BGB, Rn. 55; so auch Puhle, S. 68 ff., 71: „personelles Näheverhältnis“; vgl. auch Gottwald, in: MüKoBGB, § 328 BGB, Rn. 186: „besonderes Innenverhältnis“.

692 OLG Köln, VersR 1984, 340; Gottwald, in: MüKoBGB, § 328 BGB, Rn. 186; Janoschek, in: BeckOK BGB, § 328 BGB, Rn. 55; van Eickels, S. 72; vgl. auch BGH, BeckRS 2013, 20079, Rn. 14; a.A. Strauch, JuS 1982, 823, 827.

grenzung zu bewirken.[693] Andererseits muss kein „Dauerverhältnis" bestehen.[694]

Da der Vertrag mit Schutzwirkung zugunsten Dritter auf Fallkonstellationen mit den unterschiedlichst ausgeprägten Beziehungen zwischen Gläubiger und Drittem angewendet wird, lässt sich keine „konkrete Formel" ermitteln, die umfassend bestimmen kann, wann ein Gläubigerinteresse gegeben sein soll.[695] Ob ein solches anzunehmen ist, ist daher nach dem jeweiligen Inhalt sowie Sinn und Zweck des Vertrages und den Grundsätzen von Treu und Glauben festzustellen.[696]

Der Bundesgerichtshof hat ausgeführt, dass es einer Beschränkung des Kreises der in den Vertrag einbezogenen Dritten – also auch eines Gläubigerinteresses – dann nicht bedürfe, wenn durch Einbeziehung des Dritten eine Ausweitung des Haftungsrisikos nicht eintrete.[697] Dies betrifft den Fall, dass Schäden ausschließlich beim Dritten eintreten können, was für die Gutachterfälle typisch ist.[698] Denkbar ist dies auch bei Verträgen über die Errichtung von Stützkonstruktionen zugunsten des Nachbargrundstücks.

Ob der Vertragsgläubiger selbst aber tatsächlich nicht geschädigt werden kann, lässt sich meist nicht ohne Restzweifel feststellen.[699] Darüber hinaus ist gerade in den angesprochenen Fallgruppen ein besonderer Bezug des Dritten zur Vertragsleistung gegeben, der an einer bestimmungsgemäßen Leistungsnähe keine Zweifel aufkommen lässt;[700] und auch auf ein Interes-

---

693 Van Eickels, S. 72 unter Bezugnahme auf BGH, BeckRS 1961, 31186070; vgl. auch Ziegltrum, S. 164.

694 Gottwald, in: MüKoBGB, § 328 BGB, Rn. 185; so auch Hadding, in: Soergel, Anh. § 328 BGB, Rn. 15; Klumpp, in: Staudinger, § 328 BGB, Rn. 118; jeweils entgegen RGZ 127, 218, 224.

695 Gottwald, in: MüKoBGB, § 328 BGB, Rn. 189; so auch Martiny, JZ 1996, 19, 25; Klumpp, in: Staudinger, § 328 BGB, Rn. 118: „Graubereich".

696 Gottwald, in: MüKoBGB, § 328 BGB, Rn. 189; Janoschek, in: BeckOK BGB, § 328 BGB, Rn. 55; jeweils unter Bezugnahme auf BGH, NJW 1968, 885, 887; vgl. auch Klumpp, in: Staudinger, § 328 BGB, Rn. 118.

697 BGH, NJW 2004, 3035, 3038 m.w.N. (Gutachterfall); vgl. hierzu Jagmann, in: Staudinger (2009), § 328 BGB, Rn. 101; kritisch Looschelders, SchuldR AT, § 9, Rn. 12; vgl. zur „gläubigergleichen" Gefährdung in diesen Fallgruppen S. 119 ff.

698 Looschelders, SchuldR AT, § 9, Rn. 12; so auch Jagmann, in: Staudinger (2009), § 328 BGB, Rn. 101 f.

699 Vgl. S. 120 m.N.

700 Vgl. S. 102 ff.

se am Schutz des Dritten deutet die Entscheidung zum Abschluss eines solchen Vertrages gerade hin.[701]

Überdies ist davon auszugehen, dass das mutmaßliche Drittschutzinteresse tendenziell umso stärker sein muss, je stärker der Dritte durch die Vertragserfüllung gefährdet wird.[702] Inwieweit neben dessen Verbindung zum Gefahrenbereich des Schuldverhältnisses gesonderte Anforderungen zu stellen sind, die auf ein Gläubigerinteresse hinweisen, muss daher vom Grad der Drittbezogenheit des Vertragsgegenstandes und der damit verbundenen Gefährdung abhängen; ein besonders starker Drittbezug kann als Beleg für ein Gläubigerinteresse ausreichen, ohne dass weitere Anhaltspunkte hinzutreten müssen.[703] Hinweise gibt insoweit das Stufenverhältnis im Rahmen bestimmungsgemäßer Leistungsnähe.[704]

Das bedeutet nicht, dass in einigen Fällen kein Gläubigerinteresse mehr erforderlich ist;[705] dieses kann allerdings aufgrund der äußeren Vertragsumstände indiziert sein.[706]

---

701 Vgl. in diese Richtung auch Hirth, S. 134 f., 137 für den „Vertrag mit Leistungsinteresse Dritter"; ähnlich Jagmann, in: Staudinger (2009), § 328 BGB, Rn. 101, der ausführt, dass sich konkrete Anhaltspunkte für einen auf den Schutz Dritter gerichteten Parteiwillen ergäben, wenn die Leistungen des Schuldners den Interessen eines Dritten dienten und diesem auch der Schaden aus der Pflichtverletzung drohe; vgl. hierzu S. 135 ff.

702 Vgl. Köndgen, Einbeziehung Dritter in den Vertrag, S. 8.

703 Vgl. in diese Richtung für den „Vertrag mit Leistungsinteresse Dritter" Hirth, S. 134 f.: „objektive Umschreibung der Interessenlage"; S. 137: „Die Übereinstimmung der Dritthaftung mit dem mutmaßlichen Willen des Anschlussgläubigers folgt schon aus der konkreten Drittbezogenheit der Hauptleistung"; vgl. in diese Richtung auch Martiny, JZ 1996, 19, der zwar im Falle der Schutzpflichtverletzung ein Interesse des Vertragsgläubigers am Schutz des Dritten „ernst nehmen" will (S. 23), bei objektiv drittbezogenen Leistungen dagegen kein „Innenverhältnis" zwischen Vertragsgläubiger und Drittem für erforderlich hält (S. 24); Jagmann, in: Staudinger (2009), § 328 BGB, Rn. 101; vgl. auch Gottwald, in: MüKoBGB, § 328 BGB, Rn. 186; Klumpp, in: Staudinger, § 328 BGB, Rn. 119; Hadding, in: Soergel, Anh. § 328 BGB, Rn. 16; s. näher hierzu S. 135 ff.; vgl. zu den Stimmen, die ausschließlich auf die Verbindung des Dritten zum Leistungsgegenstand abstellen wollen, Fn. 669.

704 Vgl. zu diesem Stufenverhältnis S. 119.

705 Im Ergebnis so auch Looschelders, SchuldR AT, § 9, Rn. 12.

706 So auch Hirth, S. 134 ff. für den „Vertrag mit Leistungsinteresse Dritter"; vgl. auch Klumpp, in: Staudinger, § 328 BGB, Rn. 119 m.N.: „Bei der Verletzung von Hauptleistungspflichten [kann] eine Ausdehnung des Schutzbereiches vor diesem Hintergrund recht zwanglos vorliegen, wenn diese Leistung allein oder zumindest auch gegenüber dem Dritten erbracht werden sollte oder wenn die Leistung letztlich (vor allem) den Interessen des Dritten dient"; vgl. auch Gern-

Im Folgenden ist zu überprüfen, ob in den Nachbarschädigungsfällen von einem Gläubigerinteresse auszugehen ist.

3. Gläubigerinteresse in den Nachbarschädigungsfällen

a) Bisherige Rechtsprechung

Der Bundesgerichtshof verneinte das Gläubigerinteresse in einer Entscheidung.[707] Im betreffenden Fall konnte er nicht erkennen, woraus sich ein berechtigtes Interesse an der Begründung vertraglicher Schutzpflichten herleiten lasse.[708] Die Gläubigerin habe zum Dritten in keiner Sonderverbindung gestanden und sei nur nach allgemeinen nachbar- und deliktsrechtlichen Vorschriften verpflichtet gewesen, dessen Rechtsgüter während Kanalbauarbeiten nicht zu verletzen.[709] Auch nach Sinn und Zweck des Vertrages sei eine Einbeziehung nicht anzunehmen.[710] Allein daraus, dass der Werkvertrag bestimmte Maßnahmen vorsah, die objektiv auch den Interessen der Anlieger dienten, folge ein solcher Wille nicht, da diese Vorgaben alleine erforderlich gewesen seien, um eine fachgerechte Erbringung der Werkleistung sicherzustellen und die Gläubigerin vor Ansprüchen der Anlieger zu schützen.[711] Ein derartiges Interesse bestehe auch nicht aufgrund besonderer räumlicher Nähe.[712] Ein Interesse, dem Nachbarn im Hinblick auf das Nachbarschaftsverhältnis für den Fall eines Schadens eine bevorzugte Rechtsposition einzuräumen, ergebe sich nach den Umständen dieses Falles nicht.[713]

Damit hat der Bundesgerichtshof dem Vertrag mit Schutzwirkung zugunsten des Nachbarn nicht generell eine Absage erteilt, sondern sich explizit auf die Umstände dieses Falles bezogen.

---

huber, Das Schuldverhältnis, S. 539 f., der von einem „bestimmten Verhältnis von geschuldeter Leistung und Drittinteresse" spricht; vgl. zu den Stimmen, die ausschließlich auf die Verbindung des Dritten zum Leistungsgegenstand abstellen wollen, Fn. 669.

707 BGH, BeckRS 2013, 20079, Rn. 14.

708 BGH, BeckRS 2013, 20079, Rn. 14.

709 BGH, BeckRS 2013, 20079, Rn. 14.

710 BGH, BeckRS 2013, 20079, Rn. 14.

711 BGH, BeckRS 2013, 20079, Rn. 14.

712 BGH, BeckRS 2013, 20079, Rn. 14.

713 BGH, BeckRS 2013, 20079, Rn. 14.

In anderen Entscheidungen wurde ein Vertrag mit Schutzwirkung zugunsten des Nachbarn angenommen und das Gläubigerinteresse aus dem von der Rechtsprechung entwickelten nachbarlichen Gemeinschaftsverhältnis hergeleitet, das Grundstücksnachbarn untereinander zu gegenseitiger Rücksichtnahme verpflichte.[714] Daneben wurde im Falle der gemeinsamen Grenzeinrichtung auf den Gedanken der §§ 921, 922 BGB abgestellt.[715] In einem Vertiefungsfall wurde das besondere Interesse auch aus § 909 BGB hergeleitet.[716]

b) Indikation des Gläubigerinteresses bei nachbarschützenden Hauptleistungspflichten

Die verschiedenen Fallgruppen der Nachbarschädigung wurden im Hinblick auf den Grad ihres Drittbezuges bereits bei Prüfung der bestimmungsgemäßen Leistungsnähe dargestellt. Hierbei hat sich gezeigt, dass in den Fällen einer nachbarschützenden Hauptleistungspflicht, also bei Hauptleistungspflichten, die vor allem (auch) im Interesse des Nachbarn, also zum Schutz des Nachbargrundstücks erbracht werden, eine besonders intensive Leistungsnähe vorliegt.[717] Kennzeichnend für diese Fallgruppe ist, dass der Zweck der Vertragsleistung gerade (auch) darin besteht, das Nachbargrundstück und -gebäude vor Beeinträchtigungen zu bewahren. Infolge von Pflichtverletzungen eintretende Schäden betreffen in erster Linie das Nachbareigentum.

Mit Abschluss eines Vertrages, dessen Zielrichtung in der Wahrung von Drittinteressen besteht, kommt es nicht nur zu einem bloßen „Gleichlauf der Interessen“[718], der zur Begründung des Gläubigerinteresses bereits ausreicht; vielmehr ist der intendierte Drittschutz sogar ein Motiv für den Vertragsschluss bzw. für die Auferlegung entsprechender Vertragspflich-

714 OLG Düsseldorf, NJW 1965, 539, 541; OLG Koblenz, NJW-RR 2000, 544; KG, IBRRS 2003, 2417 (zustimmend Siegburg, EWiR 2004, 219, 220); KG, IBRRS 2015, 0388; vgl. auch OLG Jena, IBRRS 2012, 0028.

715 OLG Düsseldorf, NJW 1965, 539, 541.

716 KG, IBRRS 2003, 2417.

717 Vgl. S. 102 ff. mit zahlreichen Nachweisen; in diese Richtung für objektiv drittbezogene Leistungen im Generellen auch Hirth, S. 134 f.

718 Klumpp, in: Staudinger, § 328 BGB, Rn. 119 f.; so auch Mäsch, in: BeckOGK BGB, § 328 BGB, Rn. 176.

ten.[719] *Hirth*[720] ist darin zuzustimmen, wenn er ausführt, dass ein besonderer Drittbezug nicht nur die Dritten ausscheide, deren Interessen zufällig mit dem Vertrag in Kontakt stünden, sondern er sei die notwendige „objektive Umschreibung der Interessenlage“.

Die Verbindung des Dritten zum Vertragsgegenstand – auf die mittlerweile im Rahmen der Drittschutzprüfung verstärkt Bezug genommen wird –[721] könnte in diesen Fällen nicht stärker sein. Der Abschluss eines Vertrages mit einem objektiv drittbezogenen Leistungsgegenstand, hier mit einer nachbarschützenden Hauptleistungspflicht, ist bereits für sich genommen ein starkes Anzeichen für ein besonderes Interesse des Gläubigers am Schutz des Dritten.[722]

Dass neben dem Schutz des Nachbarn mit nachbarschützenden Baumaßnahmen in aller Regel weitere Ziele verfolgt werden und der Bauherr im „Doppelinteresse“[723] handelt, steht der Indikation des Gläubigerinteresses nicht entgegen. Selbst bei der Geschäftsführung ohne Auftrag, bei der es gerade auf eine Geschäftsbesorgung „für einen anderen“ (siehe § 677 BGB) ankommt, wird ein Fremdgeschäftsführungswille nach der Rechtsprechung und herrschenden Literatur nicht nur bei Vorliegen eines objektiv fremden Geschäfts vermutet, sondern ebenso bei einem auchfremden Geschäft.[724]

Im Zusammenhang mit dem Rechtsinstitut des Vertrages mit Schutzwirkung zugunsten Dritter kommt es nicht auf die Frage einer Fremdgeschäftsführung oder eines Fremdgeschäftsführungswillens an, sondern lediglich darauf, ob der Nachbar einen derartigen Bezug zum Vertragsgegenstand aufweist, dass ihm nach dem Interesse des Vertragsgläubigers die vertragliche Schutzwirkung zugute kommen soll. Diesem Nachbarbezug und dem so begründeten Drittschutzinteresse steht es nicht entgegen, dass

---

719 Vgl. auch – allerdings für andere Fallgruppen als die der Nachbarschädigung – Klumpp, in: Staudinger, § 328 BGB, Rn. 119: „Das Schutzinteresse des Gläubigers bezieht sich auf den Dritten“.

720 Hirth, S. 134 f., 137 für den „Vertrag mit Leistungsinteresse Dritter“.

721 Vgl. zu dieser Tendenz S. 126 ff.

722 So auch, allerdings im Hinblick auf Leistungspflichtverletzungen, die das Vermögen beeinträchtigen, Hirth, S. 134 ff.; in diese Richtung wohl auch Klumpp, in: Staudinger, § 328 BGB, Rn. 119; vgl. auch Martiny, JZ 1996, 19, 24; vgl. zu den Stimmen, die ausschließlich auf die Drittbezogenheit des Vertragsgegenstandes abstellen wollen, Fn. 669.

723 Vgl. so für die GoA Beuthien, in: Soergel, § 677 BGB, Rn. 8; so auch Gehrlein, in: BeckOK BGB, § 677 BGB, Rn. 15; vgl. hierzu bereits S. 103 ff.

724 BGH, NJW 1963, 1825, 1826; NJW 2007, 63, Rn. 15; Schäfer, in: MüKoBGB, § 677 BGB, Rn. 139 m.w.N.; Looschelders, SchuldR BT, § 43, Rn. 10 m.w.N.

der Bauherr gleichzeitig eigene Ziele verfolgt. Denn gerade die nachbarlichen Rechtskreisüberschneidungen lassen eine eindeutige Zuweisung entweder zu den Interessen des einen oder des anderen Nachbarn häufig unmöglich erscheinen.[725] Das Ausblenden eines dieser Interessen würde den im Nachbarrecht notwendigen Ausgleich widerstreitender Interessen[726] vernachlässigen.

Das Vorliegen (auch)nachbarschützender Hauptleistungspflichten indiziert daher ein Gläubigerinteresse.[727]

c) Gläubigerinteresse im Falle eines Vertragsverhältnisses zwischen Bauherrn und Nachbar

Ist zwischen Bauherrn und Nachbar im Vorfeld der Bauarbeiten ein Vertrag zustande gekommen, bspw. ein Zustimmungsvertrag,[728] so folgt hieraus für den Bauherrn unmittelbar die Pflicht zur Rücksicht auf die Rechte, Rechtsgüter und Interessen des Nachbarn aus § 241 Abs. 2 BGB. Schutzpflichten dieser Art begründen ein berechtigtes Gläubigerinteresse.[729] Bei einer Verletzung von Schutzpflichten durch einen Erfüllungsgehilfen hat der Bauherr dessen Verschulden gemäß § 278 S. 1 BGB im gleichen Umfang zu vertreten wie eigenes Verschulden. Ihn treffen demzufolge vertragliche Schadensersatzansprüche gegenüber dem Nachbarn.

725 Vgl. S. 104 f. m.w.N.
726 Vgl. zur besonderen Interessenlage beim Nachbarschaftsverhältnis S. 144 ff.
727 Vgl. so auch für die objektiv drittbezogenen Leistungen im Allgemeinen Hirth, S. 135: Dass der Schutz des Dritten „mit dem mutmaßlichen Willen des Anschlussgläubigers in Einklang steht, ist indiziert, wenn die ausbedungene Leistung objektiv nicht (nur) ihm selbst, sondern (auch) dem Dritten zugute kommen soll."; vgl. allgemein Klumpp, in: Staudinger, § 328 BGB, Rn. 119: „...wenn die Leistung (vor allem) den Interessen des Dritten dient"; vgl. in diese Richtung auch Ziegltrum, S. 192; Jagmann, in: Staudinger (2009), § 328 BGB, Rn. 94.
728 Vgl. hierzu S. 37 ff.
729 Hadding, in: Soergel, Anh. § 328 BGB, Rn. 15; vgl. auch Gottwald, in: MüKo-BGB, § 328 BGB, Rn. 186; Jagmann, in: Staudinger (2009), § 328 BGB, Rn. 100; Preuß, in: Dauner-Lieb/Langen, Vor. §§ 328 ff. BGB, Rn. 16.

d) Positive Feststellung des Gläubigerinteresses

Sind Gegenstand des Vertrages keine „nachbarschützenden Hauptleistungspflichten“ und ist zwischen Bauherrn und Nachbar kein Vertrag zustande gekommen, so ist positiv festzustellen, ob ein Interesse des Gläubigers am hervorgehobenen Schutz des Nachbarn angenommen werden kann.

Ein solches Interesse könnte sich – wie in der Rechtsprechung bereits zum Teil angenommen –[730] aus dem nachbarlichen Gemeinschaftsverhältnis ergeben.

aa) Inhalt und Einordnung des nachbarlichen Gemeinschaftsverhältnisses

Die Rechtsprechung betont stets, dass die Rechte und Pflichten von Grundstückseigentümern insbesondere durch die Vorschriften der §§ 905 ff. BGB und die Bestimmungen der Nachbarrechtsgesetze der Länder eine ins Einzelne gehende Sonderregelung erfahren hätten.[731] Auf sie sei allerdings der allgemeine Grundsatz von Treu und Glauben (§ 242 BGB) anzuwenden; daraus folge für den Nachbarn eine Pflicht zur gegenseitigen Rücksichtnahme, deren Auswirkungen auf den konkreten Fall man unter dem Begriff des nachbarlichen Gemeinschaftsverhältnisses zusammenfasse.[732] Eine solche Pflicht sei zwar mit Rücksicht auf die nachbarrechtlichen Sonderregelungen eine Ausnahme und könne nur zur Anwendung kommen, wenn ein über die gesetzliche Regelung hinausgehender billiger Ausgleich der widerstreitenden Interessen dringend geboten erscheine.[733] Wenn diese Voraussetzungen vorlägen, könne die Ausübung gewisser aus dem Eigentum fließender Rechte aber ganz oder teilweise unzulässig werden.[734]

Möglicherweise besteht aufgrund dieser gegenseitigen Rücksichtnahmepflichten ein Verhältnis zwischen den Nachbarn, das Drittschutzinteressen begründen kann. Bedenken zur Entscheidung des OLG Düsseldorf vom

730 OLG Düsseldorf, NJW 1965, 539, 541; OLG Koblenz, NJW-RR 2000, 544; KG, IBRRS 2003, 2417; KG, IBRRS 2015, 0388; vgl. auch OLG Jena, IBRRS 2012, 0028.

731 BGH, NJW 2003, 1392; NJW-RR 2008, 610, Rn. 19; jeweils mit zahlreichen weiteren Nachweisen.

732 BGH, NJW 2003, 1392; NJW-RR 2008, 610, Rn. 19; jeweils m.w.N.

733 BGH, NJW 2003, 1392; NJW-RR 2008, 610, Rn. 19; jeweils m.w.N.

734 BGH, NJW-RR 2008, 610, Rn. 19 m.w.N.

09.12.1964[735], dass es zwischen den Grundstücksnachbarn eines Rechtsverhältnisses ermangele, das einer familienrechtlichen oder nach § 618 BGB begründeten Beziehung gleichgeachtet werden könne und dass das nachbarliche Gemeinschaftsverhältnis darüber hinaus für sich allein auch keine gegenseitige Schutz- und Fürsorgepflicht zwischen den Nachbarn begründen könne,[736] haben sich mit Ausdehnung des vertraglichen Drittschutzes, der entgegen früher vertretener Ansicht nun keine fürsorgerechtliche Beziehung mehr erfordert,[737] bereits erledigt. Ausreichend ist stattdessen ein berechtigtes Interesse am Schutz des Dritten.[738]

Auch die Kritik, dass eine Haftung des Bauunternehmers gegenüber dem Nachbarn seines Bauherrn aus Vertrag nicht ohne die ausdrückliche Übernahme einer solchen Verpflichtung bestehe,[739] ist nicht zutreffend, da Grundlage des Vertrages mit Schutzwirkung zugunsten Dritter eine ergänzende Vertragsauslegung ist, die gerade eine fehlende ausdrückliche Vereinbarung voraussetzt.[740]

Generelle Zweifel halten dagegen an. Abgelehnt wird der Vertrag mit Schutzwirkung zugunsten des Nachbarn zum Teil mit der Begründung, dass das nachbarliche Gemeinschaftsverhältnis kein Schuldverhältnis begründen könne.[741]

---

735 OLG Düsseldorf, NJW 1965, 539.

736 Hodes, NJW 1965, 539, 540; so auch Herding/Schmalzl, S. 508.

737 Vgl. hierzu S. 55 ff.

738 Vgl. hierzu S. 124 f.

739 Hodes, NJW 1965, 539, 540, wobei sich die der Anmerkung von Hodes zugrundeliegende Entscheidung des OLG Düsseldorf auf die fehlerhafte Errichtung einer gemeinsamen Giebelmauer bezog. Da die Art der geschuldeten Ausführung hier von einer ausdrücklichen Vereinbarung zwischen den Nachbarn abhängen könnte, nimmt diese Entscheidung eine Sonderstellung ein; vgl. zu diesem Sachverhalt S. 43 f., 107 f., 157 ff.

740 OLG Koblenz, NJW-RR 2000, 544; vgl. außerdem S. 62 ff. m.w.N.

741 Boisserée, S. 44 ff.; Fuchs, S. 211; Boisserée, in: Boisserée/Fuchs, S. 189; vgl. auch Hodes, NJW 1965, 539, 540, der ausführt, dass die Rechtspflicht zu gegenseitiger Rücksichtnahme lediglich dazu führen könne, dass im Einzelfall die Ausübung eines bestehenden Rechts unzulässig werde.

Strittig ist in der Tat,[742] ob es sich um ein Schuldverhältnis[743] bzw. zumindest um eine Sonderverbindung[744] handelt oder nicht[745].

Zum Teil wird im nachbarlichen Gemeinschaftsverhältnis ein gesetzliches Schuldverhältnis gesehen, innerhalb dessen Schutzpflichten im Sinne des § 241 Abs. 2 BGB begründet werden.[746] *Krebs*[747] ordnet das nachbarliche Gemeinschaftsverhältnis als „sachenrechtliches Schutzpflichtverhältnis ohne primäre Leistungs- oder Unterlassungspflichten" den Sonderverbindungen zu. Er führt aus, dass mangels gemeinsamer Erhaltungs- und Verwaltungspflichten kein Schuldverhältnis im Sinne des § 241 BGB vorliege.[748] Gleichwohl seien aus dem Gemeinschaftsverhältnis Schutz- und Rücksichtnahmepflichten entwickelt worden.[749] Das Vorliegen einer Sonderverbindung lasse sich damit rechtfertigen, dass die Nachbarn über sachenrechtlich bedingte besondere Möglichkeiten einer Beeinträchtigung des benachbarten Grundstücks verfügten und diese außerdeliktische Rücksichtnahme- und Schutzpflichten erforderten.[750]

Ist der Bauherr diesen Ansichten zufolge gemäß § 241 Abs. 2 BGB zur Rücksicht auf die Rechte, Rechtsgüter und Interessen des anderen Teils verpflichtet, ist ohne Weiteres von einem Schutzinteresse des Bauherrn auch zugunsten des Nachbarn auszugehen.

---

742 Vgl. zum Streit um die Rechtsnatur des nachbarlichen Gemeinschaftsverhältnisses Deneke, S. 73 ff.; Olzen, in: Staudinger, § 241 BGB, Rn. 409 ff.; vgl. S. 198 ff.

743 H.P. Westermann, in: Erman BGB, § 278 BGB, Rn. 6; Westermann/Gursky/Eickmann, § 61, Rn. 42; Olzen, in: Staudinger, § 241 BGB, Rn. 413 ff.; Mühl, NJW 1960, 1133, 1136; H. Westermann, JZ 1963, 407; 408.

744 Krebs, S. 166, 232 ff.; ders., in: Dauner-Lieb/Langen, § 241 BGB, Rn. 33.

745 BGH, NJW 1965, 389, 390; NJW 2006, 992, Rn. 5; NJW 2007, 292, Rn. 8; Brückner, in: MüKoBGB, § 903 BGB, Rn. 40; Baur, in: Soergel, § 903 BGB, Rn. 57; Baur/Stürner, SachenR, § 5, Rn. 16; Grüneberg, in: Palandt, § 278 BGB, Rn. 3; Schaub, in: BeckOGK BGB, § 278 BGB, Rn. 28; Stadler, in: Jauernig, § 278 BGB, Rn. 5; Schulze, in: HK-BGB, § 278 BGB, Rn. 3; Ring, in: Ring/Grziwotz/Keukenschrijver, § 903 BGB, Rn. 85; Böhmer, MDR 1959, 141; ders., MDR 1959, 261; Heiseke, MDR 1961, 461; Brox, JA 1984, 182, 185 ff.; Deneke, S. 85 ff.; so gerade im Hinblick auf den Vertrag mit Schutzwirkung zugunsten des Nachbarn auch Boisserée, S. 44 f.; Fuchs, S. 211.

746 Olzen, in: Staudinger, § 241 BGB, Rn. 410 ff.

747 Krebs, S. 166, 232 ff.; ders., in: Dauner-Lieb/Langen, § 241 BGB, Rn. 33.

748 Krebs, S. 166.

749 Krebs, S. 166.

750 Krebs, S. 166.

Die Rechtsprechung und die herrschende Auffassung in der Literatur lehnen die Einordnung als Schuldverhältnis oder Sonderverbindung dagegen ab.[751]

Betont wird die Funktion des nachbarlichen Gemeinschaftsverhältnisses als bloße Schranke der Rechtsausübung; selbständige Ansprüche würden dagegen im Allgemeinen nicht begründet.[752]

Bei gemeinschaftlichen Grenzeinrichtungen wird nach herrschender Literatur und einem Teil der Rechtsprechung dagegen ein Schuldverhältnis angenommen, da über die §§ 921, 922 S. 4 BGB das Rechtsverhältnis zwischen den Nachbarn nach den Vorschriften über die Gemeinschaft bestimmt wird.[753] Der Bundesgerichtshof lehnt auch in diesen Fällen das Vorliegen eines Schuldverhältnisses ab.[754]

Ob das nachbarliche Gemeinschaftsverhältnis auch bei Zugrundelegung dieser Auffassung geeignet ist, ein berechtigtes Interesse des Bauherrn am Schutz des Nachbarn zu begründen, ist fraglich.

bb) Gläubigerinteresse auf der Grundlage des nachbarlichen Gemeinschaftsverhältnisses

Zwischen den Nachbarn besteht aufgrund der räumlichen Grundstücksnähe zueinander eine im Vergleich zu Dritten erhöhte Gefahr gegenseitiger Schädigung.[755] Anerkannt ist daher jedenfalls, – auch bei Verneinung einer Einordnung als Schuldverhältnis – dass aus dem nachbarlichen Gemeinschaftsverhältnis wechselseitige Rücksichtnahmepflichten folgen.[756]

---

751 S. Fn. 745.

752 BGH, NJW 1965, 389, 391; NJW 1984, 729, 730; NJW 1991, 1671, 1672; NJW 2001, 3119, 3120 f.; Brückner, in: MüKoBGB, § 903 BGB, Rn. 40; Ring, in: Ring/Grziwotz/Keukenschrijver, § 903 BGB, Rn. 85; Riehm, in: BeckOGK BGB, § 280 BGB, Rn. 82; in Bezug auf den Vertrag mit Schutzwirkung zugunsten des Nachbarn vgl. auch Boisserée, S. 45 ff.; Fuchs, S. 211.

753 OLG Düsseldorf, NJW 1959, 580 f.; OLG Hamm, BeckRS 2017, 126643, Rn. 22 ff.; Olzen, in: Staudinger, § 241 BGB, Rn. 412; Roth, in: Staudinger, § 921 BGB, Rn. 52; Herrler, in: Palandt, § 922 BGB, Rn. 5; Fritzsche, in: BeckOK BGB, § 921 BGB, Rn. 29; Baur/Stürner, SachenR, § 5, Rn. 16; Heiseke, MDR 1961, 461, 462 f., 464; ders., NJW 1965, 391; Brox, JA 1984, 182, 187; Boisserée, S. 46; vgl. hierzu S. 201 f.

754 BGH, NJW 1965, 389; NJW 2011, 3294, Rn. 8.

755 Vgl. etwa Brox, JA 1984, 182, 186; Krebs, S. 233; Boisserée, S. 45.

756 Vgl. BGH, NJW 1959, 97, 99; NJW 2004, 1037, 1038; NJW-RR 2019, 78, Rn. 11; vgl. u.a. auch Brückner, in: MüKoBGB, § 903 BGB, Rn. 38; J.F. Baur,

(1) Ausdruck der besonderen Nachbarinteressen im Gesetz

Ausdruck finden die zwischen den Nachbarn bestehenden besonderen und auf gegenseitige Rücksichtnahme angelegten Interessen bereits in der eingehenden gesetzlichen Regelung des Nachbarschaftsverhältnisses.

Anders sieht dies *Boisserée*.[757] Er lehnt eine Nähebeziehung zwischen den Nachbarn mit der Begründung ab, dass Rechte und Grenzen des Eigentums in den §§ 903 ff. BGB geregelt seien und sich auf Dritte im allgemeinen ohne Beschränkung auf den Nachbarn bezögen.[758] Auch wenn das Verhältnis der Nachbarn auf dem Eigentum der angrenzenden Grundstücke beruhe, sei das Eigentum ein absolutes Recht gegenüber jedermann.[759] Dies trifft zwar zu, spricht aber nicht zwangsläufig gegen ein gesteigertes Interesse am Schutz des Nachbarn. Denn aufgrund ihres Regelungsgegenstandes betreffen die §§ 905 ff. BGB im Speziellen das Verhältnis der Nachbarn und damit das Verhältnis eines bestimmten abgrenzbaren Personenkreises zueinander.[760] Von den allgemeinen Verkehrssicherungspflichten grenzen sich die nachbarlichen Pflichten hiermit ab.[761]

Auch in der vom Gesetzgeber vorgenommenen Gewichtung der Eigentumsregelungen für bewegliche Sachen einerseits und Grundstücke andererseits kommt die besondere Bedeutung des Nachbarverhältnisses zum Ausdruck.[762] Obwohl die §§ 905 ff. BGB nur bestimmte Eigentumssachverhalte berühren, nämlich die, in denen es um den Interessenausgleich von Grundstückseigentümern geht, nehmen sie den ganz überwiegenden Teil

in: Soergel, § 903 BGB, Rn. 51; Ring, in: Ring/Grziwotz/Keukenschrijver, § 903 BGB, Rn. 84; Riehm, in: BeckOGK BGB, § 280 BGB, Rn. 82; Heiseke, MDR 1961, 461.

757 Boisserée, S. 45.

758 Boisserée, S. 45; so auch Ziegltrum, S. 166; vgl. auch Heiseke, MDR 1961, 461, 462; Deneke, S. 74 m.w.N. zur Einordnung der Nachbarschaftsvorschriften als Eigentumsregelungen.

759 Boisserée, S. 45.

760 Vgl. auch Heiseke, MDR 1961, 461, 465, der ausführt, dass die zwischen den Nachbarn bestehenden Pflichten über den Rahmen der allgemeinen Verkehrssicherungspflichten hinaus gingen, weil der Rechtskreisinhaber um den etwa beeinträchtigten Rechtskreis des Nachbarn wisse, während er bei der Wahrnehmung der Verkehrssicherungspflichten mit der Berührung fremder Rechtskreise lediglich zu rechnen habe.

761 Heiseke, MDR 1961, 461, 465; vgl. auch Mühl, NJW 1960, 1133, 1136.

762 Auf die differenzierte Ausgestaltung des Verhältnisses zwischen den Grundstücksnachbarn weisen auch Brox, JA 1984, 182, 186 und Olzen, in: Staudinger, § 241 BGB, Rn. 414 als Argument für eine Einordnung des Nachbarschaftsverhältnisses als rechtliche Sonderverbindung bzw. als Schuldverhältnis hin.

des Titels über den Inhalt des Eigentums ein und normieren dort spezielle Sorgfaltspflichten für dieses Verhältnis.[763] Während sich allgemeine Eigentumsregelungen lediglich in den §§ 903, 904 BGB finden, hat der Gesetzgeber den Regelungen, die das Eigentum an Grundstücken betreffen, Platz in den §§ 905–924 BGB eingeräumt. In den Gesetzesmaterialien wird zwar betont, dass nicht alle das Grundstück betreffenden Beschränkungen nachbarrechtlicher Natur, das heißt Beschränkungen des einen Nachbarn zu Gunsten des anderen, seien.[764] Es kämen auch Beschränkungen vor, welche zugunsten eines Jeden lauteten, der durch seine Tätigkeit in den räumlichen Herrschaftsbezirk des Eigentümers hinüberwirke.[765] Das betrifft vor allem § 909 BGB, der sich nicht nur an den Grundstückseigentümer, sondern auch an den Bauunternehmer und den Architekten richtet.[766] Dies ändert indes nichts daran, dass die spezielle Regelungsbedürftigkeit aus der besonderen Situation des Zusammenliegens mehrerer Grundstücke resultiert, die eine „unveränderliche Lage" zueinander einnehmen und „Teil eines zusammenhängenden Ganzen" sind.[767] Jedenfalls in ihrer Gesamtschau und in praktischer Hinsicht betreffen die §§ 905 ff. BGB damit in erster Linie das nachbarliche Verhältnis. Nicht umsonst ist die Regelung des § 924 BGB, die einige der betreffenden Vorschriften einschließlich § 909 BGB in Bezug nimmt, überschrieben mit der „Unverjährbarkeit nachbarrechtlicher Ansprüche". Und auch in Rechtsprechung

---

763 Die besondere Ausgestaltung der Sorgfaltspflichten für das Nachbarschaftsverhältnis ist gerade Anlass für die Diskussion, ob es sich beim nachbarlichen Gemeinschaftsverhältnis um ein Schuldverhältnis handelt oder nicht. Hinweise auf die eingehende Regelung der nachbarrechtlichen Pflichten geben u.a. Mühl, NJW 1960, 1133, 1136 (mit dem Ergebnis, dass es sich um ein Schuldverhältnis handele); Heiseke, MDR 1961, 461, 465 (der die Einordnung als Schuldverhältnis ablehnt); Brox JA 1984, 182, 186.

764 Mugdan III 143.

765 Mugdan III 143; vgl. zu dieser grundsätzlichen Unterscheidung der Eigentumsbeschränkungen auch Althammer, in: Staudinger, Einleitung zu §§ 903 ff. BGB, Rn. 7 f.

766 Vgl. BGH, NJW 1983, 872, 873; NJW 1996, 3205, 3206; Berger, in: Jauernig, § 909 BGB, Rn. 3; Brückner, in: MüKoBGB, § 909 BGB, Rn. 45; mit dieser Begründung lehnt Brox, JA 1984, 182, 186 (mit Verweis auf BGH, NJW 1960, 335) die generelle Einordnung der nachbarlichen Pflichten als solche eines Schuldverhältnisses ab.

767 Vgl. Mugdan III 142 (Zitat in heutiger Rechtschreibung widergegeben); vgl. hierzu auch Althammer, in: Staudinger, Einleitung zu §§ 903 ff. BGB, Rn. 8.

und Literatur ist ausdrücklich vom „Nachbarrecht"[768] oder Teil der „nachbarrechtlichen Sonderregelungen"[769] die Rede.

Der Einwand, dass die Pflicht, andere nicht zu schädigen, gegenüber jedem Dritten bestehe,[770] trifft zwar zu, wird aber für die Nachbarschaftskonstellation bereits im BGB differenzierter geregelt. Darüber hinaus wurden weitere spezielle Regelungen in den Nachbarrechtsgesetzen der Länder getroffen.

Ein besonderes Bedürfnis und dahingehendes Interesse der Nachbarn, dafür Sorge zu tragen, dass der jeweils andere nicht geschädigt wird, scheint aufgrund der nachbarrechtlichen gesetzlichen Regelungen daher zumindest nicht ganz fernliegend.

(2) Besondere Interessenlage im Nachbarschaftsverhältnis

Das nachbarliche Gemeinschaftsverhältnis und die aus ihm folgenden Rücksichtnahmepflichten gehen noch über die gesetzlichen Regelungen im BGB hinaus.[771] Ziel ist die Schaffung eines gerechten Interessenausgleichs, den die §§ 905 ff. BGB im Einzelfall nicht herbeiführen können.[772] Bedarf hierfür besteht aufgrund der besonderen nachbarlichen Interessenlage,[773] die durch Rechtskreisüberschneidungen und damit einhergehenden verstärkten Möglichkeiten zur Einwirkung auf das jeweilige Nachbar-

768 S. bspw. Althammer, in: Staudinger, Einleitung zu §§ 903 ff. BGB, Rn. 8; Brückner, in: MüKoBGB, § 903 BGB, Rn. 59; Brox, JA 1984, 182.

769 S. bspw. BGH, NJW 2003, 1392; BeckRS 2018, 28296, Rn. 11; OLG Saarbrücken, BeckRS 2007, 1483; OLG Köln, BeckRS 2011, 19837; Brückner, in: MüKoBGB, § 903 BGB, Rn. 39.

770 Brox, JA 1984, 182, 187; sich ihm anschließend Boisserée, S. 47, Fuchs, S. 211 f.

771 S. etwa BGH, NJW 1995, 2633, 2635; NJW-RR 2008, 610, Rn. 19; Ring, in: Ring/Grziwotz/Keukenschrijver, § 903 BGB, Rn. 84 ff. mit Beispielen aus der Rechtsprechung; Althammer, in: Staudinger, § 903 BGB, Rn. 15; vgl. auch Heiseke, MDR 1961, 461, 465; Schubert, in: MüKoBGB, § 242 BGB, Rn. 217; Fritzsche, in: BeckOK BGB, § 903 BGB, Rn. 36.

772 Ring, in: Ring/Grziwotz/Keukenschrijver, § 903 BGB, Rn. 86; siehe dazu die ständige Rechtsprechung: u.a. BGH, NJW 1995, 2633, 2635; NJW-RR 2008, 610, Rn. 19; vgl. auch Heiseke, MDR 1961, 461, 462; Brox, JA 1984, 182 ff.; Deneke, S. 47 ff., die untersucht, inwieweit trotz der Normen des öffentlichen und privaten Nachbarrechts noch ein Bedürfnis zur Anerkennung des nachbarlichen Gemeinschaftsverhältnisses besteht.

773 Vgl. hierzu Brox, JA 1984, 182; Schubert, in: MüKoBGB, § 242 BGB, Rn. 216; vgl. zu den besonderen nachbarlichen Interessen auch Deneke, S. 87 ff.; Krebs, S. 166, 233.

grundstück geprägt ist.[774] Dadurch, dass – wenn überhaupt – nur sehr eingeschränkte Möglichkeiten zum Schutz des eigenen Grundstücks und darüber hinaus keine Ausweichmöglichkeiten bestehen, wird das Konfliktpotential zwischen den Nachbarn zusätzlich verschärft.[775] Für ein „funktionierendes Miteinander" sind die Nachbarn daher auf gegenseitige Rücksichtnahme „angewiesen". Hieraus resultiert ein Vertrauen zwischen den Nachbarn, wechselseitig die Interessen des jeweils anderen zu berücksichtigen.[776] Das Vertrauensprinzip ist zwar – wie auch *Heiseke*[777] im Anschluss an die Ausführungen von *Larenz*[778] einwendet – ein allgemeiner Grundsatz, der vor allem im Straßenverkehr gegenüber jedermann herangezogen wird und damit auch wesentlicher Bestandteil des Deliktsrechts ist.[779] Hier beschränkt sich das Vertrauen auf gegenseitige Rücksichtnahme aber auf einen begrenzten und dem Gläubiger – zumindest in räumlicher Hinsicht – nahestehenden Personenkreis,[780] sodass vor allem in Anbetracht der hohen Einwirkungsmöglichkeiten von einer gegenüber beliebigen Dritten „verstärkten Vertrauensprägung"[781] ausgegangen werden kann.

Dieses Vertrauen besteht unabhängig davon, wie sich zwischen den Nachbarn bestehende Rücksichtnahmepflichten im Einzelfall äußern. Im Regelfall lassen sich aus dem nachbarlichen Gemeinschaftsverhältnis keine selbstständigen Ansprüche herleiten.[782] Ungeachtet dessen aber, ob dem

---

774 So Krebs, S. 233 zum Interesse der Nachbarn an der gegenseitigen Nichtschädigung. Er beschränkt seine Ausführungen allerdings nicht auf das nachbarliche Gemeinschaftsverhältnis, sondern bezieht sie auf alle „sachenrechtlichen Dauerbeziehungen". Die besondere Interessenlage thematisiert er darüber hinaus nicht mit Blick auf den vertraglichen Drittschutz; stattdessen möchte er mit seinen Ausführungen die Annahme einer Sonderverbindung begründen.

775 Vgl. Krebs, S. 233; vgl. auch Deneke, S. 87 f.

776 Vgl. Schubert, in: MüKoBGB, § 242 BGB, Rn. 216, 81; „ein gewisses Vertrauen in den anderen" räumt auch Heiseke, MDR 1961, 461, 464 ein.

777 Heiseke, MDR 1961, 461, 464 bezieht sich hierbei allerdings nicht auf das Gläubigerinteresse, sondern tritt den Ausführungen Dölles, ZgS 1943, 67, 74 entgegen, wonach bei bewussten Berührungen der Rechtsgütersphären einander ein besonderes Vertrauen entgegengebracht werde, das die Begründung von Erhaltungspflichten rechtfertige.

778 Larenz, MDR 1954, 515, 517.

779 Zum Vertrauensgrundsatz vgl. etwa BGH, NJW 1954, 1493, 1494; NJW-RR 2017, 478, Rn. 27; Wagner, in: MüKoBGB, § 823 BGB, Rn. 426 ff. m.N.

780 Vgl. in diese Richtung auch noch Heiseke, MDR 1961, 461, 464 f.

781 Schubert, in: MüKoBGB, § 242 BGB, Rn. 216.

782 BGH, NJW 1984, 729, 730; NJW-RR 2013, 650, 651, Rn. 6; Brückner, in: MüKoBGB, § 903 BGB, Rn. 40 m.w.N.; Ring, in: Ring/Grziwotz/Keukenschrijver, § 903 BGB, Rn. 85.

nachbarlichen Gemeinschaftsverhältnis eine hauptsächlich einschränkende und ausgleichende Wirkung zugesprochen wird[783] (was regelmäßig auch zutrifft), folgt aus der räumlichen Beziehung zueinander eine erhöhte wechselseitige „Ausgeliefertheit" und „Abhängigkeit"[784] voneinander. Konflikte drohen zu einer nachhaltigen Beeinträchtigung des Rechtsfriedens zu führen.[785] Das Interesse am gegenseitigen Schutz der Nachbarn ist daher stärker ausgeprägt als das „allgemeine Präventionsinteresse", also das allgemeine gegenüber jedermann bestehende Interesse, Dritte nicht zu schädigen.[786]

Das Argument der lediglich beschränkenden Wirkung des nachbarlichen Gemeinschaftsverhältnisses greift daher nicht; zumal die Rechtsprechung selbst diesen Grundsatz relativiert, indem sie ausführt, dass das nachbarliche Gemeinschaftsverhältnis „im Allgemeinen"[787] oder „in der Regel"[788] keine selbstständigen Ansprüche begründe. Ausnahmsweise bejaht der Bundesgerichtshof auch Handlungspflichten,[789] sodass sich die Rücksichtnahmepflicht auf ein Dulden, Unterlassen oder Handeln beziehen kann.[790] Letztlich hängt die Anwendung des Grundsatzes von Treu und Glauben auf das nachbarliche Gemeinschaftsverhältnis nach ständiger Rechtsprechung stets davon ab, ob ein Ausgleich der widerstreitenden Interessen dringend geboten erscheine.[791] Das nachbarliche Gemeinschaftsverhältnis ist also gerade Ausdruck einer speziellen zwischen den Nachbarn bestehenden Interessenlage, die es unter Umständen zu berücksichtigen gilt. Unabhängig von der rechtlichen Qualifikation der Rücksichtnah-

---

783 Vgl. BGH, NJW 1965, 389, 391; NJW 2011, 3294, Rn. 7; NJW-RR 2013, 650, Rn. 6; vgl. Hodes, NJW 1965, 539, 540; Boisserée, S. 45 f.; Fuchs, S. 211, die aufgrund der nur einschränkenden und ausgleichenden Wirkung des nachbarlichen Gemeinschaftsverhältnisses eine Schutzwirkung des Bauvertrages zugunsten des Nachbarn ablehnen.

784 Vgl. zu dieser Situation im Nachbarschaftsverhältnis Krebs, S. 233.

785 Krebs, S. 233.

786 Vgl. Krebs, S. 233, allerdings mit dem Ergebnis, dass zwischen den Nachbarn eine Sonderverbindung bestehe.

787 S. etwa BGH, NJW 1965, 389, 391.

788 S. etwa BGH, NJW-RR 2013, 650, Rn. 6; kritisch zu dieser „Aufweichung" Lemke, in: PWW-BGB, § 903 BGB, Rn. 15.

789 BGH, NJW 1977, 1447, 1448; NJW-RR 2013, 650, 651, Rn. 6; NJW-RR 2019, 78, Rn. 11; ablehnend hierzu Lemke, in: PWW-BGB, § 903 BGB, Rn. 15.

790 Ring, in: Ring/Grziwotz/Keukenschrijver, § 903 BGB, Rn. 85; Vgl. auch Brückner, in: MüKoBGB, § 903 BGB, Rn. 40; Wilhelmi, in: Erman BGB, § 906 BGB, Rn. 74.

791 So z.B. BGH, NJW 1965, 389, 391; NJW 2003, 1392; NJW-RR 2013, 650, Rn. 6; jeweils m.w.N.; kritisch Lemke, in: PWW-BGB, § 903 BGB, Rn. 15.

mepflichten als Schutzpflichten im Sinne des § 241 Abs. 2 BGB, kann das nachbarliche Gemeinschaftsverhältnis daher Grundlage eines besonderen Interesses des Bauherrn am Schutz des Nachbarn sein.[792]

(3) Dauerhaftigkeit des Nachbarschaftsverhältnisses

Hierfür spricht auch die Dauerhaftigkeit der Beziehung,[793] die entgegen einer engeren früheren Auffassung[794] heute jedenfalls nicht mehr als Grundvoraussetzung für die Begründung eines besonderen Innenverhältnisses zwischen Gläubiger und Drittem angesehen wird.[795] Es handelt sich beim nachbarlichen Verhältnis zwar nicht um ein Dauerverhältnis aufgrund einer persönlichen Beziehung. Anders als bei verwandtschaftlichen Beziehungen kann das nachbarliche Verhältnis zeitlich beschränkt sein; eine unbegrenzte Dauer war allerdings auch nach der früher vertretenen Ansicht[796] nicht erforderlich. Anderenfalls hätte im Falle arbeitsrechtlicher Verhältnisse kein Dauerverhältnis angenommen werden können, obwohl diese eine Fürsorgepflicht im herkömmlichen Sinne begründen und damit dem klassischen Anwendungsbereich des Vertrages mit Schutzwirkung zugunsten Dritter unterfallen. Abgestellt wurde gerade auf ein „Arbeitsverhältnis von längerer Dauer".[797] Ebenso ist das nachbarliche Gemeinschaftsverhältnis von längerer Dauer.

Es ist daher geeignet, ein Näheverhältnis zwischen den Nachbarn zu begründen, das Grundlage eines Gläubigerinteresses sein kann.[798]

792 Im Ergebnis so wohl auch Inhuber, in: Motzke/Bauer/Seewald, § 12, Rn. 230; a.A. wohl Boisserée, S. 45 f.; Fuchs, S. 211.

793 Zur Dauerbeziehung zwischen Nachbarn s. Krebs, S. 232 ff.

794 Vgl. RGZ 127, 218, 224; s. auch BGH, NJW 1956, 1193, 1194 und hierzu van Eickels, S. 70 f.

795 Gottwald, in: MüKoBGB, § 328 BGB, Rn. 185; Hadding, in: Soergel, Anh. § 328 BGB, Rn. 15; Klumpp, in: Staudinger, § 328 BGB, Rn. 118; s. auch van Eickels, S. 70 f.

796 Vgl. RGZ 127, 218, 224: „Arbeitsverhältnis von längerer Dauer"; BGH, NJW 1956, 1193, 1194.

797 RGZ 127, 218, 224; vgl. ähnlich BGH, NJW 1956, 1193, 1194.

798 Vgl. zu Quellen aus der Rechtsprechung, die ebenfalls zu dem Ergebnis gelangen, dass ein nachbarliches Gemeinschaftsverhältnis ein Gläubigerinteresse begründen kann, Fn. 714; im Ergebnis so auch Puhle, S. 70 ff.; Inhuber, in: Motzke/Bauer/Seewald, § 12, Rn. 230; a.A. Boisserée, S. 44 ff.; Fuchs, S. 210 ff.; Ziegltrum, S. 165 f.; Saller, in: Grziwotz/Lüke/Saller, 3. Teil, Rn. 239.

cc) Rückgriff auf gesetzliche Tatbestände

(1) Notwendigkeit der Heranziehung einer gesetzlichen Regelung?

Zur Begründung des Gläubigerinteresses wurde neben dem nachbarlichen Gemeinschaftsverhältnis zum Teil zusätzlich auf die Regelungen des § 909 BGB[799] oder der §§ 921, 922 BGB[800] zurückgegriffen. Bei Betrachtung der Schäden, die typischerweise und in den häufigsten Fällen am Nachbarbauwerk auftreten, wird eine solche gesetzliche Regelung zwar häufig, nicht aber ausnahmslos gegeben sein.

Dass die nachbarlichen Rücksichtnahmepflichten über die Regelungen der §§ 905 ff. BGB hinausgehen, ist anerkannt.[801] Gerade der Umstand, dass die §§ 905 ff. BGB in einigen Fällen nicht ausreichen, um einen nachbarlichen Interessenausgleich herzustellen, erfordert die Anerkennung außergesetzlicher Rücksichtnahmepflichten.[802] So formuliert der Bundesgerichtshof in ständiger Rechtsprechung, dass eine Rücksichtnahmepflicht zur Anwendung kommen könne, wenn ein „über die gesetzlichen Regelungen hinausgehender" billiger Ausgleich der widerstreitenden Interessen dringend geboten erscheine.[803]

Fraglich ist allerdings, ob dies bedeutet, dass es zur Begründung von Rücksichtnahmepflichten überhaupt keiner gesetzlichen Grundlage bedarf, oder ob zumindest ein gesetzlicher Tatbestand erforderlich ist, an den, wenn auch nicht direkt, so aber doch mit Hilfe einer weiten Auslegung oder einer analogen Anwendung, angeknüpft werden kann.[804]

Der Bundesgerichtshof nimmt Rücksichtnahmepflichten auch ohne gesetzliche Verankerung an.[805] Ausführungen dahingehend, dass gesetzliche Regelungen und nicht das nachbarliche Gemeinschaftsverhältnis Grundlage der Entscheidung sein müssten, relativierte der Bundesgerichtshof,

---

799 So das KG, IBRRS 2003, 2417.

800 So das OLG Düsseldorf, NJW 1965, 539.

801 So ausdrücklich Brox, JA 1984, 182, 183 f.; Westermann/Gursky/Eickmann, § 61, Rn. 41; Ring, in: Ring/Grziwotz/Keukenschrijver, § 903 BGB, Rn. 84; vgl. auch Schubert, in: MüKoBGB, § 242 BGB, Rn. 217; Fritzsche, in: BeckOK BGB, § 903 BGB, Rn. 36.

802 Vgl. etwa Brox, JA 1984, 182, 183 f.; Ring, in: Ring/Grziwotz/Keukenschrijver, § 903 BGB, Rn. 84.

803 S. etwa BGH, DNotZ 2003, 531, 532 m.w.N.; NJW 2004, 1037, 1038.

804 Vgl. hierzu Brox, JA 1984, 182, 183 f.; vgl. auch Westermann, Sachenrecht (7. Auflage 1998), § 62, S. 514 f.

805 Vgl. etwa BGH, NJW-RR 2012, 1160; vgl. so auch Brox, JA 1984, 182, 183 f. mit Rechtsprechungsnachweisen.

indem er nachschob, dass die Beschränkung an sich bestehender Eigentümerrechte aus dem nachbarlichen Gemeinschaftsverhältnis heraus eine durch zwingende Gründe erforderte Ausnahme sein müsse.[806] *Brox*[807] weist darauf hin, dass bereits der vom Reichsgericht[808] angenommene Ausgleichsanspruch für Beeinträchtigungen aufgrund einer damals noch fehlenden gesetzlichen Regelung keine Grundlage im Gesetz finden konnte. Auch wenn der Ausgleichsanspruch nun in § 906 Abs. 2 S. 2 BGB normiert ist, bejaht der Bundesgerichtshof nach wie vor Rücksichtnahmepflichten auf der Grundlage des nachbarlichen Gemeinschaftsverhältnisses.[809] So nahm er beispielsweise Ankündigungspflichten an, ohne dass diese im Gesetz irgendeinen Anhalt finden würden.[810]

Dieser Vorgehensweise ist zuzustimmen. Zur sachgerechten Behandlung nachbarrechtlicher Beziehungen ist es erforderlich, dass die Parteien auch jenseits der durch das Gesetz geregelten Tatbestände zu gegenseitiger Rücksichtnahme verpflichtet werden.[811] Anders ließen sich – mangels abschließender gesetzlicher Regelungen für das Nachbarverhältnis –[812] nicht sämtliche Konfliktsituationen interessengerecht lösen, was dem nachbarlichen Rechtsfrieden entgegenstünde. Freilich ist zunächst auf gesetzliche Vorschriften zurückzugreifen.[813] Lassen diese sich aber nicht dergestalt anpassen, dass interessengerechte Lösungen zu erzielen sind, können aus dem nachbarlichen Gemeinschaftsverhältnis als Ausprägung des Grundsatzes von Treu und Glauben außergesetzliche Rücksichtnahmepflichten folgen.[814]

In der Konsequenz müsste dies bedeuten, dass ein Gläubigerinteresse selbst dann aus dem nachbarlichen Gemeinschaftsverhältnis hergeleitet werden kann, wenn darüber hinaus kein Rückgriff auf gesetzliche Vor-

---

806 BGH, BeckRS 1951, 31202088; vgl. hierzu Brox, JA 1984, 182, 183.

807 Brox, JA 1984, 182, 183.

808 RGZ 154, 161.

809 Vgl. hierzu Westermann/Gursky/Eickmann, § 61, Rn. 43; vgl. auch Brox, JA 1984, 182, 183 ff.

810 BGH, NJW-RR 2012, 1160: Pflicht zur Ankündigung von Abrissarbeiten, die so rechtzeitig erfolgen müsse, dass sie den Grundstücksnachbarn in die Lage versetzen, eigene Stützmaßnahmen zu treffen.

811 So auch Westermann/Gursky/Eickmann, § 61, Rn. 43; Brox, JA 1984, 182, 184.

812 S. hierzu Deneke, S. 47.

813 Westermann, Sachenrecht (7. Auflage 1998), § 62, S. 515; so auch Brox, JA 1984, 182, 184.

814 So auch Westermann, Sachenrecht (7. Auflage 1998), § 62, S. 515; Brox, JA 1984, 182, 184; vgl. auch Westermann/Gursky/Eickmann, § 61, Rn. 43.

schriften möglich ist.[815] Zuzugeben ist allerdings, dass ein so begründetes Interesse am Schutz des Nachbarn sehr abstrakt ist und nur eine schwache Grundlage zur Begründung des Drittschutzes sein kann. Lassen sich die allgemeinen Rücksichtnahmepflichten des nachbarlichen Gemeinschaftsverhältnisses dagegen auf konkrete gesetzliche Grundlagen stützen, führt dies zu substanzielleren Ergebnissen.

Bei Heranziehung ausschließlich des nachbarlichen Gemeinschaftsverhältnisses hat daher eine besonders sorgfältige Prüfung dahingehend zu erfolgen, ob die Umstände des Einzelfalles auf ein besonderes Interesse am Nachbarschutz hinweisen. Dieses kommt von vornherein nur bei solchen Gefahren in Betracht, die aus den nachbarschaftsspezifischen verstärkten Einwirkungsmöglichkeiten folgen und gerade Anlass für eine gesteigerte nachbarliche Rücksichtnahme sind.

Dennoch stellt der Rückgriff ausschließlich auf das nachbarliche Gemeinschaftsverhältnis nur einen „Notanker" für das Gläubigerinteresse dar. Ausschließlich in Fällen, in denen die sonstigen Vertragsumstände einen außergewöhnlich starken Bezug des Nachbarn zu den vom Bauvertrag ausgehenden Gefahren erkennen lassen und darüber hinaus vertragliche Anhaltspunkte gegeben sind, die auf ein Interesse am Schutz des Nachbarn hindeuten, kann dieser „Notanker" als Indiz für eine drittschützende Wirkung des Vertrages ausreichen. Zu betrachten ist vor allem die Intensität bestimmungsgemäßer Leistungsnähe. Im Sinne einer angemessenen Haftungsbegrenzung sind hierbei sehr strenge Maßstäbe anzulegen.[816] Parallel zur ständigen Rechtsprechung zum nachbarlichen Gemeinschaftsverhältnis muss es sich mit Blick auf die nachbarrechtlichen Sonderregelungen um eine „eng begrenzte Ausnahme" handeln.[817]

Denkbar ist dies beispielsweise in Fällen, in denen auf Bauverbindungsteile eingewirkt wird.

---

815 Im Ergebnis so auch das OLG Koblenz, NJW-RR 2000, 544, das ausführt, dass sich Schutzpflichten unabhängig von den gesetzlichen Vorschriften aus dem nachbarrechtlichen Gemeinschaftsverhältnis ergäben; im Ergebnis so auch KG, IBRRS 2015, 0388.

816 Vgl. zur engen Auslegung des vertraglichen Drittschutzes S. 76 m.N.

817 Vgl. BGH, NJW 2019, 78, Rn. 11; vgl. auch BGH, DNotZ 2003, 531, 532; NJW-RR 2012, 1160, Rn. 20.

(2) Gläubigerinteresse auf der Grundlage des § 909 BGB

In den klassischen – und in der Praxis wohl mit am häufigsten auftretenden – Nachbarschädigungsfällen wird das Gläubigerinteresse aus dem nachbarlichen Gemeinschaftsverhältnis in Verbindung mit § 909 BGB folgen. Dieser verbietet ausdrücklich solche Vertiefungen, durch die der Boden des Nachbargrundstücks die erforderliche Stütze verliert. Ein besonderes Gläubigerinteresse kann auf dieser Grundlage angenommen werden.

Ein Interesse an der Einbeziehung des Nachbarn alleine mit der Regelung des § 909 BGB zu begründen, so wie es etwa das Kammergericht[818] gemacht hat, überzeugt dagegen nicht.

§ 909 BGB richtet sich nicht nur an den Bauherrn, sondern an jeden, der an der Vertiefung mitwirkt, also beispielsweise auch an den vertiefenden Bauunternehmer oder den Architekten.[819] Diese Personen sind aber nicht Teil des nachbarlichen Gemeinschaftsverhältnisses;[820] denn allein der Bauherr bestimmt die Nutzungsart des Grundstücks, von der möglicherweise Beeinträchtigungen ausgehen.[821] Sein Entschluss darüber, ob und wie er sein Grundstück bebauen lässt, bestimmt die Gefahren für das Nachbargrundstück.[822] Bauunternehmer und Architekt sind dagegen frei austauschbar.

Gesteigerte Rücksichtnahmepflichten, die zwingende Grundlage des Gläubigerinteresses sind, bestehen daher ausschließlich zwischen den Nachbarn. Nur in Verbindung mit den Grundsätzen des nachbarlichen

---

818 KG, IBRRS 2003, 2417; zwar stellte das KG auch auf das nachbarliche Gemeinschaftsverhältnis ab. Es führt jedoch aus, dass sich „unabhängig davon“ auch wegen der Verbotsnorm des § 909 BGB ein besonderes Interesse des Bauherrn an der Einbeziehung des Nachbarn ergebe. Da ein nachbarliches Gemeinschaftsverhältnis vorlag, ist die Annahme eines Gläubigerinteresses im Ergebnis richtig.

819 BGH, NJW 1983, 872, 873 (Architekt); NJW 1996, 3205, 3206; Berger, in: Jauernig, § 909 BGB, Rn. 3; Brückner, in: MüKoBGB, § 909 BGB, Rn. 45 m.w.N.; mit dieser Begründung lehnt Brox, JA 1984, 182, 186 f. die Einordnung des § 909 BGB als schuldrechtliche Pflicht ab, auf die § 278 BGB anwendbar wäre.

820 BGH, NJW 2010, 3158, Rn. 15 für den Bauunternehmer; vgl. auch Lemke, in: PWW-BGB, § 903 BGB, Rn. 14.

821 So zum Ausgleichsanspruch nach § 906 Abs. 2 S. 2 BGB analog: BGH, NJW 2010, 3158, Rn. 16 m.w.N.; vgl. auch BGH, NJW 1979, 164, 165.

822 Vgl. BGH, NJW 2010, 3158, Rn. 16 zum Ausgleichsanspruch nach § 906 Abs. 2 S. 2 BGB analog: Nicht der Einsatz des Bauunternehmers, sondern das Interesse des Nachbarn an der Bebauung des Grundstücks nötige den Eigentümer zum Nachgeben und könne den Nachbarn zum Ausgleich verpflichten.

Gemeinschaftsverhältnisses ist § 909 BGB ausreichende Grundlage eines Gläubigerinteresses.

(3) Gläubigerinteresse auf der Grundlage der §§ 921, 922 BGB

Nach § 921 BGB wird vermutet, dass die Grundstückseigentümer zur Benutzung der Grenzeinrichtungen gemeinschaftlich berechtigt sind. Konkretisierungen für das gemeinschaftliche Nutzungsrecht und die Unterhaltung enthält § 922 BGB.[823] Dessen Satz 4 verweist für das Rechtsverhältnis zwischen den Nachbarn auf die Vorschriften über die Gemeinschaft.[824] Aus diesen gesetzlichen Wertungen ergibt sich unzweifelhaft ein besonderes Näheverhältnis zwischen den Grundstücksnachbarn.[825]

(4) Gläubigerinteresse auf der Grundlage des § 906 BGB

§ 906 Abs. 1 S. 1 BGB bestimmt, dass der Eigentümer eines Grundstücks die von einem anderen Grundstück ausgehenden Einwirkungen insoweit nicht verbieten darf, als die Einwirkung die Benutzung seines Grundstücks nicht oder nur unwesentlich beeinträchtigt. Einwirkungen, die zu wesentlichen Beeinträchtigungen führen, sind dagegen im Umkehrschluss grundsätzlich nicht zu dulden (zu beachten ist insofern allerdings § 906 Abs. 2 S. 1 BGB).[826] Neben der Zuführung von Gasen, Dämpfen, Gerüchen, Rauch, Ruß, Wärme und Geräuschen werden im Gesetz ausdrücklich Erschütterungen als Einwirkungen benannt. Möglicherweise kann ein Gläubigerinteresse im Falle der Erschütterungsschäden daher auf § 906 BGB gestützt werden.

Das Vorliegen einer wesentlichen Beeinträchtigung wird regelmäßig zu bejahen sein, wenn infolge der Erschütterungen Schäden an einem Nachbargebäude eintreten.[827]

---

823 S. Brückner, in: MüKoBGB, § 922 BGB, Rn. 1.

824 Dazu, dass § 922 S. 4 BGB im Falle einer gemeinsamen Grenzeinrichtung für die Annahme eines Schuldverhältnisses zwischen den Nachbarn herangezogen wird, vgl. S. 201 f. m.N.

825 OLG Düsseldorf, NJW 1965, 539, 541.

826 Brückner, in: MüKoBGB, § 906 BGB, Rn. 66.

827 BGH, NJW 1999, 1029, 1030 m.w.N.; so für schädigende Immissionen im Allgemeinen Fritzsche, in: BeckOK BGB, § 906 BGB, Rn. 51; Brückner, in: MüKoBGB, § 906 BGB, Rn. 77; jeweils m.w.N.

Dennoch spricht der umfassende Anwendungsbereich des § 906 BGB gegen die Herleitung eines Gläubigerinteresses auf der Grundlage dieser Regelung.

§ 906 BGB wird als „Generalnorm des zivilrechtlichen Nachbarschutzes"[828] bezeichnet. Zweck der Vorschrift ist die Herstellung eines Interessenausgleichs zwischen den Grundstücksnachbarn.[829]

Hierbei geht es nicht nur um die Abwehr solcher Einwirkungen, die zu Sachschäden führen können, sondern um die Abwehr all jener Einwirkungen, die die Grundstücksnutzung nicht nur unwesentlich beeinträchtigen (vgl. § 906 Abs. 1 S. 1 BGB). Erfasst werden beispielsweise auch solche Einwirkungen, die das „gesundheitliche Wohlbefinden" stören oder ein „körperliches Unbehagen" hervorrufen.[830]

§ 906 BGB stützt sich im Wesentlichen auf unbestimmte Rechtsbegriffe.[831] Für eine Duldungspflicht wird auf eine „unwesentliche Beeinträchtigung" abgestellt. Nach Absatz 2 Satz 1 sind „wesentliche Beeinträchtigungen" zu dulden, wenn sie durch eine „ortsübliche Benutzung" des anderen Grundstücks herbeigeführt werden und nicht durch Maßnahmen verhindert werden können, die Benutzern dieser Art wirtschaftlich „zumutbar" sind. Diese offene Ausgestaltung des § 906 BGB gewährleistet eine umfassende Berücksichtigung aller widerstreitenden Interessen, die zum Ausgleich zu bringen sind.[832] Zur Begründung eines besonderen Gläubigerinteresses, das geeignet ist, die vertragliche Schutzwirkung auf einen Dritten zu erstrecken, ist die Norm dagegen zu unbestimmt.

Da bereits die bestimmungsgemäße Leistungsnähe des Nachbarn im Falle der Erschütterungsschäden nur schwach ausgeprägt ist, sind die An-

828 BT-Drs. 12/7425, 87; BGH, NJW 2014, 458, Rn. 8; Lemke, in: PWW-BGB, § 906 BGB, Rn. 1; Brückner, in: MüKoBGB, § 906 BGB, Rn. 1; Roth, in: Staudinger, § 906 BGB, Rn. 1 m.w.N.

829 BGH, NJW 2014, 458, Rn. 8 m.w.N.; Lemke, in: PWW-BGB, § 906 BGB, Rn. 1; Brückner, in: MüKoBGB, § 906 BGB, Rn. 1; Roth, in: Staudinger, § 906 BGB, Rn. 1 m.w.N.

830 BGH, NJW 1969, 1208, 1209 m.w.N.; vgl. auch Brückner, in: MüKoBGB, § 906 BGB, Rn. 68; Staudinger, in: HK-BGB, § 906 BGB, Rn. 3.

831 Vgl. Vieweg/Regenfus, in: juris-PK BGB, § 906 BGB, Rn. 10; vgl. zur Verwendung unbestimmter Rechtsbegriffe in § 906 BGB u.a. Vieweg, NJW 1993, 2570; Vieweg/Röthel, NJW 1999, 969.

832 Vieweg/Regenfus, in: juris-PK BGB, § 906 BGB, Rn. 10; vgl. auch Wilhelmi, in: Erman BGB, § 906 BGB, Rn. 1a, der § 906 nicht als „starre Norm", sondern als „anpassungsfähig" bezeichnet; Fritzsche, in: BeckOK BGB, § 906 BGB, Rn. 2: „flexible Norm"; zum Zweck des Interessenausgleichs vgl. die Nachweise in Fn. 829.

forderungen zur Begründung eines Gläubigerinteresses besonders hoch und können durch das nachbarliche Gemeinschaftsverhältnis und § 906 BGB aufgrund seines Charakters als Generalnorm nicht erfüllt werden.[833]

dd) „Räumliche Reichweite“ des nachbarlichen Gemeinschaftsverhältnisses

Wird ein Interesse am Schutz des Nachbarn aus dem nachbarlichen Gemeinschaftsverhältnis bejaht, stellt sich die Frage nach der „räumlichen Reichweite“ eines solchen Interesses. Der Bundesgerichtshof hat ein nachbarliches Gemeinschaftsverhältnis auch zwischen nicht unmittelbar angrenzenden Grundstücken angenommen.[834] Dies betraf zwar die Sonderkonstellation, dass durch die Parzellierung eines Grundstücks mehrere kleinere Grundstücke entstanden und aufgrund dessen zwischen den betreffenden Grundstücken keine unmittelbare Grenze mehr fortbestand; auch in sonstigen Fällen wird ein nachbarliches Gemeinschaftsverhältnis aber nicht nur zwischen unmittelbaren Nachbargrundstücken bestehen.[835] Die aus dem nachbarlichen Gemeinschaftsverhältnis resultierende Rücksichtnahmepflicht kommt nach der ständigen Rechtsprechung gerade dann zur Anwendung, wenn „über die gesetzlichen Regelungen hinausgehend“ ein Ausgleich widerstreitender Interessen geboten erscheint.[836] Bereits die gesetzlichen Regelungen beziehen sich aber nicht nur auf das direkte Nachbargrundstück, sondern richten sich nach dem Einwirkungskreis des jeweiligen Grundstücks;[837] dies muss dementsprechend auch für das nachbarliche Gemeinschaftsverhältnis insgesamt gelten. Außerdem besteht ein Bedürfnis zur gegenseitigen Rücksichtnahme zwischen den Nachbarn aufgrund der verstärkten Einwirkungsmöglichkeiten, die auch bei Drittnachbargrundstücken gegeben sein können.

---

833 Das KG, IBRRS 2015, 0388 bejahte in einem Fall, in dem Erschütterungsschäden auftraten, Schadensersatzansprüche aus einem Vertrag mit Schutzwirkung zugunsten Dritter. Das Gläubigerinteresse stützte es ausschließlich auf das nachbarliche Gemeinschaftsverhältnis.

834 BGH, NJW 2003, 1392, 1393.

835 So wohl auch Lemke, in: PWW-BGB, § 903 BGB, Rn. 16; Vieweg/Regenfus, in: jurisPK-BGB, § 906 BGB, Rn. 109.

836 S. z.B. BGH, NJW 2003, 1392, 1392; DNotZ 2003, 531, 532; NJW-RR 2012, 1160, Rn. 20.

837 Vgl. hierzu S. 78 ff. m.N.

Demzufolge beschränkt sich auch das Interesse des Bauherrn nicht zwangsläufig auf den Schutz ausschließlich des unmittelbaren Nachbarn. Dies darf allerdings nicht dazu führen, dass das Gläubigerinteresse und damit die Schutzwirkung des Bauvertrages zu weit ausgedehnt werden. Sicherzustellen ist dies vor allem durch die einschränkenden Auslegungskriterien der „Erkennbarkeit" und „Zumutbarkeit".[838] Bereits das Gläubigerinteresse darf aber nicht unzulässig ausgeweitet werden. Stets ist anhand der konkreten Umstände des Falles zu prüfen, inwieweit ein besonderes Interesse des Bauherrn am Schutz des Nachbarn noch angenommen werden kann. Je stärker die bestimmungsgemäße Leistungsnähe ausgeprägt ist, desto niedriger sind die Anforderungen an die Begründung eines Gläubigerinteresses. Handelt es sich beim Vertragsgegenstand um eine nachbarschützende Hauptleistungspflicht, so muss sich das Gläubigerinteresse auf den Schutz all jener Nachbarn beziehen, deren Schutz die Leistung zu dienen bestimmt ist, auch wenn die betreffenden Grundstücke in einiger Entfernung vom Baugrundstück gelegen sind.

Mit abnehmender Intensität der bestimmungsgemäßen Leistungsnähe steigt dagegen der Begründungsaufwand.

ee) Nachbarliches Gemeinschaftsverhältnis zum berechtigten Besitzer des Nachbargrundstücks

Die nachbarlichen Pflichten gelten nicht nur zugunsten des Grundstückseigentümers, sondern auch zugunsten des berechtigten Grundstückbesitzers.[839] Da dieser seine Rechtsposition unmittelbar vom Grundstückseigentümer ableitet, wird auch er Teil des nachbarlichen Gemeinschaftsverhältnisses, das zu wechselseitiger Rücksichtnahme verpflichtet.[840]

Ein besonderes Interesse an dessen Schutz wird daher unter denselben Voraussetzungen wie beim Grundstückseigentümer anzunehmen sein.

838 Vgl. hierzu S. 156 ff.

839 Vgl. hierzu die Nachweise in Fn. 637.

840 BGH, NJW 2014, 458, Rn. 8 (zum nachbarrechtlichen Ausgleichsanspruch gem. § 906 Abs. 2 S. 2 BGB analog); vgl. auch BGH, NJW-RR 2008, 610, 612.

4. Zwischenergebnis

Ein Gläubigerinteresse lässt sich in den Nachbarschädigungsfällen regelmäßig mit dem nachbarlichen Gemeinschaftsverhältnis in Verbindung mit § 909 BGB oder den §§ 921, 922 BGB begründen. Als alleinige Grundlage kann § 909 BGB nicht herangezogen werden.

Auch eine Herleitung ausschließlich aus dem nachbarlichen Gemeinschaftsverhältnis ist nur in absoluten Ausnahmekonstellationen möglich, in denen die sonstigen Vertragsumstände einen besonders starken Bezug zum Nachbarn aufweisen.

III. Erkennbarkeit und Zumutbarkeit

Haftungsrisiken müssen für den Schuldner stets überschaubar und kalkulierbar sein, damit er sich ggf. versichern,[841] von einem Vertragsschluss Abstand nehmen[842] oder eine dem Haftungsrisiko entsprechende zusätzliche Vergütung verlangen kann[843]. Dies ist nur gewährleistet, wenn der Schuldner bereits bei Abschluss des Vertrages erkennen kann, welcher Personenkreis in den Schutzbereich des Vertrages einbezogen wird.[844] Er muss also erkennen können, welche Personen bestimmungsgemäß mit seiner Leistung oder den Gefahren des Schuldverhältnisses in Berührung kommen und auf welche Dritten sich ein besonderes Schutzinteresse des Gläubigers bezieht. Ausschließlich in diesem Fall ist es dem Schuldner zumutbar, ein Haftungsrisiko nicht nur gegenüber seinem Vertragspartner, sondern auch gegenüber Dritten zu tragen.[845]

---

841 BGH, NJW 1996, 2927, 2928; NJW 2004, 3035, 3038; Klumpp, in: Staudinger, § 328 BGB, Rn. 121; Gottwald, in: MüKoBGB, § 328 BGB, Rn. 190; Hadding, in: Soergel, Anh. § 328 BGB, Rn. 17; Westermann/Bydlinski/Weber, SchuldR AT, 16/13; Köndgen, Einbeziehung Dritter in den Vertrag, S. 6, 34; Saar, JuS 2000, 220, 224.

842 Saar, JuS 2000, 220, 224.

843 Köndgen, Einbeziehung Dritter in den Vertrag, S. 6, 34; Schinkels, in: jurisPK-BGB, § 328 BGB, Rn. 79.

844 Gottwald, in: MüKoBGB, § 328 BGB, Rn. 190; Klumpp, in: Staudinger, § 328 BGB, Rn. 121 mit Rechtsprechungsnachweisen; zweifelnd Schwerdtner, Jura 1980, 493, 498.

845 Klumpp, in: Staudinger, § 328 BGB, Rn. 121; Gottwald, in: MüKoBGB, § 328 BGB, Rn. 190; Hadding, in: Soergel, Anh. § 328 BGB, Rn. 17.

Der Schuldner muss weder die genaue Anzahl noch die Namen der Personen kennen, die geschützt werden sollen.[846] Entscheidend ist lediglich, dass der Personenkreis bestimmbar ist.[847]

1. Erkennbarkeit

a) Der Nachbar als erkennbar drittgeschützte Person

Von einer Erkennbarkeit der bestimmungsgemäßen Leistungsnähe wird auszugehen sein, wenn eine Hauptleistungspflicht gerade (auch) dem Zweck dient, Nachbargrundstücke und darauf befindliche Gebäude vor Schäden zu bewahren.

Auch bei Arbeiten an Bauverbindungsteilen oder der beabsichtigten Einwirkung auf das Nachbargrundstück wird regelmäßig erkennbar sein, dass der Nachbar infolge der Baumaßnahmen besonders gefährdet wird. Der betroffene Personenkreis lässt sich in diesen Konstellationen exakt bestimmen.

Ebenso ist das besondere Interesse des Bauherrn am Schutz des Nachbarn erkennbar. Bei nachbarschützenden Hauptleistungspflichten folgt das Gläubigerinteresse erkennbar aus dem mit den Leistungspflichten verfolgten Zweck.

Bei Arbeiten an Bauverbindungsteilen und bei der beabsichtigten Einwirkung auf das Nachbargrundstück lässt die besonders intensive Leistungsnähe das nachbarliche Gemeinschaftsverhältnis und das daraus resultierende Gläubigerinteresse deutlich in Erscheinung treten.

Daneben gibt es schwieriger zu bewertende Fälle:

b) Errichtung einer Nachbarwand

Nach § 9 Abs. 1 NachbG NRW ist die Nachbarwand in der für ihren Zweck erforderlichen Art und Dicke auszuführen. Die notwendige Be-

---

846 BGH, NJW 1987, 1758, 1760 mit zahlreichen weiteren Rechtsprechungsnachweisen; NJW 2004, 3035, 3038; Gottwald, in: MüKoBGB, § 328 BGB, Rn. 190; Klumpp, in: Staudinger, § 328 BGB, Rn. 121; Schulze, in: HK-BGB, § 328 BGB, Rn. 17; Harke, SchuldR AT, Rn. 435.

847 BGH, NJW 1958, 710, 711; NJW 2018, 1537, Rn. 23; Klumpp, in: Staudinger, § 328 BGB, Rn. 121; vgl. auch Schulze, in: HK-BGB, § 328 BGB, Rn. 17; Looschelders, SchuldR AT, § 9, Rn. 13.

schaffenheit der Wand richtet sich nach den Bauvorhaben von beiden Nachbarn.[848] Die Nachbarwand ist daher so zu errichten, dass sie dem Anbau beider geplanter Bauwerke genügt.[849] Das OLG Düsseldorf ist der Ansicht, dass diese Pflicht zur Setzung eines Giebelfundaments, das beiden Bauwerken genüge, im Wege ergänzender Vertragsauslegung dem Bauunternehmer des Erstbauenden als Nebenverpflichtung aufzuerlegen sei.[850]

Dies stößt auf Kritik. Ausgeführt wird, die Verantwortung dafür, dass die Kommunmauer diesen Anforderungen genüge, träfe nicht den Bauunternehmer, sondern obliege alleine und ausschließlich dem Ersterbauer, der die Mauer erstellen lasse, denn er sei bis zum Anbau der Alleineigentümer und später Miteigentümer der Kommunmauer, und er gebe dem Bauunternehmer die bindende Anweisung, in welcher Dicke, Höhe und Gründung die Mauer ausgeführt werden solle.[851] Ob und welche Vereinbarungen die Nachbarn diesbezüglich getroffen hätten und ob der Ersterbauer in seinem Bauplan sich daran halten wolle, könne der Bauunternehmer nicht wissen; er brauche sich darum auch nicht zu kümmern.[852] Er habe lediglich den ihm von seinem Bauherrn erteilten Auftrag auszuführen, ohne um die Interessen des Nachbarn besorgt sein zu müssen.[853]

Zutreffend ist, dass für den Bauunternehmer nicht ohne weiteres erkennbar ist, welche Vereinbarungen die Nachbarn untereinander getroffen haben. Übersehen wird aber, dass bereits das NachbG NRW Aussagen zur Ausführung der Nachbarwand enthält: Sie ist in der „für ihren Zweck erforderlichen Art und Dicke" auszuführen (§ 9 Abs. 1 NachbG NRW). Zweck ist der Anbau durch beide Nachbarn.[854] Steht noch nicht fest, wie das Nachbargrundstück bebaut werden soll, ist die Wand so zu errichten, dass sie dem Anbau zweier gleichartiger Bauwerke genügt; sie hat also die Anforderungen zu erfüllen, die notwendig sind, um ein gleiches Bauvorhaben wie das des Erstbauenden zu verwirklichen.[855] Treffen die Nachbarn keine Sondervereinbarungen hinsichtlich der Bauart der Nachbarwand, bzw. hat der Bauunternehmer hiervon keine Kenntnis, kann er davon

848 Stollenwerk, in: NachbG NRW, § 9 NachbG NRW.
849 Stollenwerk, in: NachbG NRW, § 9 NachbG NRW.
850 OLG Düsseldorf, NJW 1965, 539, 541.
851 Hodes, NJW 1965, 539, 540; der Kritik zustimmend OLG Frankfurt am Main, IBRRS 2007, 1691.
852 Hodes, NJW 1965, 539, 540; der Kritik zustimmend OLG Frankfurt am Main, IBRRS 2007, 1691.
853 Hodes, NJW 1965, 539, 540.
854 Vgl. Stollenwerk, in: NachbG NRW, § 9 NachbG NRW.
855 Stollenwerk, in: NachbG NRW, § 9 NachbG NRW.

ausgehen, dass die Nachbarwand der gesetzlichen Beschaffenheit entsprechend zu errichten ist. Diese Beschaffenheitsanforderungen sind für den Bauunternehmer erkennbar.

Anders stellt sich die Situation dar, wenn tatsächlich besondere Vereinbarungen unter den Nachbarn getroffen wurden. Auf Verlangen des Eigentümers des Nachbargrundstücks ist der Erbauer einer Nachbarwand verpflichtet, die Wand in einer solchen Bauart zu errichten, dass bei der Bebauung des Nachbargrundstücks zusätzliche Baumaßnahmen vermieden werden, § 9 Abs. 2 NachbG NRW. Dies betrifft den Fall, dass sich das Vorhaben des Nachbarn von dem des Erstbauenden unterscheidet und die Nachbarwand daher besondere Anforderungen erfüllen muss.[856] Solche Vereinbarungen der Nachbarn untereinander sind für den Bauunternehmer nicht erkennbar, wenn er hiervon nicht in Kenntnis gesetzt wird.

c) Sonstige Beeinträchtigungen

Kommt der Nachbar nicht planmäßig aufgrund der besonderen Baumstände mit den Vertragsleistungen in Berührung, ist von einer Erkennbarkeit jedenfalls dann auszugehen, wenn in den Vertragsunterlagen auf die betroffene Nachbarbebauung ausdrücklich Bezug genommen wird.[857]

Vor allem Gutachten, die auf entsprechende Gefahren für die Nachbarbebauung hindeuten, oder Beweissicherungsmaßnahmen über den Zustand der Nachbarbebauung, die in den Vertrag einbezogen werden, lassen sowohl eine besondere Gefährdungslage als auch ein Interesse des Bauherrn am Schutz des Nachbarn erkennen.[858]

Doch was ist, wenn im konkreten Fall solche eindeutigen Umstände fehlen, die auf eine Erkennbarkeit hindeuten? Ob der Schuldner eine mögliche Haftungsausdehnung vorhersehen und den Kreis geschützter Personen überblicken konnte, lässt sich dann nur schwer beurteilen.

Möglicherweise erfordert dies eine Feststellung der Zumutbarkeit anhand objektiver Kriterien.[859] Anstatt auf eine „Erkennbarkeit" abzustellen,

---

856 Stollenwerk, in: NachbG NRW, § 9 NachbG NRW.

857 Vgl. hierzu S. 112 ff.

858 Inhuber, in: Motzke/Bauer/Seewald, § 12, Rn. 230; zu einem Bestandsgutachten KG, IBRRS 2015, 0388.

859 So im Ergebnis Strauch, JuS 1982, 823, 827; ablehnend Westermann/Bydlinski/Weber, SchuldR AT, 16/13 (vgl. Fn. 33).

möchte *Strauch*[860] der Unkalkulierbarkeit des Haftungsrisikos mit einem Kriterium des „typischen Risikos“ entgegenwirken. Mit der Grundlage ergänzender Vertragsauslegung ist dies jedoch – wie *Strauch* selbst erkennt – keinesfalls in Einklang zu bringen.[861] Doch auch bei Annahme einer Rechtsfortbildung unter Rückgriff auf § 242 BGB kann nach herrschender Auffassung im Sinne der Rechtssicherheit nicht auf die Erkennbarkeit verzichtet werden.[862]

Zu berücksichtigen ist allerdings, dass es darauf, ob der Schuldner die bestimmungsgemäße Leistungsnähe des Dritten und das Interesse des Gläubigers an dessen Schutz tatsächlich erkannt hat, nicht ankommt. Erforderlich ist allein die Erkennbarkeit bei sorgfältiger und umsichtiger Betrachtung aller Vertragsumstände.[863]

Risiken, die typischerweise mit dem Vertragsverhältnis einhergehen, werden meist auch erkennbar sein. Denn insbesondere DIN-Normen werden oftmals auf besondere Gefahren für das Nachbargrundstück hinweisen.[864]

Nicht ausreichend ist die nur generelle Vorhersehbarkeit eines bestimmten Risikos, also etwa die Kenntnis des Bauunternehmers, dass sich seine Baumaßnahmen im Allgemeinen auf Nachbargrundstücke auswirken können.[865] Auch das Risikoausmaß, also der Kreis möglicher Anspruchsberechtigter muss erkennbar sein.[866] Kommen sehr viele Personen mit den Gefahren des Schuldverhältnisses in Berührung, muss der Schuldner den geschützten Personenkreis zwar nicht exakt bestimmen können,[867]

---

860 Strauch, JuS 1982, 823, 827, der generell – nicht nur im Falle fehlender äußerer Umstände – auf das Merkmal des „typischen Risikos“ abstellen möchte.

861 Strauch, JuS 1982, 823, 827; vgl. auch Medicus/Petersen, Bürgerliches Recht, Rn. 846.

862 So auch Sonnenschein, JA 1979, 225, 229; Gernhuber, Das Schuldverhältnis, S. 531; Hirth, S. 128; Saar, JuS 2000, 220; Zenner, NJW 2009, 1030, 1031; vgl. bspw. auch Gottwald, in: MüKoBGB, § 328 BGB, Rn. 190; Westermann/Bydlinski/Weber, SchuldR AT, 16/13.

863 Vgl. Puhle, S. 73: Die Erkennbarkeit sei nicht im Sinne einer subjektiven Vorhersehbarkeit zu verstehen, sondern als „objektive Möglichkeit des Erkennens“; Hirth, S. 129.

864 Vgl. hierzu S. 114.

865 Diesen Anschein erwecken aber die Entscheidungen des OLG Koblenz, NJW-RR 2000, 544; KG, IBRRS 2003, 2417.

866 Vgl. Gottwald, in: MüKoBGB, § 328 BGB, Rn. 190; Klumpp, in: Staudinger, § 328 BGB, Rn. 121; Schinkels, in: jurisPK-BGB, § 328 BGB, Rn. 79.

867 Vgl. BGH, NJW 1987, 1758, 1760; NJW 2004, 3035, 3038; Gottwald, in: MüKoBGB, § 328 BGB, Rn. 190; Klumpp, in: Staudinger, § 328 BGB, Rn. 121; Schulze,

dessen Umfang muss aber klar abgrenzbar und überschaubar sein.[868] Von einer eindeutig bestimmbaren Personengruppe wird in den Nachbarschädigungsfällen regelmäßig dann auszugehen sein, wenn zum Zeitpunkt des Vertragsschlusses besondere Gefahren für die unmittelbar angrenzenden Grundstücke und die darauf befindlichen Bauwerke vorhersehbar sind, die Zahl potentiell Betroffener aber beispielsweise deshalb sehr groß ist, weil die Grenzlinie der Baustelle besonders lang ist und es daher eine große Anzahl unmittelbarer Nachbargrundstücke gibt.

Schwieriger wird die Beurteilung bei der Betroffenheit von Drittnachbargrundstücken. Kann der Bauunternehmer abschätzen, wie weit die Auswirkungen der von ihm auszuführenden Baumaßnahmen reichen, kann er den Kreis möglicherweise Betroffener absehen. Da dieser bei bestimmten Bauleistungen sehr groß sein kann,[869] hat hier eine besonders strenge Prüfung zu erfolgen, was der Bestimmbarkeit und Erkennbarkeit aber nicht zwangsläufig entgegensteht.[870]

d) Erkennbarkeit des Haftungsrisikos im Falle der Anordnung

Für Bauverträge, die ab dem 01.01.2018 geschlossen wurden, räumt § 650b Abs. 2 S. 1 BGB dem Besteller ein Anordnungsrecht ein. § 650b Abs. 1 S. 1 BGB sieht vor, dass die Parteien im Falle des Änderungsbegehrens des Bestellers zunächst Einvernehmen über eine Änderung und die infolge der Änderung zu leistende Mehr- oder Mindervergütung anstreben.

Einigen die Parteien sich über eine Änderung des Vertragsinhaltes, kommt es für die Erkennbarkeit von bestimmungsgemäßer Leistungsnähe und Gläubigerinteresse auf den Zeitpunkt der Vertragsänderung an. War dem Bauunternehmer zu diesem Zeitpunkt eine zutreffende Einschätzung

in: HK-BGB, § 328 BGB, Rn. 17; Brox/Walker, SchuldR AT, § 33, Rn. 11; vgl. hierzu S. 157.

868 BGH, NJW 1958, 710, 711; NJW 1998, 1059, 1062; NJW 2018, 1537, Rn. 23; Schulze, in: HK-BGB, § 328 BGB, Rn. 17; Looschelders, SchuldR AT, § 9, Rn. 13; Joussen, SchuldR AT, Rn. 1217.

869 Vgl. hierzu die Darstellung besonders riskanter Baumaßnahmen für Nachbargrundstücke.

870 Vgl. generell so auch Klumpp, in: Staudinger, § 328 BGB, Rn. 122, der ausführt, dass das Kriterium der Bestimmbarkeit sich nicht an Quantitäten ausrichte (mit Rechtsprechungsnachweisen); Hadding, in: Soergel, Anh. § 328 BGB, Rn. 17; Janoschek, in: BeckOK BGB, § 328 BGB, Rn. 56; vgl. bereits Gernhuber, in: FS für A. Nikisch, S. 249, 271.

seines Haftungsrisikos möglich und hat er sich dennoch freiwillig auf eine Anpassung des Vertragsinhalts eingelassen, so steht außer Frage, dass ihm die Haftungserstreckung auf den Dritten ebenso zugemutet werden kann, wie wenn von vornherein ein Bauvertrag mit entsprechendem Inhalt geschlossen worden wäre.

Erzielen die Parteien 30 Tage nach Zugang des Änderungsbegehrens beim Unternehmer keine Einigung, kann der Besteller die Änderung nach § 650b Abs. 2 S. 1 BGB anordnen. Die Anordnung kann sich auf eine Änderung des vereinbarten Werkerfolges (§ 650b Abs. 1 S. 1 Nr. 1 BGB) oder auf eine Änderung, die zur Erreichung des vereinbarten Werkerfolgs notwendig ist (§ 650b Abs. 1 S. 1 Nr. 2 BGB), beziehen. Nach § 650b Abs. 2 S. 2 BGB ist der Unternehmer verpflichtet, der Anordnung des Bestellers nachzukommen, einer Anordnung nach § 650b Abs. 1 S. 1 Nr. 1 BGB jedoch nur, wenn ihm die Ausführung zumutbar ist.

Hiermit wird dem Besteller die Möglichkeit zur einseitigen Vertragsänderung gegeben[871] und von dem in § 311 Abs. 1 BGB geregelten Grundsatz abgewichen, dass zur Änderung des Inhalts eines Schuldverhältnisses ein Vertrag zwischen den Beteiligten erforderlich ist[872].

aa) Grundlage des Vertrages mit Schutzwirkung zugunsten Dritter im Falle der Anordnung

Da sich das Anordnungsrecht auf den Fall beschränkt, dass die Parteien keine Einigung über eine Änderung erzielen konnten (§ 650b Abs. 2 S. 1 BGB), ist bezüglich des geänderten Vertragsinhalts – sollte eine Schutzwirkung zugunsten Dritter anzunehmen sein – die Heranziehung einer ergänzenden Vertragsauslegung als Grundlage in Frage zu stellen. Ist für bestimmte Vertragsbestandteile keine vertragliche Einigung der Parteien zustande gekommen, könnte es an einem Anknüpfungspunkt für die ergänzende Auslegung fehlen.

Andererseits steht das Anordnungsrecht ausschließlich dem Besteller eines Bauvertrages zu. Zwar ordnet der Besteller die Änderung einseitig an; haben die Parteien sich aber über den Abschluss eines Bauvertrages ge-

871 Busche, in: MüKoBGB, § 650b BGB, Rn. 14; Mansel, in: Jauernig, § 650b BGB, Rn. 10; vgl. hierzu auch v. Rintelen, in: Messerschmidt/Voit, § 650b BGB, Rn. 1.

872 V. Rintelen, in: Kniffka Bauvertragsrecht, § 650b BGB, Rn. 1, vgl. auch ders., in: Messerschmidt/Voit, § 650b BGB, Rn. 1 f.; Kniffka/Retzlaff, BauR 2017, 1747, 1783.

einigt, ohne das Anordnungsrecht abzubedingen,[873] folgt das Anordnungsrecht und damit auch die Vertragsänderung mittelbar aus den Parteivereinbarungen.[874]

Sollte sich aus erstgenanntem Grunde dennoch keine ergänzende Vertragsauslegung vornehmen lassen, müsste eine Einbeziehung des Dritten in den Schutzbereich des Vertrages – ebenso wie im Falle des vorvertraglichen oder unwirksamen Schuldverhältnisses –[875] auf die Grundsätze von Treu und Glauben (§ 242 BGB) gestützt werden, wobei sich die heranzuziehenden Merkmale für eine Drittschutzerstreckung nicht voneinander unterscheiden.[876] Sowohl die bestimmungsgemäße Leistungsnähe als auch das Gläubigerinteresse müssen unabhängig von der heranzuziehenden Grundlage für den Schuldner erkennbar sein.

bb) Gefährdung des Nachbarn infolge der Anordnung

Problematisch ist dies, wenn der Nachbar erst infolge einer angeordneten Leistung bestimmungsgemäß mit den Gefahren des Schuldverhältnisses in Berührung kommt oder sich jedenfalls erst infolgedessen das Risiko der Schädigung des Nachbargrundstücks erhöht. In diesem Fall besteht für den Schuldner nicht mehr die Möglichkeit, aufgrund des erhöhten Risikos vom Vertragsschluss abzusehen. Doch gerade weil dem Schuldner ohne diese Möglichkeit nicht zugemutet werden kann, ein Haftungsrisiko auch gegenüber Dritten zu tragen, kommt es für die Erkennbarkeit grundsätzlich auf den Zeitpunkt des Vertragsschlusses an.[877] Da die risikobehaftete

---

873 In AGB wird eine Abbedingung des Anordnungsrechts allerdings wohl nicht möglich sein; vgl. so bspw. Leupertz, in: BeckOK BauVertrR, § 650b BGB, Rn. 88; Mundt, in: BeckOGK BGB, § 650b BGB, Rn. 228.

874 Vgl. ähnlich Orlowski, ZfBR 2016, 419, 435 zu der beim Architekten- und Ingenieurvertrag sich stellenden und vom Gesetzgeber offengelassenen Frage, ob über § 650p Abs. 2 S. 1 BGB-RegE (nun § 650q Abs. 2 S. 1 BGB) die Vorschrift des § 10 HOAI Anwendung finde. Orlowski bejaht dies mit der Begründung, dass die in § 10 HOAI vorausgesetzte Einigung der Parteien durch Abschluss des Architekten- oder Ingenieurvertrages antizipiert werde, auch wenn die konkrete Anordnung später einseitig durch den Besteller erfolge.

875 Vgl. hierzu S. 72.

876 Vgl. hierzu S. 73.

877 Vgl. BGH, NJW 2004, 3035, 3038; Klumpp, in: Staudinger, § 328 BGB, Rn. 121; Gottwald, in: MüKoBGB, § 328 BGB, Rn. 190; Gernhuber, Das Schuldverhältnis, S. 531; Medicus/Petersen, Bürgerliches Recht, Rn. 846; Joussen, SchuldR AT, Rn. 1216.

Leistung im Falle der Anordnung anfangs noch nicht zum Vertragsinhalt gehörte, konnte der Bauunternehmer das Risiko – jedenfalls in seiner konkreten Form – zu diesem Zeitpunkt unter Umständen noch nicht erkennen.

(1) Unzumutbarkeit der Anordnungsbefolgung

Ergeben sich infolge der Anordnung zusätzliche Risiken, könnte die Ausführung im Falle der Änderung des vereinbarten Werkerfolgs (§ 650b Abs. 1 S. 1 Nr. 1 BGB) unzumutbar sein, mit der Folge, dass der Bauunternehmer der Anordnung nicht nachkommen müsste (§ 650b Abs. 2 S. 2 Hs. 2 BGB).[878] Dann würde sich die Frage nach einer Erkennbarkeit im Falle der Anordnung nicht stellen.

Tatsächlich werden dem Bauunternehmer wohl nicht solche Leistungen einseitig auferlegt werden können, die das Ausführungsrisiko im Verhältnis zum Ausgangsvertrag unverhältnismäßig erhöhen.[879] Allerdings wird nicht jede Risikoerhöhung zu einer Unzumutbarkeit führen. Welche Leistungen dem Unternehmer zumutbar sind, richtet sich nach einer Interessenabwägung.[880] Die Gesetzesbegründung führt hierzu aus, dass einerseits zu berücksichtigen sei, dass der Unternehmer zu Leistungen verpflichtet werde, die nicht der ursprünglichen Vereinbarung der Parteien entsprächen.[881] Andererseits sei zu berücksichtigen, dass beide Vertragsparteien in dem Stadium der Abwicklung des Bauvertrages aneinander gebunden seien und ein Wechsel des Vertragspartners für den Besteller nur schwer-

878 Vgl. v. Rintelen, in: Kniffka Bauvertragsrecht, § 650b BGB, Rn. 49; ders., in: Messerschmidt/Voit, § 650b BGB, Rn. 50, der eine Unzumutbarkeit annimmt, wenn anstelle technisch problemloser Leistungen technisch unerprobte und eher risikobehaftete Leistungen ausgeführt werden sollten; vgl. allgemein zur Zumutbarkeit v. Rintelen, Kniffka Bauvertragsrecht, § 650b BGB, Rn. 43 ff.; Leupertz, in: BeckOK BauVertrR, § 650b BGB, Rn. 65; Busche, in: MüKoBGB, § 650b BGB, Rn. 11.

879 Vgl. v. Rintelen, Kniffka Bauvertragsrecht, § 650b BGB, Rn. 49; ders, in: Messerschmidt/Voit, § 650b BGB, Rn. 50, der die Aufbürdung eines erhöhten werkvertraglichen Erfolgsrisikos bei „technisch unerprobten und sehr risikobehafteten Leistungen“ für nicht zumutbar hält.

880 BT-Drs. 18/8486, 53 f.; vgl. hierzu etwa v. Rintelen, in: Kniffka Bauvertragsrecht, § 650b BGB, Rn. 43 ff.; Leupertz, in: BeckOK BauVertrR, § 650b BGB, Rn. 65 ff.; Busche, in: MüKoBGB, § 650b BGB, Rn. 11.

881 BT-Drs. 18/8486, 53.

lich möglich und mit hohen Kosten verbunden sei.[882] Als Zumutbarkeitskriterien beispielhaft genannt werden technische Möglichkeiten, die Ausstattung und Qualifikation des Bauunternehmers sowie betriebsinterne Vorgänge.[883]

Nach diesen Grundsätzen wird die Aufbürdung zusätzlicher Risiken auf den Bauunternehmer im Rahmen einer Interessenabwägung häufig in Kauf zu nehmen sein. Dies gilt vor allem, wenn es um die Anordnung von Bauleistungen geht, die der Bauunternehmer regelmäßig durchführt, da er sich insoweit nicht auf eine fehlende Qualifikation berufen kann.

Für die Anordnung einer Änderung nach § 650b Abs. 1 S. 1 Nr. 2 BGB stellt § 650b Abs. 2 BGB von vornherein nicht auf eine Zumutbarkeit ab.

Ist der Bauunternehmer daher verpflichtet, der Anordnung nachzukommen,[884] stellt sich die Frage, wie sich die nachträgliche Vertragsänderung auf die Erkennbarkeit auswirkt.

(2) Gleichbleibende Haftungsrisiken trotz Anordnung

Werden Gefahren für den Nachbarn, die mit dem ursprünglich vereinbarten Vertragsinhalt verbunden waren, infolge des geänderten Vertragsinhalts lediglich durch andere Gefahren ersetzt, ändert sich das zum Zeitpunkt des Vertragsschlusses erwartete Haftungsrisiko durch die Anordnung unter Umständen nicht. Für die Erkennbarkeit der bestimmungsgemäßen Leistungsnähe kann es nicht auf die Vorhersehbarkeit exakter Kausalverläufe ankommen, die zu einem Schadenseintritt führen; ausreichend muss entsprechend dem Zweck des Kriteriums der Erkennbarkeit eine generelle Vorhersehbarkeit und Abschätzbarkeit der Vertragsrisiken sein, weil in diesem Falle eine sachgerechte Entscheidung über den Abschluss eines Vertrages nicht beeinträchtigt wird.[885] Hiervon ist freilich nur auszugehen, wenn sich die „neuen“ Gefahren für den Nachbarn ihrer Art, Wahrscheinlichkeit und dem zu erwartenden Schädigungsgrad nach nicht wesentlich von den ursprünglichen Gefahren unterscheiden. Dies betrifft beispielsweise Fälle, in denen eine zunächst vorgesehene Ausführungsvari-

---

882 BT-Drs. 18/8486, 54.

883 BT-Drs. 18/8486, 53.

884 Vgl. zur Befolgungspflicht v. Rintelen, in: Kniffka Bauvertragsrecht, § 650b BGB, Rn. 165 ff.; Leupertz, in: BeckOK BauVertrR, § 650b BGB, Rn. 79 f.

885 Vgl. hierzu die oben gemachten allgemeinen Ausführungen zur „Erkennbarkeit“ und „Zumutbarkeit“.

ante zum Schutz des Nachbargrundstücks durch eine andere gleichwertige Variante ersetzt wird.

Die Anordnung der mehrmaligen Ausführung bestimmter bereits im Ausgangsvertrag enthaltener Leistungen führt absolut gesehen möglicherweise zu einer Risikosteigerung. Denn wird eine riskante Leistung nicht nur einmal, sondern infolge der Anordnung mehrmals erbracht, erhöht sich entsprechend das Risiko des Schadenseintritts. Für jede einzelne Ausführung bleibt das Risiko, auf das sich der Bauunternehmer bei Vertragsschluss eingelassen hat, aber gleich.

(3) Veränderte Haftungsrisiken infolge der Anordnungsbefolgung

Übrig bleiben Fallkonstellationen, in denen infolge der Anordnung neue Risiken in Bezug auf den Nachbarn auftreten, die in vergleichbarer Form nach dem ursprünglichen Vertragsinhalt nicht bestanden hätten und in denen der Bauunternehmer sich außerdem nicht auf eine Unzumutbarkeit der Ausführung berufen kann. In diesen Fällen aber per se eine Erkennbarkeit zu verneinen, würde zu dem befremdlichen Ergebnis führen, dass der Schutz des Dritten bei identischen Bauleistungsverpflichtungen davon abhinge, ob diese von Anfang an vereinbart waren oder erst nachträglich infolge der Anordnung entstanden sind. Hierbei handelt es sich um einen Umstand, der für den Nachbarn als potentiellen Anspruchsinhaber regelmäßig nicht erkennbar sein wird. Die generelle Ablehnung einer zumutbaren Haftungserweiterung erscheint daher vorschnell und auch aus Gerechtigkeitsgesichtspunkten nicht überzeugend.

Die Einbeziehungskriterien des vertraglichen Drittschutzes wurden unabhängig von den Vertragsarten, auf die sie anzuwenden sind, entwickelt. Das Anordnungsrecht stellt eine Besonderheit des Bauvertrages dar, die es bei anderen Vertragstypen in dieser Form nicht gibt und daher bei der Konkretisierung der einzelnen Drittschutzkriterien bislang keine Beachtung gefunden hat. Mit der Möglichkeit des Bestellers zur einseitigen Vertragsänderung soll der – im Vergleich zum gewöhnlichen Werkvertrag – längeren Erfüllungsdauer und der Komplexität von Bauvorhaben Rechnung getragen werden.[886] Die hierdurch bedingte Sonderstellung des Bauvertrages erfordert möglicherweise eine Modifikation des Kriteriums der „Erkennbarkeit“. Denn soll hiermit sichergestellt werden, dass der Bauunternehmer sein Haftungsrisiko zum Zeitpunkt des Vertragsschlusses

886 Vgl. BT-Drs. 18/8486, 53.

absehen und kalkulieren kann,[887] so steht eine Vertragsänderung infolge einer Anordnung dem nicht zwangsläufig entgegen.

Zuzugeben ist zwar, dass ein Bedürfnis nach einem Anordnungsrecht erst aus dem Umstand folgt, dass sich der Bauablauf oftmals nicht exakt vorhersehen lässt, was unter anderem an häufig baubegleitenden oder unvollständigen Planungen,[888] sich wandelnden rechtlichen Voraussetzungen[889] oder geänderten Wünschen der Bauherren[890] liegt. Von einer Erkennbarkeit konkreter Risiken trotz Anordnung kann daher tatsächlich nur schwerlich ausgegangen werden. Andererseits folgt das Anordnungsrecht unmittelbar aus dem Bauvertrag. Der Bauunternehmer weiß also bereits zum Zeitpunkt des Vertragsschlusses, dass der Bauherr unter bestimmten Voraussetzungen zu einseitigen Vertragsänderungen berechtigt ist und kann dies bei seiner Kalkulation berücksichtigen.

Bei genauerer Betrachtung zeigt sich, dass die Gefährdung in ihrer konkreten Gestalt auch in sonstigen Fällen des Drittschutzes nicht immer bereits zum Zeitpunkt des Vertragsschlusses erkennbar ist, ohne dass die Einbeziehung des Dritten hierdurch aber in Frage gestellt würde.

Auf solche Konstellationen geht *Gernhuber*[891] ein und nennt als Beispiel unter anderem die Gefährdung Dritter, die davon abhänge, ob der Werkunternehmer sich für oder gegen den Einsatz eines Erfüllungsgehilfen entscheide. Er führt aus, dass eine Erkennbarkeit „in der veränderten Sicht für den Augenblick des Vertragsschlusses" zu fordern sei.[892] Darauf, ob der Kreis der gefährdeten Personen nun unmittelbar konkret bestimmt werden könne oder auch von zukünftigen Entwicklungen beschränkt oder vollständig abhängig sei, komme es nicht an.[893]

---

887 Vgl. hierzu die oben gemachten allgemeinen Ausführungen zur „Erkennbarkeit" und „Zumutbarkeit".

888 Vgl. BGH, NJW 1996, 1346, 1347: „Spannungsverhältnis zwischen Planung und Realität"; v. Rintelen, in: Messerschmidt/Voit, § 650b BGB, Rn. 2; Schwenker/Wessel, MDR 2017, 1096, 1097.

889 Vgl. etwa Voit, in: BeckOK BGB, § 650b BGB, Rn. 1; Schwenker/Wessel, MDR 2017, 1096, 1097.

890 Vgl. v. Rintelen, in: Messerschmidt/Voit, § 650b BGB, Rn. 2; Voit, in: BeckOK BGB, § 650b BGB, Rn. 1; Schwenker/Wessel, MDR 2017, 1096, 1097.

891 Gernhuber, Das Schuldverhältnis, S. 531.

892 Gernhuber, Das Schuldverhältnis, S. 531, der konkretisierend von einer „Erkennbarkeit der möglichen Gefährdung Dritter" spricht, „die der Anschlußgläubiger befugt für den Aufenthalt im Gefahrenkreis des Schuldverhältnisses bestimmt."

893 Gernhuber, Das Schuldverhältnis, S. 531.

Diese Überlegung lässt sich auf den hier vorliegenden Fall übertragen. Zum Zeitpunkt des Vertragsschlusses ist noch offen, ob der Bauherr sich für oder gegen eine Anordnung entscheiden wird; das Recht und der Umfang einer möglichen Anordnung folgen aber bereits erkennbar aus dem Bauvertrag. Im Sinne der Überschaubarkeit des Haftungsrisikos muss aus diesem Grunde darauf abzustellen sein, ob der Bauunternehmer den Rahmen einer möglichen Anordnung und damit einhergehende Risiken in Bezug auf den Nachbarn bei Vertragsschluss zutreffend abschätzen kann.

2. Zumutbarkeit des Haftungsrisikos

Neben der Erkennbarkeit und Bestimmbarkeit des geschützten Personenkreises stellt sich unter Zumutbarkeitsgesichtspunkten die Frage nach der Versicherbarkeit des Haftungsrisikos.[894] Ist der Schuldner in der Lage, das durch die Einbeziehung des Dritten zusätzliche Haftungsrisiko zu versichern, so kann er die Kosten hierfür ggf. bei der Vergütungskalkulation berücksichtigen und an seinen Vertragspartner weitergeben.[895] Dann erscheint die Haftungserweiterung auf Dritte für den Schuldner tragbar.[896] Darauf, ob im konkreten Fall tatsächlich eine Versicherung abgeschlossen wurde, die den eingetretenen Schaden abdeckt, kommt es nicht an. Im konkreten Fall müssen aber ausreichende und wirtschaftlich zumutbare Versicherungsmöglichkeiten bestanden haben. Von der Zumutbarkeit des Versicherungsabschlusses kann ausgegangen werden, wenn die Kosten hierfür nicht in grobem Missverhältnis zur Wahrscheinlichkeit des zu erwartenden Schadenseintritts und der Schadenshöhe stehen. Ob nach diesen Kriterien von einer Versicherbarkeit auszugehen ist, richtet sich nach den konkreten Umständen des Einzelfalles und bedarf vor allem bei solchen Bauleistungen einer sorgfältigen Prüfung, die auch noch in einiger Entfernung zu Gebäudeschäden führen können. Zur Vermeidung

894 Vgl. BGH, NJW 2004, 3035, 3038; Gottwald, in: MüKoBGB, § 328 BGB, Rn. 190; Grüneberg, in: Palandt, § 328 BGB, Rn. 16; Hadding, in: Soergel, Anh. § 328 BGB, Rn. 17; Westermann/Bydlinski/Weber, SchuldR AT, 16/13; Strauch, JuS 1982, 823, 827, der das Abstellen auf „typische Risiken" anstelle einer Erkennbarkeit auch deshalb für vorteilhaft hält, weil typische Vertragsrisiken versicherbar seien; Martiny, JZ 1996, 19, 24.

895 Vgl. Strauch, JuS 1982, 823, 827; vgl. auch Köndgen, Einbeziehung Dritter in den Vertrag, S. 34.

896 So auch Strauch, JuS 1982, 823, 827; vgl. auch Gottwald, in: MüKoBGB, § 328 BGB, Rn. 190; Hadding, in: Soergel, Anh. § 328 BGB, Rn. 17.

einer unzumutbaren Haftungsausweitung ist hierbei ein strenger Maßstab anzulegen.[897]

IV. Schutzbedürftigkeit des Nachbarn

Schließlich soll eine Schutzwirkung zugunsten des Dritten nur in Betracht kommen, wenn dieser schutzbedürftig ist, wenn dem Dritten also ohne Anerkennung der vertraglichen Haftungserstreckung kein ausreichender Schutz zuteil werden würde.[898] Nach ständiger Rechtsprechung des Bundesgerichtshofs soll es an einer Schutzbedürftigkeit fehlen, wenn dem Dritten eigene vertragliche Ansprüche – „gleich gegen wen" – zustehen, die gleichwertig mit potentiellen Ansprüchen aus der Einbeziehung in den Schutzbereich des Vertrages sind.[899]

In einer grundlegenden Entscheidung des Bundesgerichtshofs zur Schutzbedürftigkeit wurde der Untermieter nicht in den Schutzbereich des Hauptmietvertrages einbezogen, weil er eigene vertragliche Ansprüche gegen seinen Vermieter hatte.[900] Der Bundesgerichtshof begründete dies damit, dass die Zubilligung des Schadensersatzanspruchs eines Dritten auf dem Gedanken beruhe, dass es mit der Gerechtigkeit nicht vereinbar sei, dem, der vertragslos aber bestimmungsgemäß mit der Mietsache in Berührung und durch sie oder in ihr zu Schaden komme, einen vertraglichen Anspruch zu versagen, der dem Mieter ohne weiteres zustehe.[901] Hierfür sei aber weder Raum noch ein Bedürfnis, wenn der Geschädigte seinerseits eigene vertragliche Ansprüche desselben Inhalts, wenn auch gegen einen anderen Schuldner, habe, wie diejenigen, die er auf dem Weg über die

---

897 Vgl. allgemein zur Forderung nach einer strengen Betrachtung der Drittschutzkriterien BGH, NJW 1969, 41; NJW 1970, 38, 40; NJW-RR 2017, 888, Rn. 15; NJW 2018, 1537, Rn. 16; Klumpp, in: Staudinger, § 328 BGB, Rn. 109; Grüneberg, in: Palandt, § 328 BGB, Rn. 16; Hadding, in: Soergel, Anh. § 328 BGB, Rn. 13; Medicus/Petersen, Bürgerliches Recht, Rn. 844; Looschelders, SchuldR AT, § 9, Rn. 8; Brox/Walker, SchuldR AT, § 33, Rn. 7.

898 BGH, NJW 1996, 2927, 2929; NJW 2014, 2577, Rn. 11; Schulze, in: HK-BGB, § 328 BGB, Rn. 18; Schinkels, in: jurisPK-BGB, § 328 BGB, Rn. 80; Janoschek, in: BeckOK BGB, § 328 BGB, Rn. 57.

899 BGH, NJW 1996, 2927, 2929; JuS 2011, 457, Rn. 11; zurückgehend auf BGH, NJW 1978, 883; s. so auch Klumpp, in: Staudinger, § 328 BGB, Rn. 124; Gottwald, in: MüKoBGB, § 328 BGB, Rn. 191.

900 BGH, NJW 1978, 883.

901 BGH, NJW 1978, 883.

Einbeziehung in den Schutzbereich eines zwischen anderen geschlossenen Vertrages durchsetzen wolle.[902]

Gerade der Anspruch gegen den Vertragsgläubiger führte in diesem Falle also zur Versagung des vertraglichen Drittschutzes.

In den Nachbarschädigungsfällen können vertragliche Schadensersatzansprüche des Nachbarn insbesondere aus einem Zustimmungsvertrag mit dem Bauherrn folgen.[903] Den Bauherrn trifft gemäß § 241 Abs. 2 BGB die Pflicht zur Rücksicht auf die Rechte, Rechtsgüter und Interessen des anderen Teils. Ein Verschulden des Bauunternehmers müsste er sich nach § 278 S. 1 BGB zurechnen lassen.

1. Das Erfordernis der Schutzbedürftigkeit

a) Kritik am Erfordernis der Schutzbedürftigkeit

Die überwiegende Auffassung in der Literatur hat sich der Rechtsprechung hinsichtlich des Erfordernisses einer Schutzbedürftigkeit angeschlossen.[904] Dies verwundert zum Teil angesichts dessen, dass das Interesse des Gläubigers an einer direkten Schutzwirkung zugunsten des Dritten stets dann am größten ist, wenn ihn selbst gegenüber dem Dritten eine Haftung trifft.[905] Insofern wird der Rechtsprechung Inkonsequenz vorgeworfen, weil sie den Vertrag mit Schutzwirkung zugunsten Dritter dennoch auf eine ergänzende Vertragsauslegung stützt.[906] Diese Kritik vernachlässigt allerdings, dass nicht alleine die Interessen des Gläubigers hierfür entscheidend sind, sondern auch die des Schuldners und über den Grundsatz von Treu

902 BGH, NJW 1978, 883.

903 Vgl. hierzu S. 37 ff.; s. auch Inhuber, in: Motzke/Bauer/Seewald, § 12, Rn. 210 ff.; Boisserée, in: Boisserée/Fuchs, S. 184.

904 Gottwald, in: MüKoBGB, § 328 BGB, Rn. 191; Grüneberg, in: Palandt, § 328 BGB, Rn. 18; Klumpp, in: Staudinger, § 328 BGB, Rn. 123; Joussen, SchuldR AT, Rn. 1218; Looschelders, SchuldR AT, § 9, Rn. 14; Brox/Walker, SchuldR AT, § 33, Rn. 12.

905 Hierauf weisen Gernhuber, Das Schuldverhältnis, S. 526; Hirth, S. 131; Köndgen, Einbeziehung Dritter in den Vertrag, S. 12; Karampatzos, S. 77 f., Schwarze, AcP 203 (2003), 348, 350, Fn. 10 m.N. aus älterer Rechtsprechung hin.

906 Gernhuber, Das Schuldverhältnis, S. 526; Karampatzos, S. 77 f.; vgl. auch Hirth, S. 131.

und Glauben sogar die des Dritten.[907] Begründet die Rechtsprechung das Kriterium der Schutzbedürftigkeit damit, dass ansonsten gegen das stets hervorgehobene Anliegen verstoßen werde, eine uferlose Ausdehnung des Kreises der in den Schutzbereich fallenden Personen zu vermeiden,[908] so möchte sie hiermit wohl den Schuldnerinteressen nachkommen.[909] Ein Widerspruch in der Heranziehung einer ergänzenden Vertragsauslegung einerseits und einem Abstellen auf das Kriterium der Schutzbedürftigkeit andererseits ist daher nicht zu erblicken. Dennoch gilt es an dieser Stelle, das Kriterium „Schutzbedürfnis" auf seine Sachgerechtigkeit hin zu überprüfen. Diese Überprüfung erfolgt insbesondere mit Blick auf mögliche vertragliche Ansprüche des Nachbarn gegen den Bauherrn aus einem Zustimmungsvertrag.

Harke[910] kritisiert bereits die Feststellung der fehlenden Schutzbedürftigkeit des Dritten für den Fall des Bestehens gleichwertiger vertraglicher Ansprüche. Dies treffe schon deshalb nicht zu, weil Anspruch nicht gleich Anspruch sei, die Äquivalenz sei vielmehr von der Leistungsfähigkeit der Schuldner abhängig.[911]

Berg[912] ist der Auffassung, dass die Rechtsstellung des vertraglich Drittbegünstigten dadurch nicht verschlechtert werden dürfe, dass er außer gegen den Drittschädiger auch gegen seinen Hauptgläubiger einen Ersatzanspruch habe. Gegebenenfalls müssten beide gesamtschuldnerisch haften.[913] Das Argument des Bundesgerichtshofs sei lediglich bei der Drittschadensliquidation erheblich.[914] Dem schließt sich auch *Neuner*[915] an. Er hält die Argumentation für konstruktiv verfehlt, weil der Vertrag mit Schutzwirkung zugunsten Dritter im Gegensatz zur Drittschadensliquidation eine Risikomehrung bewirke.[916] Wertungsgemäß entscheidend komme hinzu,

---

907 Vgl. zur Berücksichtigung der Drittinteressen Hadding, in: Soergel, Anh. § 328 BGB, Rn. 16; so auch Hirth, S. 126; Bell, S. 93; s. auch BGH, NJW-RR 2017, 888, Rn. 16; NJW 2018, 1537, Rn. 17.

908 BGH, NJW 1978, 883; vgl. auch BGH, NJW 1996, 2927, 2929.

909 Vgl. in diese Richtung auch Schwarze, AcP 203 (2003), 348, 361, Fn. 38.

910 Harke, SchuldR AT, Rn. 437.

911 Harke, SchuldR AT, Rn. 437; vgl. hierzu noch S. 187 f.

912 Berg, NJW 1978, 2018, 2019; vgl. auch Grunewald, Bürgerliches Recht, § 18, Rn. 13, die anführt, dass auch sonst die Tatsache, dass eine Person noch weitere Ansprüche habe, nicht dazu führe, dass diese Person einen ansonsten gegebenen Anspruch verlieren würde.

913 Berg, NJW 1978, 2018, 2019.

914 Berg, NJW 1978, 2018, 2019.

915 Neuner, JZ 1999, 126, 129.

916 Neuner, JZ 1999, 126, 129.

dass beim vertraglichen Drittschutz im Unterschied zur Drittschadensliquidation der Dritte gerade nicht das Insolvenzrisiko des Hauptgläubigers tragen solle, da er nicht aufgrund einer privatautonomen Entscheidung, sondern vor allem wegen des sozialen Näheverhältnisses zum Gläubiger den Gefahren einer Leistungsstörung durch den Schuldner ausgesetzt sei.[917]

Köndgen[918] weist ebenso darauf hin, dass die mehrfache Begründung von Ansprüchen auch gegenüber verschiedenen Schuldnern in einem Schuldrecht, das sowohl Gesamtschulden als auch Anspruchskonkurrenzen zulasse, keine Anomalie sei;[919] gleichwohl hält er das Kriterium der Schutzbedürftigkeit in abgewandelter Form für sachgerecht.[920]

b) Alternative Lösungsmodelle zu der von der Rechtsprechung geforderten Schutzbedürftigkeit

Besonders ausführlich äußert sich *Schwarze*[921] zum Erfordernis der Schutzbedürftigkeit: Für den Schutz des Geschädigten sei es nicht gleichgültig, wer hafte, sondern es komme darauf an, den „Richtigen", den Gefahrverursacher und Gefahrbeherrscher haftbar zu machen.[922]

Er führt aus, eine Außenhaftung des Schuldners nach den Grundsätzen des vertraglichen Drittschutzes schließe seine haftungsrechtliche Letztverantwortung mit ein, wenn es keine weiteren Haftpflichtigen gebe.[923] Sei der Gläubiger dagegen ebenfalls aufgrund eines zwischen ihm und dem Dritten bestehenden Schuldverhältnisses haftpflichtig für den Drittschaden, so müsse über die endgültige Verteilung der Haftung entschieden werden.[924]

In diesem Zusammenhang weist *Schwarze*[925] auf die unterschiedlichen Ebenen der Haftungskoordinierung im Innen- und Außenverhältnis hin. Weder führe die Bejahung des Drittschutzes per se zur Letztverantwortung des Schuldners: dieser könne gemäß §§ 421, 426 BGB Regress beim Gläu-

917 Neuner, JZ 1999, 126, 129.
918 Köndgen, Einbeziehung Dritter in den Vertrag, S. 12.
919 Vgl. auch Berg, NJW 1978, 2018, 2019.
920 Köndgen, Einbeziehung Dritter in den Vertrag, S. 12, 33 f.
921 Schwarze, AcP 203 (2003), 348.
922 Schwarze, AcP 203 (2003), 348, 350.
923 Schwarze, AcP 203 (2003), 348, 352.
924 Schwarze, AcP 203 (2003), 348, 352.
925 Schwarze, AcP 203 (2003), 348, 351 ff.

biger nehmen, soweit dieser im Innenverhältnis den Schaden zu tragen habe.[926] Noch führe die Verneinung des Drittschutzes zur Entlastung des Schuldners von der Letztverantwortung: der Gläubiger sei nicht alleine wegen Verneinung des Drittschutzes gehindert, sich nach Maßgabe des zwischen ihm und dem Schuldner bestehenden Vertragsverhältnisses bei diesem schadlos zu halten.[927]

Weiter führt er aus, dass die Regresspflicht in einem inneren Zusammenhang mit dem vertraglichen Drittschutz stehe.[928] Haftungsdogmatisch seien sowohl die Drittschutzpflicht als auch die Regresspflicht eine Frage des Schutzbereichs des zwischen Gläubiger und Schuldner bestehenden Schuldverhältnisses.[929]

Daraus, dass der Drittschutz aus dem Gläubigerschutz abgeleitet werde, folgert *Schwarze*[930] eine Akzessorietät des Drittschutzes mit der Folge, dass der Schutzbereich nur einheitlich dem Gläubiger und dem Drittem gegenüber bestimmt werden könne. Die Frage, ob den Schuldner eine haftungsrechtliche Letztverantwortung treffe, könne nur einheitlich beantwortet werden, weshalb eine durch die Regresspflicht bestehende Letztverantwortung des Schuldners im Hinblick auf die Subsidiarität der Dritthaftung relevant sei.[931] Hieraus schließt er, dass allein das Innenverhältnis zwischen Gläubiger und Schuldner über die Letztverantwortung entscheide.[932]

Im Ergebnis stellt er fest, dass die Letztverantwortung in den Drittschutzfällen grundsätzlich beim Schuldner liege.[933] Die Dritthaftung übertrage ein Schutzgeflecht, in dem der Schuldner dem Gläubiger gegenüber die alleinige Haftungsverantwortung trage, auf den Dritten.[934] Sie enthalte deshalb eine definitive Zuweisung der Verantwortung im Beziehungsgeflecht der drei Beteiligten, soweit die Haftung des Gläubigers dem Dritten gegenüber einzig darauf beruhe, dass er für die Leistung bzw. das Verhalten des Schuldners im Verhältnis zum Dritten verantwortlich sei.[935] Als

---

926 Schwarze, AcP 203 (2003), 348, 352.
927 Schwarze, AcP 203 (2003), 348, 352.
928 Schwarze, AcP 203 (2003), 348, 352.
929 Schwarze, AcP 203 (2003), 348, 352.
930 Schwarze, AcP 203 (2003), 348, 352.
931 Schwarze, AcP 203 (2003), 348, 352.
932 Schwarze, AcP 203 (2003), 348, 352 f.
933 Schwarze, AcP 203 (2003), 348, 353 ff.
934 Schwarze, AcP 203 (2003), 348, 354.
935 Schwarze, AcP 203 (2003), 348, 354, 360 f.

Beispiel hierfür nennt *Schwarze*[936] unter anderem eine Zurechnung des fremden Verschuldens nach § 278 BGB.

Ein solcher Fall der Letztverantwortung des Bauunternehmers ist auch in den Fällen eines Zustimmungsvertrages zwischen Bauherrn und Nachbar grundsätzlich gegeben. Haben diese sich über das Recht zur Einwirkung auf das Nachbargrundstück geeinigt und lässt der Bauherr entsprechende Arbeiten durch den Bauunternehmer vornehmen, so haftet der Bauherr regelmäßig allein aufgrund der Zurechnung des Verschuldens des Bauunternehmers (§ 278 S. 1 BGB). Eine Haftung des Bauherrn aus dem Zustimmungsvertrag würde *Schwarzes* Auffassung zufolge daher eine Schutzwirkung zugunsten des Dritten nicht berühren.

Eine zu *Schwarzes* Ansicht konträre Meinung vertritt *Harke*[937]. Zwar steht auch er dem Kriterium der Schutzbedürftigkeit kritisch gegenüber, da die Anknüpfung an das objektive Kriterium der offenkundigen Leistungsnähe den Vertrag mit Schutzwirkung zugunsten Dritter zu einem regulären Verpflichtungsmechanismus mache, der keine Reduktion zu einem Notbehelf vertrage.[938] Gleichwohl hält er das Erfordernis der Schutzbedürftigkeit im Ansatz für richtig, da die Verpflichtung aus einer Schutzwirkung zugunsten Dritter nicht im Widerspruch zur Eigenhaftung des Gläubigers gegenüber dem Dritten stehen dürfe.[939] Ein solcher Widerspruch entstehe bei einer Leistungskette, also dann, wenn die Leistung, von der die Drittschutzwirkung ausgehen solle, ganz oder teilweise identisch sei mit der Leistung, die der Gläubiger dem Dritten zu erbringen habe.[940]

Um eine „Leistungskette" handelt es sich in der hier gegenständlichen Konstellation nicht. Die vom Bauherrn an den Nachbarn zu erbringende Leistung liegt beim Zustimmungsvertrag in der Regel in der Zahlung eines Entgelts, während die Leistung des Bauunternehmers an den Bauherrn die Erbringung bestimmter Bauleistungen zum Gegenstand hat. Identische Leistungen sind dies nicht. *Harke*[941] setzt seine Ausführungen jedoch dahingehend fort, dass sich die Berechtigung des Dritten in der Konstellation der Weitervermietung nach dem in § 278 BGB zum Ausdruck kommenden Rechtsgedanken richte. Sie bestehe daher alleine gegenüber dem Gläu-

936 Schwarze, AcP 203 (2003), 348, 354, 360 f.
937 Harke, SchuldR AT, Rn. 437.
938 Harke, SchuldR AT, Rn. 437.
939 Harke, SchuldR AT, Rn. 437.
940 Harke, SchuldR AT, Rn. 437.
941 Harke, SchuldR AT, Rn. 437.

biger und hänge davon ab, ob der Schuldner im Verhältnis zum Dritten sein Erfüllungsgehilfe sei oder nicht.[942] Führt *Harke*[943] aus, dass eine durch § 278 BGB vorgegebene Lösung nicht dadurch korrigiert werden dürfe, dass der Dritte unmittelbar kraft der Annahme einer Drittschutzwirkung auf das nächste Glied in der „Leistungskette" zugreifen könne, könnte daraus abgeleitet werden, dass es ihm gar nicht auf die Identität der Leistungspflichten, sondern primär darauf ankommt, dass die Wertungen des § 278 BGB nicht umgangen werden dürfen. Dann wäre aber nicht allein die Identität der Leistungspflichten, sondern stattdessen die Identität eines Teils der aus dem Schuldverhältnis resultierenden Pflichten generell entscheidend. Denn auch wenn sich der Gläubiger nur zur Erfüllung seiner Schutzpflichten, die ebenfalls zu den Verbindlichkeiten im Sinne des § 278 BGB gehören,[944] des Schuldners bedient, erfolgt eine Verschuldenszurechnung.

Eine derartige Auslegung von *Harkes* Ausführungen erscheint wahrscheinlich, da beim Vertrag mit Schutzwirkung zugunsten des Dritten überhaupt keine Leistungspflichten zugunsten des Dritten begründet werden.[945] Besteht aufgrund eines zwischen Gläubiger und Drittem bestehenden Schuldverhältnisses eine Leistungspflicht gegenüber dem Dritten, so hat diese nichts mit den Leistungspflichten aus dem Vertrag zwischen Gläubiger und Schuldner zu tun. Dass die Leistungspflichten beider Schuldverhältnisse im Falle der Untervermietung identisch waren, ist der besonderen Konstellation dieses Falles geschuldet. Ein Widerspruch zur Eigenhaftung des Gläubigers, den *Harke* vermeiden möchte, entsteht allerdings nicht nur bei einer Identität der Leistungspflichten, sondern auch bei einer Identität der Schutzpflichten. Werden diese verletzt, hat der Gläubiger sich diesbezüglich ein Verschulden des Schuldners zurechnen zu lassen. Nicht nur bei Leistungsketten kann daher auf den Gedanken des § 278 BGB abgestellt werden.

Bei einem dahingehenden Verständnis der Ausführungen *Harkes* müsste eine Drittschutzwirkung im Falle des Zustimmungsvertrages verneint werden. Bedient sich der Bauherr zur Erfüllung seiner aus dem Zustimmungsvertrag resultierenden Schutzpflichten des Bauunternehmers, stimmen diese Pflichten mit denen des Bauunternehmers überein.

942 Harke, SchuldR AT, Rn. 437.

943 Harke, SchuldR AT, Rn. 437.

944 Vgl. etwa BGH, NJW 1985, 2258, 2260 m.w.N.; Grundmann, in: MüKoBGB, § 278 BGB, Rn. 21; Lorenz, in: BeckOK BGB, § 278 BGB, Rn. 18.

945 Vgl. hierzu S. 53 ff.

Auch *Grunewald*[946] hält das Erfordernis der Schutzbedürftigkeit in der Form, in der es von der Rechtsprechung verlangt wird, für nicht überzeugend. Der Drittschutz solle nur versagt werden, wenn die Gefährdung auf einem eigenen Schuldverhältnis beruhe und durch das fremde Schuldverhältnis nicht gesteigert werde.[947] Im bekannten Nitrierofenfall[948] hätte sie – so führt *Grunewald*[949] aus – eine Steigerung der Gefährdung durch das fremde Schuldverhältnis und damit eine Drittschutzwirkung – entgegen der Entscheidung des Bundesgerichtshofs – angenommen. In diesem Fall wurde Nitriergut verschiedener Auftraggeber im selben Ofen gehärtet. Das Nitriergut des einen Auftraggebers entsprach nicht den für den Nitriervorgang vorgesehenen Vorschriften, was zu einer Explosion führte, durch die auch das Nitriergut des anderen Auftraggebers zerstört wurde. Laut *Grunewald*[950] habe sich durch die gleichzeitige Brennung mehrerer Werkstücke die Gefahr für das eigene Werkstück erhöht, sodass das Kriterium der Schutzbedürftigkeit ihrer Auffassung zufolge zu bejahen gewesen wäre.

Einen ähnlichen Standpunkt hat auch bereits *Gernhuber*[951] vertreten, der die Beschränkung des Drittschutzes auf „vertragslose Dritte" insoweit für sachgemäß erklärt, als die Gefährdung des Dritten auf dessen eigenem Schuldverhältnis beruhe und durch das fremde Schuldverhältnis nicht verstärkt werde. Eine Versagung des Drittschutzes im Falle der Untervermietung hält er für richtig, da die Gefährdung allein auf dem Untermietverhältnis beruhe, und dadurch, dass der eigene Vertragspartner selbst nur Mieter sei, nicht verstärkt werde.[952]

Auch bei Zugrundelegung dieser Auffassung müsste eine Schutzwirkung zugunsten des Nachbarn bei bestehenden vertraglichen Ansprüchen gegen den Bauherrn mangels Schutzbedürftigkeit verneint werden. Der Bauherr bedient sich des Bauunternehmers lediglich zur Ausführung der vereinbarten Baumaßnahmen. Gefahren, die sich aus dem Einwirkungsrecht auf das fremde Grundstück ergeben, werden durch das Schuldverhältnis zwischen Bauherrn und Bauunternehmer nicht gesteigert. Denn, ob die auf das Nachbargrundstück einwirkenden Baumaßnahmen vom Bauherrn selbst oder einem von ihm beauftragten Bauunternehmer auf der

946 Grunewald, Bürgerliches Recht, § 18, Rn. 13.
947 Grunewald, Bürgerliches Recht, § 18, Rn. 13.
948 BGH, NJW 1996, 2927.
949 Grunewald, Bürgerliches Recht, § 18, Rn. 14, Fn. 16.
950 Grunewald, Bürgerliches Recht, § 18, Rn. 14, Fn. 16.
951 Gernhuber, Das Schuldverhältnis, S. 531.
952 Gernhuber, Das Schuldverhältnis, S. 531; kritisch zu Gernhubers Ausführungen Schwarze, AcP 203 (2003), 348, 358 f.

Grundlage eines eigenständigen Bauvertrages vorgenommen werden, hat auf den Gefährdungsgrad keine Auswirkung.

c) Berücksichtigung des Relativitätsgrundsatzes

Die beiden letztgenannten Auffassungen von *Harke* und *Grunewald* bzw. *Gernhuber* gelangen folglich zum selben Ergebnis. Nach beiden Auffassungen wäre im Falle vertraglicher Ansprüche des Nachbarn gegen den Bauherrn übereinstimmend ein Drittschutz zu versagen. Zu einem gegensätzlichen Ergebnis gelangt die Auffassung *Schwarzes*. An dieser Stelle ist zu überprüfen, inwieweit eine Schutzbedürftigkeit richtigerweise zu berücksichtigen ist.

Schwarze[953] selbst räumt ein, dass sich für die Subsidiarität des Drittschutzes im Außenverhältnis geltend machen lasse, die Letztverantwortung müsse nach Möglichkeit unter Wahrung des Relativitätsprinzips realisiert werden; letztlich folgt er diesem Argument jedoch nicht.[954]

aa) Berücksichtigung des Relativitätsgrundsatzes im Rahmen ergänzender Vertragsauslegung

Fraglich ist zunächst, inwieweit das Relativitätsprinzip bei Heranziehung einer ergänzenden Vertragsauslegung als Grundlage des Drittschutzes zu berücksichtigen ist.[955] Die Privatautonomie ermöglicht es dem Einzelnen, grundsätzlich frei über den Abschluss und Inhalt von Rechtsgeschäften zu entscheiden.[956] Eine Beschränkung erfährt sie zwar durch das Relativitätsprinzip und die negative Vertragsfreiheit Dritter, was bedeutet, dass privatautonomes Handeln grundsätzlich nicht das Recht umfasst, Verträge mit Wirkungen für Dritte gegen deren Willen abzuschließen.[957] Das Relativitätsprinzip erfährt aber seinerseits wiederum Durchbrechungen durch § 328 BGB und die Grundsätze des Vertrages mit Schutzwirkung zuguns-

---

953 Schwarze, AcP 203 (2003), 348, 361 f. mit Verweis auf Saar, JuS 2000, 220, der für die Frage, ob und wann der Vertrag Schutzwirkung zugunsten Dritter entfaltet, beim Relativitätsgrundsatz ansetzt.

954 Schwarze, AcP 203 (2003), 348, 361 f.; vgl. hierzu S. 182.

955 S. hierzu Schwarze, AcP 203 (2003), 348, 361, Fn. 38.

956 Vgl. näher zur Privatautonomie Busche, Privatautonomie und Kontrahierungszwang, S. 13 ff.; Olzen, in: Staudinger, Einleitung zum SchuldR, Rn. 49 ff.

957 Olzen, in: Staudinger, § 241 BGB, Rn. 303 f.; Einleitung zum SchuldR, Rn. 51.

ten Dritter.[958] Nach § 328 BGB können durch Vertrag unmittelbar Rechte zugunsten eines Dritten begründet werden, was aufgrund des Zurückweisungsrechts aus § 333 BGB – das entsprechend auch auf den Vertrag mit Schutzwirkung zugunsten Dritter anwendbar sein wird –[959] nicht mit der Privatautonomie des Dritten kollidiert.[960] Besteht für die Parteien also die Möglichkeit, durch drittbegünstigende Abreden in gewisser Weise vom Relativitätsprinzip abzuweichen, kann dieser Grundsatz nicht zwingendes Maß der Vertragsauslegung sein; denn der ausdrücklichen Vereinbarung einer Drittwirkung des Vertrages kann nicht durch eine Berufung auf den Relativitätsgrundsatz eine Geltung versagt werden.

Aus diesem Grunde begegnet *Gernhuber*[961] den Ausführungen der Rechtsprechung, dass im Falle eigener vertraglicher Ansprüche des Dritten „weder Raum noch gar ein Bedürfnis" für den Drittschutz bestehe,[962] wohl auch mit der Frage, welcher Raum schon den Dispositionen der Parteien unzugänglich sein solle. Dieser Einwand wäre berechtigt, wenn Grundlage des Drittschutzes Vertragsvereinbarungen wären, die ausdrücklich eine drittschützende Wirkung vorsähen.

Schwieriger wird eine Beurteilung der Drittwirkung eines Vertrages allerdings, wenn gerade keine derartige ausdrückliche Abrede vorliegt. Ist in diesen Fällen auf eine ergänzende Vertragsauslegung abzustellen, so richtet sich diese maßgeblich nach den Parteiinteressen. Da der Schuldner im Sinne einer möglichst weiten Haftungsbeschränkung ein Interesse an der Wahrung des Relativitätsprinzips hat, ist dieses nicht nur auf der Grundlage von § 242 BGB, sondern auch auf der Grundlage ergänzender Vertragsauslegung zur Argumentation heranzuziehen.[963]

---

958 Olzen, in: Staudinger, § 241 BGB, Rn. 343 ff., 348; Looschelders/Makowsky, JA 2012, 721, 724 ff.; vgl. auch Keitel, S. 93 ff.

959 So Berg, JuS 1977, 363, 367; Hadding, in: Soergel, Anh. § 328 BGB, Rn. 25; Klumpp, in: Staudinger, § 328 BGB, Rn. 138; Jagmann, in: Staudinger, § 333 BGB, Rn. 4; Janoschek, in: BeckOK BGB, § 328 BGB, Rn. 60.

960 Gernhuber, Das Schuldverhältnis, S. 468 f.; Jagmann, in: Staudinger, § 333 BGB, Rn. 2; Gottwald, in: MüKoBGB, § 328 BGB, Rn. 3; Westermann, in: Erman BGB, § 328 BGB, Rn. 7; Klumpp, in: Staudinger, Vor. § 328 BGB, Rn. 21 m.w.N.; vgl. auch Olzen, in: Staudinger, Einleitung zum SchuldR, Rn. 51; Looschelders/Makowsky, JA 2012, 721, 725.

961 Gernhuber, Das Schuldverhältnis, S. 526.

962 BGH, NJW 1978, 883.

963 Hierauf weist ausdrücklich Schwarze, AcP 203 (2003), 348, 361, Fn. 38 hin.

bb) Auswirkungen des Relativitätsgrundsatzes

Nach dem Relativitätsgrundsatz bestehen die aus dem Schuldverhältnis folgenden Rechte und Pflichten nur zwischen den Parteien des Schuldverhältnisses.[964] Da diese besondere Möglichkeiten zur Einwirkung auf die Rechte, Rechtsgüter und Interessen des jeweils anderen Teils haben (vgl. § 311 Abs. 2 Nr. 2 BGB), ist es geboten, ihnen durch die Auferlegung von beiderseitigen Schutzpflichten gemäß § 241 Abs. 2 BGB verstärkten Schutz zuzuerkennen.[965] Werden diese Schutzpflichten über die Parteien hinaus auch auf Dritte erstreckt, liegt hierin eine Ausnahme vom Relativitätsgrundsatz,[966] die sich dadurch rechtfertigen lässt, dass der Dritte durch das Schuldverhältnis in ähnlicher Weise wie der Gläubiger gefährdet wird und daher nicht auf das allgemeine Deliktsrecht verwiesen werden soll.[967]

Hat der Dritte eigenständige vertragliche Ansprüche gegen seinen Vertragspartner, so kommt ihm das durch § 241 Abs. 2 BGB gewährleistete Schutzniveau jedenfalls soweit zugute, wie das fremde Schuldverhältnis für den Dritten keine zusätzliche Gefährdung darstellt, die durch vertragliche Ansprüche gegen den eigenen Vertragspartner noch nicht abgedeckt werden.[968] Die Anerkennung einer direkten vertraglichen Haftung gegen den Vertragsschuldner ließe sich in diesem Falle nicht mehr mit der Vermeidung von Haftungsdefiziten des Deliktsrechts begründen.[969] Stattdes-

---

964 Vgl. näher zum Relativitätsprinzip Olzen, in: Staudinger, § 241 BGB, Rn. 299 ff.; Neuner, JZ 1999, 126; Looschelders/Makowsky, JA 2012, 721; s. zu den Auswirkungen des Relativitätsprinzips auf den Vertrag mit Schutzwirkung zugunsten Dritter Saar, JuS 2000, 220.

965 Bachmann, in: MüKoBGB, § 241 BGB, Rn. 117; Sutschet, in: BeckOK BGB, § 241 BGB, Rn. 90; Looschelders, SchuldR AT, § 1, Rn. 20; Looschelders/Makowsky, JA 2012, 721, 725.

966 Olzen, in: Staudinger, § 241 BGB, Rn. 348; Looschelders/Makowsky, JA 2012, 721, 724 ff.

967 So auch Saar, JuS 2000, 220 f. m.w.N.; Looschelders/Makowsky, JA 2012, 721, 725; vgl. zu den Motiven der Anerkennung des vertraglichen Drittschutzes, die in den Defiziten der Deliktshaftung gesehen werden, u.a. Grüneberg, in: Palandt, § 328 BGB, Rn. 13; Klumpp, in: Staudinger, § 328 BGB, Rn. 91 m.w.N., Rn. 124; Joussen, SchuldR AT, Rn. 1202; vgl. auch S. 50 f. m.w.N.

968 Vgl. hierzu die Ansätze von Gernhuber, Das Schuldverhältnis, S. 531; Grunewald, Bürgerliches Recht, § 18, Rn. 13, die ebenfalls auf eine Gefahrsteigerung durch das fremde Schuldverhältnis abstellen, allerdings unberücksichtigt lassen, ob die Gefahrsteigerung durch das fremde Schuldverhältnis auch durch vertragliche Ansprüche auf der Grundlage des eigenen Schuldverhältnisses abgedeckt wird.

969 Saar, JuS 2000, 220, 222.

sen würden dem Dritten neben seinem Vertragspartner zusätzliche Schuldner zur Verwirklichung seines Schadensersatzanspruchs verschafft,[970] was alleine dazu geeignet wäre, eine „Liquiditätsverbesserung“ herbeizuführen.[971] Ob sich hierdurch allerdings eine Durchbrechung der relativen Wirkung des Schuldverhältnisses rechtfertigen lässt, ist zweifelhaft[972] und vor dem Hintergrund der Zwecksetzung des Relativitätsgrundsatzes zu beleuchten.

Der relativen Wirkung der Schuldverhältnisse liegt der Gedanke der Selbstverantwortlichkeit zugrunde.[973] Grundsätzlich ist jeder selbst zur Wahrnehmung seiner Interessen berufen. Dazu gehört es – wenn nicht bereits die Voraussetzungen zur Entstehung eines gesetzlichen Schuldverhältnisses erfüllt sind –[974] frei über die Eingehung schuldrechtlicher Bindungen entscheiden zu können.[975]

Der Einzelne hat es also grundsätzlich in der Hand, zu entscheiden, ob er Verträge abschließt[976] und damit einhergehende Gefahren in Kauf nimmt. Auf Dritte wirkt sich das Schuldverhältnis dagegen weder positiv noch negativ aus,[977] weshalb auch von einer „Ausschlusswirkung“[978] des Schuldverhältnisses gesprochen wird. Auch die Schutzpflichten aus § 241 Abs. 2 BGB wirken daher grundsätzlich nicht zugunsten Dritter.

Ergibt sich all dies aus dem Grundsatz der Selbstverantwortung, so kommt im Umkehrschluss dort eine Ausnahme von der Ausschlusswirkung des Schuldverhältnisses in Betracht, wo der Dritte nicht zur selbstverantwortlichen Wahrnehmung seiner Interessen im Vertrag in der Lage ist,

970 Saar, JuS 2000, 220, 222; vgl. auch Schwarze, AcP 203 (2003), 348, 353.

971 S. Schwarze, AcP 203 (2003), 348, 353, nach dessen Ausführungen die Dritthaftung allerdings nur dann ausschließlich der „Liquiditätsverbesserung“ diente, wenn der haftende Schuldner stets oder typischerweise keine Letztverantwortung trüge.

972 Vgl. auch Schwarze, AcP 203 (2003), 348, 353, der von einem „fragwürdige[n] Grund für die Konstituierung von Haftungsverantwortung im Wege der Rechtsfortbildung“ spricht; Saar, JuS 2000, 220, 222 lehnt dies von vornherein ab.

973 Olzen, in: Staudinger, § 241 BGB, Rn. 299.

974 Vgl. Olzen, in: Staudinger, § 241 BGB, Rn. 301.

975 Vgl. zur Vertragsfreiheit etwa Olzen, in: Staudinger, § 241 BGB, Rn. 303 f. m.w.N.; Eckert, in: BeckOK BGB, § 145 BGB, Rn. 8; Otto, in: juris-PK BGB, § 145 BGB, Rn. 30 ff.

976 Vgl. etwa Olzen, in: Staudinger, § 241 BGB, Rn. 303 f. m.w.N.; Eckert, in: BeckOK BGB, § 145 BGB, Rn. 8; Otto, in: juris-PK BGB, § 145 BGB, Rn. 30 ff.

977 Olzen, in: Staudinger, § 241 BGB, Rn. 299, 303 f.; Ernst, in: MüKoBGB, Einleitung SchuldR, Rn. 18; Neuner, JZ 1999, 126, 127; Looschelders/Makowsky, JA 2012, 721.

978 Neuner, JZ 1999, 126, 127.

weil er gerade nicht Vertragspartei ist.[979] Eine Durchbrechung des Relativitätsgrundsatzes lässt sich daher dort rechtfertigen, wo der Dritte mit den Gefahren des Schuldverhältnisses in ähnlicher Weise wie der Gläubiger in Berührung kommt, obwohl er gerade nicht die Möglichkeit hatte, auf den Vertrag und die damit einhergehenden Gefahren einzuwirken und so den Schutz seiner Rechtsgüter sicherzustellen.[980] Dem entspricht es, dass *Köndgen*[981] nicht jeden für schutzbedürftig hält, der keine vertraglichen Ansprüche habe, sondern nur jenen, der schon gar nicht in der Lage gewesen sei, sich Vertragsschutz zu besorgen.

Hat der Nachbar einen Zustimmungsvertrag mit dem Bauherrn geschlossen, so hat er die Möglichkeiten, seine Interessen in den Vertrag einfließen zu lassen und darüber hinaus im Gegenzug für die Gestattung ein Entgelt zu vereinbaren. Da ihm überdies bereits vertragliche Schutzpflichten zugutekommen und er daher von vornherein nicht auf das Deliktsrecht angewiesen ist, bietet das dem Relativitätsgrundsatz zugrundeliegende Prinzip der Selbstverantwortung in diesem Falle keinen Anlass für eine Durchbrechung. Schutzlücken bestehen unter Umständen lediglich dort, wo bereits bestehende auf dem eigenen Schuldverhältnis beruhende Gefahren durch das fremde Schuldverhältnis zusätzlich erhöht werden oder wo zusätzliche Gefahren drohen.[982] Insofern stellen *Grunewald*[983] und *Gernhuber*[984] für eine Schutzbedürftigkeit zutreffend auf eine Steigerung der Gefahren durch das fremde Schuldverhältnis ab. Denkbar ist dies im hier gegenständlichen Fall etwa, wenn der Bauunternehmer nicht nur mit den auf das Nachbargrundstück einwirkenden Baumaßnahmen beauftragt wird, die Gegenstand des Zustimmungsvertrages sind, sondern darüber

979 Im Ergebnis ähnlich Esser/Schmidt, SchuldR AT, S. 272, die damit argumentieren, dass der potentiell Drittgeschützte es typischerweise nicht in der Hand habe, sich eigenständig vertraglich gegen die Gefahren abzusichern; Köndgen, Einbeziehung Dritter in den Vertrag, S. 33 stellt darauf ab, ob Hauptgläubiger oder Dritter in der Lage gewesen seien, sich selbst um vertraglichen Schutz zu kümmern; vgl. auch Hirth, S. 131, der ebenfalls ausführt, die Vertragspartei habe es – im Gegensatz zum Dritten – in der Hand, ihre Interessen im Vertrag abzusichern.

980 Ähnlich Esser/Schmidt, SchuldR AT, S. 272; Köndgen, Einbeziehung Dritter in den Vertrag, S. 33, der eine Möglichkeit zur Absicherung des Dritten auch durch den Hauptgläubiger ausreichen lässt; vgl. auch Hirth, S. 131.

981 Köndgen, Einbeziehung Dritter in den Vertrag, S. 33.

982 Vgl. hierzu Gernhuber, Das Schuldverhältnis, S. 531; Grunewald, Bürgerliches Recht, § 18, Rn. 13.

983 Grunewald, Bürgerliches Recht, § 18, Rn. 13.

984 Gernhuber, Das Schuldverhältnis, S. 531.

hinaus weitere für das Nachbargrundstück gefahrenträchtige Arbeiten durchführt, die keiner Zustimmung bedürfen.

Festzuhalten ist daher, dass eine Drittschutzwirkung grundsätzlich nicht mit dem Relativitätsprinzip zu vereinbaren ist, wenn der Nachbar durch eine vertragliche Einigung mit dem Bauherrn eigenverantwortlich seine Interessen wahrgenommen und sich hierdurch vertraglichen Schutz gesichert hat,[985] aus dem fremden Schuldverhältnis keine zusätzlichen Gefahren resultieren[986] und aus dem Vertrag zwischen Bauherr und Bauunternehmer keine besonderen Anhaltspunkte folgen, die auf ein gegenteiliges Ergebnis hindeuten.

Schwarze[987] wendet ein, dass das Argument des Relativitätsprinzips nicht folgerichtig sei. Werde es der Strukturschonung halber für richtig gehalten, die Letztverantwortung des Schuldners entlang der schuldrechtlichen Beziehungen zu verwirklichen, könne dies seiner Auffassung zufolge nicht auf den Fall beschränkt bleiben, in dem der Gläubiger dem Dritten hafte, sondern wäre in jeder Drittschutzkonstellation anzunehmen.[988] Der im Vergleich zum unmittelbaren Anspruch des Dritten gegen den Schuldner mildere Eingriff in das schuldrechtliche Relativitätsgefüge bestünde in einer „Drittschadensliquidation".[989]

Drittschadensliquidation und Vertrag mit Schutzwirkung zugunsten Dritter unterscheiden sich dadurch, dass bei ersterem „der Schaden zur Anspruchsgrundlage", bei letzterem dagegen „die Anspruchsgrundlage zum Schaden gezogen" wird.[990] Da bei der Drittschadensliquidation daher nur Ansprüche der Vertragsparteien, nicht dagegen auch Ansprüche Dritter angenommen werden, ist sie gerade Ausdruck des Relativitätsprinzips.[991] Insoweit ist *Schwarze*[992] zuzustimmen, wenn er von einem „mildere[n] Eingriff in das schuldrechtliche Relativitätsgefüge" spricht.

---

985 Vgl. allgemein für den Vertrag mit Schutzwirkung zugunsten Dritter in diese Richtung Esser/Schmidt, SchuldR AT, S. 272; Hirth, S. 131; Köndgen, Einbeziehung Dritter in den Vertrag, S. 33, der allerdings bereits jede Versicherungsmöglichkeit ausreichen lässt.

986 So allgemein Gernhuber, Das Schuldverhältnis, S. 531; Grunewald, Bürgerliches Recht, § 18, Rn. 13; vgl. hierzu S. 176 f.

987 Schwarze, AcP 203 (2003), 348, 361.

988 Schwarze, AcP 203 (2003), 348, 361.

989 Schwarze, AcP 203 (2003), 348, 361.

990 Medicus/Petersen, Bürgerliches Recht, Rn. 839; Looschelders, SchuldR AT, § 46, Rn. 9; Looschelders/Makowsky, JA 2012, 721, 725.

991 Sutschet, in: BeckOK BGB, § 241 BGB, Rn. 9; Looschelders/Makowsky, JA 2012, 721, 724.

992 Schwarze, AcP 203 (2003), 348, 361.

Die Drittschadensliquidation wird aber auf eine andere Konstellation als der Vertrag mit Schutzwirkung zugunsten Dritter angewendet. Während es bei der Drittschadensliquidation um eine Schadensverlagerung geht, der Schaden also nicht bei einer Vertragspartei, sondern stattdessen bei einem Dritten eintritt, trifft den Schuldner beim Vertrag mit Schutzwirkung zugunsten Dritter eine Schadensersatzverpflichtung sowohl für Schädigungen des Vertragspartners als auch des Dritten, was zu einer Vermehrung des Haftungsrisikos führt.[993]

Wenn *Schwarze*[994] vorschlägt, dass unter den von der Rechtsprechung entwickelten Voraussetzungen des vertraglichen Drittschutzes eine den Dritten begünstigende Schutzpflicht des Schuldners nur dem Gläubiger gegenüber anzunehmen sei und dem Dritten wiederum ein Anspruch gegen den Gläubiger auf Abtretung eines aus Verletzung dieser Pflicht resultierenden Anspruchs zuzugestehen sei, so spricht er – wie er selbst feststellt –[995] hiermit eine Rechtsfigur an, die es derzeit in dieser Form nicht gibt.

Darüber hinaus würde auch die Anerkennung einer derartigen Konstruktion kein „Allheilmittel" darstellen. Denn auch die Drittschadensliquidation ist nicht prinzipientreu. Indem sie die Möglichkeit schafft, den Schaden eines Dritten geltend zu machen, durchbricht sie das Tatbestandsprinzip[996] bzw. den Grundsatz vom Gläubigerinteresse[997], wonach derjenige, dessen Rechtsgüter verletzt werden, grundsätzlich nur Ersatz für eigene Schäden verlangen kann.[998]

Aus diesem Grunde soll eine Drittschadensliquidation auch nicht in Betracht kommen, wenn der Dritte eigene Ansprüche gegen den Schädiger

---

993 Medicus/Petersen, Bürgerliches Recht, Rn. 841; Looschelders, SchuldR AT, § 46, Rn. 9.

994 Schwarze, AcP 203 (2003), 348, 361.

995 Schwarze, AcP 203 (2003), 348, 361, Fn. 40.

996 Oetker, in: MüKoBGB, § 249 BGB, Rn. 293, 280; Esser/Schmidt, SchuldR AT, S. 258, 265 ff.; Schulze, in: HK-BGB, Vor. §§ 249–253 BGB, Rn. 25 ff.

997 Schiemann, in: Staudinger, Vor. §§ 249–254 BGB, Rn. 62; Neuner, JZ 1999, 126, 127, 130.

998 S. hierzu Esser/Schmidt, SchuldR AT, S. 259 ff.; Schiemann, in: Staudinger, Vor. §§ 249–254 BGB, Rn. 49, 62; Oetker, in: MüKoBGB, § 249 BGB, Rn. 280 f.; Schulze, in: HK-BGB, Vor. §§ 249–253 BGB, Rn. 25 ff., der hiermit sowohl das Relativitätsprinzip als auch das Tatbestandsprinzip beschreibt; Neuner, JZ 1999, 126, 127; vgl. auch Medicus/Petersen, Bürgerliches Recht, Rn. 834; Looschelders, SchuldR AT, § 46, Rn. 1.

hat, insbesondere auch dann nicht, wenn er Ansprüche aus einem Vertrag mit Schutzwirkung zugunsten Dritter hat.[999]

Die Konstruktion des Vertrages mit Schutzwirkung zugunsten Dritter nach dem Vorbild der Drittschadensliquidation würde daher möglicherweise zwar die Relativität schuldrechtlicher Beziehungen wahren, dafür aber andere Prinzipien missachten. Erreicht würde hierdurch nichts.

Daher bleibt es dabei, dass der Vertrag mit Schutzwirkung zugunsten Dritter zwar das Relativitätsprinzip durchbricht, diese Durchbrechung aber gleichzeitig durch den zugrundeliegenden Gedanken der Selbstverantwortung sowohl gerechtfertigt als auch wiederum beschränkt wird. Gerechtfertigt ist die Durchbrechung dort, wo der Dritte auf das fremde Schuldverhältnis und die damit einhergehenden Gefahren keinen Einfluss nehmen konnte und dementsprechend keine Möglichkeit zur vertraglichen Absicherung seiner Interessen hatte,[1000] er mit diesen Gefahren aber gleichwohl in ähnlicher Weise wie der Gläubiger in Berührung kommt und daher desselben Schutzes bedarf. Bereits die bloße Möglichkeit zur Einflussnahme schließt einen vertraglichen Drittschutz aus.

Zu beschränken ist der Anwendungsbereich des Vertrages mit Schutzwirkung zugunsten Dritter durch ein Kriterium der Schutzbedürftigkeit dort, wo eben jene selbstverantwortliche Wahrnehmung eigener Interessen durch den Dritten erfolgt ist, indem er eine vertragliche Einigung mit dem Gläubiger erzielt hat[1001] und darüber hinaus durch das fremde Schuldverhältnis keine zusätzlichen Gefahren geschaffen werden[1002]. Im Falle der von *Harke*[1003] als Kriterium genannten Identität der Pflichten von Schuldner und Gläubiger tritt eine solche Gefahrerhöhung ohnehin nicht ein. Insoweit handelt es sich um unterschiedliche Herangehensweisen, die letztlich zum selben Ergebnis führen.

---

999 Gernhuber, Das Schuldverhältnis, S. 515 f.; Oetker, in: MüKoBGB, § 249 BGB, Rn. 293 m.w.N.; Schiemann, in: Staudinger, Vor. §§ 249–254 BGB, Rn. 66 m.w.N.; Looschelders, SchuldR AT, § 46, Rn. 10; Looschelders/Makowsky, JA 2012, 721, 724.

1000 In diese Richtung auch Köndgen, Einbeziehung Dritter in den Vertrag, S. 33; Esser/Schmidt, SchuldR AT, S. 272; Hirth, S. 131.

1001 In diese Richtung auch Köndgen, Einbeziehung Dritter in den Vertrag, S. 33; Esser/Schmidt, SchuldR AT, S. 272, vgl. auch Hirth, S. 131.

1002 So auch Gernhuber, Das Schuldverhältnis, S. 531; Grunewald, Bürgerliches Recht, § 18, Rn. 13.

1003 Harke, SchuldR AT, Rn. 437.

d) Überprüfung des Schutzbedürftigkeitskriteriums anhand der Interessen der Vertragsparteien

Dieses Ergebnis ist vor dem Hintergrund der Interessen beider Vertragsparteien sowie derer des Dritten zu überprüfen.

Fest steht, dass die Vertragsparteien eine Schutzwirkung zugunsten des Dritten auch dann vereinbaren können, wenn diesem im Falle der Schädigung bereits eigene vertragliche Ansprüche gegen den Gläubiger zustehen.[1004] *Gottwald*[1005] merkt an, dass die Beteiligten dem Dritten allerdings zumeist nur einen notwendigen, nicht aber einen zusätzlichen Schutz gewähren wollten. Dies trifft jedenfalls für den Schuldner zu, der ein Interesse an einer möglichst weiten Beschränkung seines Haftungsrisikos hat.

Und auch den aufgrund des Grundsatzes von Treu und Glauben zu berücksichtigenden Drittinteressen[1006] wird ausreichend Rechnung getragen, wenn ihm eigene vertragliche Ansprüche zustehen.[1007] Freilich ist der Dritte im Zweifel daran interessiert, sich im Schadensfall an so viele Schuldner wie möglich halten zu können. Und so hält es *Köndgen*[1008] für möglich, dass der vertragliche Drittschutzanspruch durchaus einmal als Verstärkung eines bereits existierenden Anspruchs, wenn man so wolle: als eine Art Versicherung, erwünscht sei. Soweit der Dritte realisierbare gleichwertige Ansprüche gegen zumindest einen anderen Schuldner hat, wird ein solches Drittinteresse im Regelfall hinter den Interessen der Vertragsparteien zurücktreten. Wie sich eine fehlende Leistungsfähigkeit des Gläubigers auswirkt, wird an späterer Stelle noch zu klären sein.[1009]

Im Gegensatz zum Schuldner hat der Gläubiger ein Interesse am Bestehen direkter vertraglicher Ansprüche des Dritten gegen den Vertragsschuldner, wenn den Gläubiger selbst eine vertragliche Haftung trifft, da er dann bei der Anspruchsdurchsetzung durch den Dritten möglicherweise außen vor gelassen würde.[1010] Bei genauerer Betrachtung zeigt sich

---

1004 Gottwald, in: MüKoBGB, § 328 BGB, Rn. 191.

1005 Gottwald, in: MüKoBGB, § 328 BGB, Rn. 191.

1006 Hadding, in: Soergel, Anh. § 328 BGB, Rn. 6; so auch Hirth, S. 126; Bell, S. 93.

1007 Vgl. auch Gottwald, in: MüKoBGB, § 328 BGB, Rn. 191 m.w.N.

1008 Köndgen, Einbeziehung Dritter in den Vertrag, S. 12.

1009 Vgl. S. 187 f.

1010 Gernhuber, Das Schuldverhältnis, S. 526; Hirth, S. 131; Köndgen, Einbeziehung Dritter in den Vertrag, S. 12; Schwarze, AcP 203 (2003), 348, 350, Fn. 10; 355; vgl. auch, allerdings zu generalisierend Karampatzos, S. 78, da er dies auf beide Vertragsparteien bezieht; der Schuldner hat aber gerade kein Interesse an

allerdings, dass sich dies für den Gläubiger nur als begrenzter Vorteil erweisen würde, da ein Direktanspruch des Dritten den vertraglichen Schadensersatzanspruch gegen den Gläubiger nicht entfallen ließe.[1011] Ansprüche des Nachbarn gegen den Bauunternehmer würden den Bauherrn daher nicht von seiner Haftung befreien. Stattdessen würden Bauherr und Bauunternehmer gesamtschuldnerisch haften.[1012] Nach wie vor würde der Bauherr den Ansprüchen des Nachbarn ausgesetzt sein, der die Leistung gemäß § 421 S. 1 BGB nach seinem Belieben von jedem der Schuldner fordern könnte. Für den Bauherrn könnten direkte Ansprüche des Nachbarn gegen den Bauunternehmer insofern von Nutzen sein, als sich vermuten ließe, dass der Nachbar sich im Sinne des Rechtsfriedens vorrangig an den Bauunternehmer wenden würde, da mit Rücksicht auf eine dauerhafte Verbindung der Nachbarn eine gewisse Hemmschwelle besteht, den jeweils anderen in Anspruch zu nehmen.[1013] Andererseits läge es nahe, sich zunächst an denjenigen zu halten, mit dem im Vorfeld konkrete Vereinbarungen über die Durchführung der Baumaßnahmen getroffen wurden, also an den Bauherrn.

Letztlich bliebe es im Falle der Bejahung des vertraglichen Drittschutzes stets eine „vage Hoffnung, der Dritte würde sich im Falle eigener Ansprüche vorrangig an den Schuldner halten und den Gläubiger in Ruhe lassen".[1014]

Jedenfalls kann dieses Interesse nicht an das gegenläufige Interesse des Schuldners an einer Haftungsbegrenzung heranreichen,[1015] da dem Vertragsgläubiger ohnehin Regressansprüche gegen den Schuldner zustän-

---

der Ausdehnung des Drittschutzes für den Fall, dass vorrangige Ansprüche des Dritten gegen den Gläubiger bestehen.

1011 Vgl. auch Schwarze, AcP, 203 (2003), 348, 355, der die ergänzende Vertragsauslegung daher aufgrund eines fehlenden gewichtigen Interesses des Gläubigers in den meisten Drittschutzkonstellationen nicht für gangbar hält.

1012 S. ausführlich zur Gesamtschuld zwischen Gläubiger und Schuldner Schwarze, AcP 203 (2003), 348; für eine gesamtschuldnerische Haftung sprechen sich ausdrücklich auch Berg, NJW 1978, 2018, 2019; Neuner, JZ 1999, 126, 129 aus.

1013 Auf eine psychologische Hemmschwelle weist van Eickels, S. 266 f. in familiären und arbeitsrechtlichen Beziehungen hin; vgl. auch Schwarze, AcP 203 (2003), 348, 355, der die Hoffnung, der Dritte würde sich vorrangig an den Schuldner halten, allerdings für eine „vage Hoffnung" hält.

1014 Schwarze, AcP 203 (2003), 348, 355, der die ergänzende Vertragsauslegung daher aufgrund eines fehlenden gewichtigen Interesses des Gläubigers in den meisten Drittschutzkonstellationen nicht für gangbar hält.

1015 Schwarze, AcP 203 (2003), 248, 355, 256 mit Verweis auf Bayer, JuS 1996, 473, 476 allerdings mit dem Ergebnis der regelmäßigen Ablehnung ergänzender Vertragsauslegung.

den.[1016] Dass diese Regressansprüche im Falle fehlender Liquidität des Schuldners für den Gläubiger wertlos sein können, ändert hieran nichts. Denn auch bei Bejahung einer Drittschutzwirkung würde der Gläubiger im Rahmen einer gesamtschuldnerischen Haftung mit dem Schuldner dessen Insolvenzrisiko tragen. Selbst wenn der Nachbar sich zunächst an den Bauunternehmer halten würde, so würde er doch spätestens dann auf den Bauherrn zurückgreifen, wenn er bemerkt, dass der Bauunternehmer nicht leistungsfähig ist. Denn das Recht, die Leistung nach Belieben von jedem der Schuldner fordern zu können, besteht bis zur Erfüllung.[1017] Der Bauherr ist daher zwar an einer Direkthaftung des Bauunternehmers interessiert, wenn er selbst dem Nachbarn gegenüber schadensersatzpflichtig ist; in Anbetracht der oben genannten Gründe kommt dieses Interesse allerdings nicht gegen das abweichende Schuldnerinteresse an.

Zwar trifft *Schwarzes*[1018] Einwand zu, dass die Letztverantwortung grundsätzlich beim Schuldner liege. Er selbst räumt aber richtigerweise ein, dass es keinen Zwang zur Synchronität von Außen- und Innenhaftung gebe.[1019] Es mag zwar umständlich sein, wenn im Innenverhältnis regelmäßig der Bauunternehmer für den Schaden verantwortlich, im Außenverhältnis aber zunächst auf den Bauherrn zurückzugreifen ist; letztlich ist dieser Weg aber nicht „ungerecht".[1020]

Die grundsätzliche Subsidiarität des Vertrages mit Schutzwirkung zugunsten Dritter stimmt mit den Parteiinteressen überein.

e) Einfluss der Leistungsfähigkeit des Gläubigers auf die Schutzbedürftigkeit

Fraglich ist, ob die Schutzbedürftigkeit des Dritten auch dann entfällt, wenn der vertragliche Anspruch gegen den Gläubiger aufgrund dessen fehlender Leistungsfähigkeit nicht realisierbar ist. Die Rechtsprechung und ein Teil der Literatur bejahen diese Frage.[1021] Andere halten den Dritten

---

1016 Vgl. Schwarze, AcP 203 (2003), 248, 355.

1017 Looschelders, in: Staudinger, § 421 BGB, Rn. 123; Heinemeyer, in: MüKoBGB, § 421 BGB, Rn. 74.

1018 Schwarze, AcP 203 (2003), 248, 353 ff., vgl. zu Schwarzes Lösungsvorschlag S. 172 ff.

1019 Schwarze, AcP 203 (2003), 248, 353.

1020 So auf alle Fallgruppen bezogen Hirth, S. 131.

1021 BGH, NJW 2004, 3630, 3632; NJW 2013, 1002, Rn. 9; NJW 2014, 2345, Rn. 22; so auch Sonnenschein, JA 1979, 225, 230; Klumpp, in: Staudinger, § 328 BGB,

dagegen auch dann für schutzbedürftig, wenn dessen vertragliche Ansprüche wirtschaftlich wertlos sind.[1022] Drittschutz sei danach geboten, wenn es nicht nur am rechtlichen, sondern auch am wirtschaftlichen Schutz mangele.[1023]

Abgelehnt wird bereits die Gleichwertigkeit beider Ansprüche.[1024] Darüber hinaus wird angeführt, dass es hinsichtlich der Interessenlage für den Dritten keinen Unterschied mache, ob er gar keinen oder einen wertlosen Anspruch habe.[1025]

Von der Gleichwertigkeit eines wertlosen Anspruchs kann freilich nicht gesprochen werden. Das Bestehen einer gleichen Interessenlage, unabhängig davon, ob gar kein Anspruch besteht oder dieser wertlos ist, ist dagegen zu bezweifeln. Besteht nämlich ein vertraglicher Anspruch gegen den Gläubiger, so basiert dieser auf einem Vertragsverhältnis, auf das sich der Dritte eingelassen hat.[1026] Dann muss der Dritte, wie jeder andere Gläubiger auch, konsequenterweise das Risiko der Insolvenz seines Vertragspartners tragen.[1027] Der Zweck des Vertrages mit Schutzwirkung zugunsten Dritter besteht nämlich – wie die Rechtsprechung richtig ausführt – nicht in der Absicherung des Risikos, dass der eigene Vertragspartner finanziell nicht leistungsfähig ist.[1028]

Rn. 125; Stürner, in: PWW-BGB, Vor. §§ 328 ff. BGB, Rn. 10; Schulze, in: HK-BGB, § 328 BGB, Rn. 18; Saar, JuS 2000, 220, 222.

1022 Stahl, S. 77; Hirth, S. 132; Karampatzos, S. 76 f.

1023 Stahl, S. 77.

1024 Karampatzos, S. 77; Harke, SchuldR AT, Rn. 437.

1025 Hirth, S. 132.

1026 Anders Neuner, JZ 1999, 126, 129, der ausführt, dass der Dritte gerade nicht aufgrund einer rein privatautonomen Entscheidung, sondern vor allem wegen des sozialen Näheverhältnisses zum Gläubiger den Gefahren einer Leistungsstörung durch den Schuldner ausgesetzt sei; vgl. hierzu S. 171 f.

1027 BGH, NJW 2004, 3630, 3632; NJW 2013, 1002, Rn. 9; Sonnenschein, JA 1979, 230; Klumpp, in: Staudinger, § 328 BGB, Rn. 125; Saar, JuS 2000, 220, 222; a.A. Neuner, JZ 1999, 126, 129; Schwarze, AcP 203 (2003), 348, 362, die der Auffassung sind, dass der Dritte gerade nicht das Insolvenzrisiko des Hauptgläubigers tragen solle und aus diesem Grunde bereits die Subsidiarität des Drittschutzes ablehnen.

1028 BGH, NJW 2004, 3630, 3632; vgl. auch BGH, NJW 2013, 1002, Rn. 9.

f) Zwischenergebnis

Der Bauvertrag entfaltet mangels Schutzbedürftigkeit keine Drittschutzwirkung, wenn der Nachbar bereits vertragliche Ansprüche – z.B. aus einem Zustimmungsvertrag – hat. Ob diese Ansprüche realisierbar sind, ist nicht entscheidend.

2. Gleichwertige Ansprüche des Nachbarn

Im Folgenden wird geprüft, ob neben unmittelbaren vertraglichen Schadensersatzansprüchen aus einem Zustimmungsvertrag weitere Ansprüche des Nachbarn in Betracht kommen, die eine Schutzbedürftigkeit entfallen lassen können.

a) Deliktische Ansprüche

Im Falle der Schädigung seines Bauwerkes können dem Nachbarn sowohl gegen den Bauherrn als auch gegen die von diesem beauftragten Bauunternehmer, deren Angestellte oder Subunternehmer deliktische Schadensersatzansprüche zustehen.[1029] Diese können einer Schutzbedürftigkeit mangels Gleichwertigkeit mit dem Einbezug in den vertraglichen Schutzbereich nicht entgegenstehen.[1030] Das Bedürfnis zur Anerkennung des Vertrages mit Schutzwirkung zugunsten Dritter resultiert gerade daraus, dass der durch das Deliktsrecht gewährleistete Schutz für unzureichend erachtet wurde, was insbesondere mit der Exkulpationsmöglichkeit des § 831 Abs. 1 S. 2 BGB begründet wird.[1031]

1029 Vgl. hierzu die übersichtliche Darstellung möglicher deliktischer Schadensersatzansprüche des Nachbarn bei Boisserée, S. 67 ff.

1030 KG, IBRRS 2015, 0388; Klumpp, in: Staudinger, § 328 BGB, Rn. 124; Mäsch, in: BeckOGK BGB, § 328 BGB, Rn. 181; Joussen, SchuldR AT, Rn. 1218; Brox/Walker, SchuldR AT, § 33, Rn. 12; Karampatzos, S. 76.

1031 Joussen, SchuldR AT, Rn. 1202, 1218; Klumpp, in: Staudinger, § 328 BGB, Rn. 91 m.w.N., Rn. 124; Grüneberg, in: Palandt, § 328 BGB, Rn. 13; zu den Schwächen des Deliktsrechts vgl. S. 50 f.

b) Ausgleichsanspruch aus § 906 Abs. 2 S. 2 BGB (analog)

Häufig wird dem Nachbarn ein Ausgleichsanspruch gegen den Bauherrn zustehen, der entweder aus einer direkten oder einer analogen Anwendung des § 906 Abs. 2 S. 2 BGB hergeleitet wird. In den direkten Anwendungsbereich des § 906 Abs. 2 S. 2 BGB fallen Beeinträchtigungen durch die Zuführung unwägbarer Stoffe. Hat der Eigentümer eine wesentliche Beeinträchtigung durch die Einwirkung von Immissionen zu dulden, so kann er gemäß § 906 Abs. 2 S. 2 BGB von dem Benutzer des anderen Grundstücks einen angemessenen Ausgleich in Geld verlangen, wenn die Einwirkung eine ortsübliche Benutzung seines Grundstücks oder dessen Ertrag über das zumutbare Maß hinaus beeinträchtigt.

Entsprechend wird der Ausgleichsanspruch auch für nicht zu duldende Beeinträchtigungen gewährt, die keine Immissionen darstellen.[1032] Nach ständiger Rechtsprechung soll der nachbarliche Ausgleichsanspruch gegeben sein, „wenn von einem Grundstück im Rahmen privatwirtschaftlicher Benutzung rechtswidrige Einwirkungen auf ein anderes Grundstück ausgehen, die der Eigentümer oder Besitzer des betroffenen Grundstücks nicht dulden muss, aus besonderen Gründen jedoch nicht gemäß §§ 1004 Abs. 1, 862 Abs. 1 BGB unterbinden kann, sofern er hierdurch Nachteile erleidet, die das zumutbare Maß der entschädigungslos hinzunehmenden Beeinträchtigung übersteigen“.[1033]

Direkt anwendbar ist die Regelung des § 906 Abs. 2 S. 2 BGB auf die Einwirkung infolge von Erschütterungen.

Eine entsprechende Anwendung des Ausgleichsanspruchs wird beispielsweise angenommen,[1034] wenn infolge von Kanalbaumaßnahmen oder Sprengarbeiten Schäden an der Nachbarbebauung entstehen,[1035] wenn bei Reparaturarbeiten ein Brand ausgelöst wird, der auf ein anderes

---

1032 BGH, NJW 1983, 872, 874; NJW 2003, 2377, 2378; NJW 2004, 3701, 3702; Brückner, in: MüKoBGB, § 906 BGB, Rn. 195 ff.; Fritzsche, in: BeckOK BGB, § 906 BGB, Rn. 87.

1033 BGH, NJW 2003, 2377, 2378; NJW 2009, 3787, Rn. 9; NJW 2018, 1542, Rn. 5; jeweils m.w.N.

1034 Vgl. für eine übersichtliche Aufstellung der Anwendungsfälle des nachbarrechtlichen Ausgleichsanspruchs Fritzsche, in: BeckOK BGB, § 906 BGB, Rn. 91; Roth, in: Staudinger, § 906 BGB, Rn. 66; Popescu/Majer, NZM 2009, 181.

1035 Vgl. etwa OLG Düsseldorf, NJW-RR 2010, 1106, das den Ausgleichsanspruch im konkreten Fall aber verneinte, da sich das beeinträchtigte Grundstück in einem mangelhaften Zustand befunden habe, ohne den der Schaden nicht eingetreten wäre.

Grundstück übergreift[1036] oder bei Schäden infolge einer unzulässigen Vertiefung im Sinne des § 909 BGB,[1037] also zum Teil gerade in solchen Konstellationen, in denen eine Einbeziehung des Nachbarn in den Schutzbereich des Bauvertrages in Betracht käme.

Bevor der Frage nachzugehen ist, ob der Ausgleichsanspruch gleichwertig zu einem Anspruch aus einem Vertrag mit Schutzwirkung zugunsten Dritter ist, muss das generelle Verhältnis beider Ansprüche zueinander geklärt werden.

aa) Subsidiarität

Nicht nur dem Vertrag mit Schutzwirkung zugunsten Dritter kommt aufgrund des Schutzbedürftigkeitskriteriums in gewisser Weise eine nachrangige Position gegenüber anderen Ansprüchen zu, sondern auch der nachbarrechtliche Ausgleichsanspruch in analoger Anwendung des § 906 Abs. 2 S. 2 BGB ist subsidiärer Natur.[1038]

Der hier gegenständliche potentielle Anspruch aus dem drittschützenden Vertrag richtet sich allerdings gegen den Bauunternehmer, während der nachbarrechtliche Ausgleichsanspruch gegenüber dem Bauherrn besteht.

Gegenüber einem Anspruch nach den Grundsätzen des Vertrages mit Schutzwirkung zugunsten Dritter tritt der nachbarrechtliche Ausgleichsanspruch, dem zunehmend eine eigenständige Bedeutung gegenüber sonstigen Schadensersatzansprüchen zugesprochen wird,[1039] daher nicht zurück.[1040]

1036 BGH, NJW 1999, 2896; NJW 2018, 1542.

1037 BGH, NJW 1983, 872, 874; NJW 2001, 1865, 1866.

1038 BGH, NJW 1993, 925, 927; NJW 1999, 3633, 3635; NJW 2004, 3701; Fritzsche, in: BeckOK BGB, § 906 BGB, Rn. 88 ff.; Roth, in: Staudinger, § 906 BGB, Rn. 71; Brückner, in: MüKoBGB, § 906 BGB, Rn. 212.

1039 BGH, NJW 2004, 3701 unter Bezug auf BGH, NJW 2003, 2377, 2379; s. auch Brückner, in: MüKoBGB, § 906 BGB, Rn. 213 m.w.N.

1040 So im Ergebnis auch Fritzsche, in: BeckOK BGB, § 906 BGB, Rn. 89; vgl. auch OLG Koblenz, BeckRS 2011, 7437, das eine gesamtschuldnerische Haftung zwischen dem aus § 906 Abs. 2 S. 2 BGB analog haftenden Bauherrn und dem nach den Grundsätzen des vertraglichen Drittschutzes haftenden Bauunternehmer annahm; das Urteil wurde später vom BGH, BeckRS 2013, 20079 aufgehoben, ohne dass die Aufhebungsgründe aber das Verhältnis beider Ansprüche zueinander betrafen; vgl. auch KG, IBRRS 2015, 0388.

bb) Gleichwertigkeit

Umgekehrt stellt sich allerdings die Frage, wie sich das Bestehen eines Ausgleichsanspruchs gegen den Bauherrn auf die Annahme des Drittschutzes auswirkt. Die Schutzbedürftigkeit des Dritten könnte unter Umständen durch eine Gleichwertigkeit beider Ansprüche entfallen. Diese setzt nicht voraus, dass die Ansprüche auf derselben Anspruchsgrundlage beruhen (was hier nicht der Fall wäre); ausschlaggebend sind stattdessen der Anspruchsumfang und die Gleichwertigkeit der Voraussetzungen.[1041] Darüber hinaus entscheiden auch die Zielrichtungen beider Ansprüche über die Gleichwertigkeit.[1042]

(1) Gleichwertigkeit der Voraussetzungen

Gleichwertig sind vor allem vertragliche Ansprüche.[1043] Beim Ausgleichsanspruch handelt es sich zwar weder um einen vertraglichen Anspruch, noch hat er dieselben Voraussetzungen, was ganz überwiegend für erforderlich gehalten wird.[1044] Dies könnte mit Blick auf den Zweck des Gleichwertigkeitserfordernisses in diesem Falle aufgrund der für den Nachbarn günstigeren Voraussetzungen allerdings unerheblich sein. Der Anwendungsbereich des Ausgleichsanspruchs wird von der Rechtsprechung durch eine analoge Anwendung des § 906 Abs. 2 S. 2 BGB nämlich derart

---

1041 BGH, NJW 2013, 1002, Rn. 10; Klumpp, in: Staudinger, § 328 BGB, Rn. 124a; so auch Mäsch, in: BeckOGK BGB, § 328 BGB, Rn. 180; Saar, JuS 2000, 220, 222; vgl. auch BGH, NJW 1996, 2927, 2929; vgl. zum Erfordernis gleichwertiger Voraussetzungen weitere Nachweise in Fn. 1044; a.A. Sonnenschein, JA 1979, 225, 230, der scheinbar verlangt, dass es sich um die gleiche Anspruchsgrundlage handelt.

1042 BGH, NJW 2004, 3420, 3421; OLG Frankfurt am Main, BeckRS 2015, 9131, Rn. 96; Klumpp, in: Staudinger, § 328 BGB, Rn. 124a; s. auch Mäsch, in: BeckOGK BGB, § 328 BGB, Rn. 180.

1043 BGH, NJW 1996, 2927, 2929; NJW 2004, 3630, 3632; Klumpp, in: Staudinger, § 328 BGB, Rn. 124a; Gottwald, in: MüKoBGB, § 328 BGB, Rn. 191.

1044 Zum Erfordernis derselben Voraussetzungen Gottwald, in: MüKoBGB, § 328 BGB, Rn. 191; Janoschek, in: BeckOK BGB, § 328 BGB, Rn. 57; Klumpp, in: Staudinger, § 328 BGB, Rn. 124a; so wohl auch Sonnenschein, JA 1979, 225, 230; a.A. Keitel, S. 86 ff.

weit ausgedehnt, dass es aus der Literatur teilweise Kritik dahingehend gibt, die Grenze zur Gefährdungshaftung werde überschritten.[1045]

Jedenfalls die Anforderungen, die die Rechtsprechung an die analoge Anwendung des § 906 Abs. 2 S. 2 BGB stellt, werden wohl in den meisten Fallkonstellationen der hier gegenständlichen Nachbarschädigungsfälle zu bejahen sein: Ausgenommen von der Fallgruppe, in denen der Bauherr mit Zustimmung des Nachbarn auf dessen Grundstück einwirken darf oder dieser zur Duldung der Einwirkung verpflichtet ist,[1046] gehen entsprechend den von der Rechtsprechung formulierten Voraussetzungen stets rechtswidrige Einwirkungen von dem Baugrundstück auf das Nachbargrundstück aus, gegen die der Betroffene gemäß §§ 1004 Abs. 1, 862 Abs. 1 BGB nicht rechtzeitig vorgehen kann und durch die er unzumutbare Nachteile erleidet.[1047] Darüber hinaus wird der Bauherr als Störer anzusehen sein. Zwar folgt die Einordnung als Störer nach ständiger Rechtsprechung nicht alleine aus dem Grundstückseigentum des Bauherrn; ausreichend ist aber, dass sich die Beeinträchtigungen, die von seinem Grundstück ausgehen, mittelbar auf dessen Willen zurückführen lassen.[1048] Dies ist bei vom Bauherrn veranlassten Baumaßnahmen, die sich auf das Nachbargrundstück auswirken, der Fall.

Da der Anspruch zudem unabhängig von einem Verschulden des Bauherrn besteht,[1049] ist er für den Nachbarn im Hinblick auf die Anspruchsvoraussetzungen sogar günstiger als vertragliche Schadensersatzansprüche gegen den Bauunternehmer. Selbst der Nachweis des einwandfreien Verhaltens des Bauherrn lässt den Ausgleichsanspruch nicht entfallen.[1050] We-

---

1045 Roth, in: Staudinger, § 906 BGB, Rn. 69 m.w.N.; Larenz/Canaris, SchuldR BT, S. 665 f.; Schlechtriem, in: FS für J. Gernhuber, S. 407, 418, der darauf hinweist, dass Ausgleichsansprüche und Schadensersatzansprüche sich allenfalls der Höhe nach unterscheiden würden; Popescu/Majer, NZM 2009, 181, 183: „Funktion eines Auffangtatbestandes für Delikts- und Gefährdungshaftungsansprüche", 185.

1046 Vgl. hierzu S. 37 ff.

1047 S. zu diesen Voraussetzungen an die entsprechende Anwendung des § 906 Abs. 2 S. 2 BGB: BGH, NJW 1983, 872, 874; NJW 2003, 2377, 2378 m.w.N.; Vgl. ausführlich zu den Voraussetzungen im Einzelnen Brückner, in: MüKoBGB, § 906 BGB, Rn. 195 ff.

1048 BGH, NJW 1993, 1855, 1856; NJW 1999, 2896, 2897; jeweils m.w.N.; vgl. näher zur Störereigenschaft Roth, in: Staudinger, § 906 BGB, Rn. 69; Brückner, in: MüKoBGB, § 906 BGB, Rn. 206 ff.

1049 BGH, NJW 1990, 3195, 3196; NJW 2001, 1865, 1866; Roth, in: Staudinger, § 906 BGB, Rn. 249; Fritzsche, in: BeckOK BGB, § 906 BGB, Rn. 81a.

1050 Schlechtriem, in: FS für J. Gernhuber, S. 407, 417.

sentliche Beweggründe für die Anerkennung des Vertrages mit Schutzwirkung zugunsten Dritter,[1051] die in der für den Geschädigten günstigeren Beweislastverteilung hinsichtlich des Vertretenmüssens (§ 280 Abs. 1 S. 2 BGB) und in der Anwendbarkeit des § 278 S. 1 BGB liegen, greifen bei Bestehen eines Ausgleichsanspruchs nach § 906 Abs. 2 S. 2 BGB (analog) folglich nicht.

(2) Gleichwertigkeit des Anspruchsumfangs und der Zielrichtung

Zu klären ist, ob beide Ansprüche auch hinsichtlich ihrer Zielrichtung und ihres Anspruchsumfangs gleichwertig sind. Der Nachbar kann vom Benutzer nach dem Gesetzeswortlaut des § 906 Abs. 2 S. 2 BGB einen „angemessenen Ausgleich in Geld“ verlangen. Strittig ist die Bestimmung des Ausgleichsumfangs.[1052]

Die ständige Rechtsprechung bestimmt die Höhe des Ausgleichsanspruchs nach den Grundsätzen der Enteignungsentschädigung.[1053] Von einem Schadensersatzanspruch unterscheide sich der Ausgleichsanspruch darin, dass die Entschädigung die durch die Einwirkung eingetretene Vermögenseinbuße beseitigen solle, während der Schadensersatz der Wiederherstellung des Zustands diene, der bestünde, wenn die Einwirkung nicht zu der unzumutbaren Beeinträchtigung geführt hätte.[1054]

Zugrunde liege der Gedanke des Interessenausgleichs innerhalb eines nachbarlichen Gemeinschaftsverhältnisses.[1055] Der unter den Nachbarn bestehende Interessenwiderstreit sei unter den im Einzelfall geforderten Billigkeitsgesichtspunkten zu lösen.[1056] Der Ausgleichsanspruch sei nicht wie ein Schadensersatzanspruch streng auf Ersatz aller entstandenen und künftigen Vermögenseinbußen oder auf Schadloshaltung gerichtet.[1057] Im Allgemeinen sei er am Verkehrswert der entzogenen Substanz und nicht an

1051 Vgl. hierzu S. 50 f.
1052 Vgl. zu einer übersichtlichen Darstellung der in Rechtsprechung und Literatur vertretenen Auffassungen Roth, in: Staudinger, § 906 BGB, Rn. 262 ff.; Neumann, S. 141 ff.
1053 BGH, NJW 1974, 1869, 1872; NJW 1999, 2896, 2897; NJW 2008, 992, Rn. 9.
1054 BGH, NJW 2010, 3160, Rn. 8.
1055 BGH, NJW 1974, 1869, 1872.
1056 BGH, NJW 1974, 1869, 1872.
1057 BGH, NJW 1974, 1869, 1872.

einer hypothetischen Vermögensentwicklung auszurichten.[1058] Teile der Literatur stimmen dem zu.[1059] Nach dieser Ansicht verfolgen Ausgleichsanspruch und Schadensersatzanspruch nicht die gleiche Zielrichtung.

Eine andere Strömung in der Literatur lehnt die Auffassung der Rechtsprechung ab und will dem Nachbarn stattdessen entweder generell – also sowohl für den Fall der direkten als auch den der analogen Anwendung des § 906 Abs. 2 S. 2 BGB –[1060] oder aber jedenfalls für letzteren Fall[1061] einen vollen Schadensausgleich nach §§ 249 ff. BGB zusprechen. Begründet wird dies damit, dass nur so die im privaten Interesse des Immittenten auferlegte Duldungspflicht ausreichend abgegolten werde.[1062] Darüber hinaus sei die Ansicht des Bundesgerichtshofs unvereinbar mit § 14 S. 2 BImSchG.[1063] Dieser gewährt für den Fall des Ausschlusses privatrechtlicher Abwehransprüche Schadensersatz.

Richtigerweise ist der Ausgleich nach Entschädigungsgrundsätzen zu bestimmen.[1064] § 906 Abs. 2 S. 2 BGB spricht anders als Normen, die auf einen Schadensersatz im Sinne der §§ 249 ff. BGB hinauslaufen – insbesondere abweichend von § 14 S. 2 BImSchG[1065] und dem im selben Titel wie § 906 Abs. 2 S. 2 BGB geregelten § 904 S. 2 BGB[1066] – von einem „angemessenen Ausgleich in Geld“. Sowohl Wortlaut als auch Systematik deuten daher darauf hin, dass gerade kein Schadensersatz geschuldet werden

---

1058 BGH, NJW 1974, 1869, 1872; s. auch BGH, NJW 1972, 243, 246; NJW 2001, 1865, 1867 f.

1059 Wilhelmi, in: Erman BGB, § 906 BGB, Rn. 3, 40; Lemke, in: PWW-BGB, § 906 BGB, Rn. 36; Fritzsche, in: BeckOK BGB, § 906 BGB, Rn. 84; Brückner, in: MüKoBGB, § 906 BGB, Rn. 187 ff., 214; J. F. Baur, in: Soergel, § 906 BGB, Rn. 8, 153; Neumann, S. 143 f. mit zahlreichen weiteren Literaturnachweisen; S. 146 ff.; so für den Fall der direkten Anwendung des § 906 Abs. 2 S. 2 BGB Roth, in: Staudinger, § 906 BGB, Rn. 262 ff.

1060 Jauernig, JZ 1986, 605, 610 ff.; Berger, in: Jauernig, § 906 BGB, Rn. 8, 15; Herrler, in: Palandt, § 906 BGB, Rn. 29.

1061 So für den nachbarrechtlichen Ausgleichsanspruch in analoger Anwendung, nicht dagegen für den direkten Anwendungsfall des § 906 Abs. 2 S. 2 BGB Roth, in: Staudinger, § 906 BGB, Rn. 74, 262 ff.

1062 Berger, in: Jauernig, § 906 BGB, Rn. 8; Säcker, in: MüKoBGB (6. Auflage 2013), § 906 BGB, Rn. 166; vgl. auch Jauernig, JZ 1986, 605, 612.

1063 Jauernig, JZ 1986, 605, 612; vgl. auch Säcker, in: MüKoBGB (6. Auflage 2013), § 906 BGB, Rn. 166, der neben § 14 S. 2 BImSchG weitere Vorschriften anführt; Berger, in: Jauernig, § 906 BGB, Rn. 8.

1064 Vgl. so auch Neumann, S. 146 ff. mit ausführlicher Stellungnahme.

1065 Fritzsche, in: BeckOK BGB, § 906 BGB, Rn. 83.

1066 Larenz/Canaris, SchuldR BT, S. 657; Neumann, S. 141, 146 ff.

soll.[1067] Auch der dem § 906 BGB zugrundeliegende Zweck des Ausgleichs widerstreitender Nachbarinteressen spricht für eine Bemessung des Ausgleichsanspruchs nach Billigkeitsgesichtspunkten.[1068] Ausgleichsanspruch und Schadensersatzanspruch sind hinsichtlich ihres Anspruchsumfangs daher grundsätzlich nicht gleichwertig.

Dennoch können sich beide Ansprüche der Höhe nach entsprechen.[1069] Gerade im Falle der Substanzschäden, um die es hier geht, kann der Ausgleichsanspruch auf vollen Schadensausgleich gerichtet sein.[1070] Berücksichtigung können daher auch die Folgen einer Nutzungsbeeinträchtigung des Grundstücks finden.[1071] Gleichwohl betont der Bundesgerichtshof, dass die Verpflichtung zur Ausgleichsleistung nach den Grundsätzen des Nachbarrechts mit einem Schadensersatzanspruch nicht notwendig deckungsgleich sei.[1072] Es bestehe vielmehr Raum für eine wertende Entscheidung, die zu einem Zurückbleiben des Ausgleichsanspruchs hinter einem Anspruch auf Schadensersatz führen könne.[1073]

Eine unterschiedliche Anspruchshöhe kann darüber hinaus daraus folgen, dass bei der Bemessung des Ausgleichsanspruchs – anders als beim Schadensersatzanspruch – der durch die Einwirkung entgangene Gewinn (§ 252 BGB) nicht berücksichtigt wird.[1074] Zwar findet der während der Beeinträchtigungsdauer ausgebliebene Gewinn Eingang in die Bemessung des Ausgleichsanspruchs, nicht dagegen in der Zukunft liegende und infol-

1067 Brückner, in: MüKoBGB, § 906 BGB, Rn. 187; Neumann, S. 141, 147 f.; den Wortlaut führen daneben Larenz/Canaris, SchuldR BT, S. 657 an; für den direkten Anwendungsfall des § 906 Abs. 2 S. 2 BGB so auch Roth, in: Staudinger, § 906 BGB, Rn. 263.

1068 BGH, NJW 1974, 1869, 1872; J.F. Baur, in: Soergel, § 906 BGB, Rn. 8; vgl. für den direkten Anwendungsfall des § 906 Abs. 2 S. 2 BGB auch Roth in: Staudinger, § 906 BGB, Rn. 263.

1069 Vgl. BGH, NJW 1990, 3195, 3197; NJW-RR 1997, 1374; NJW 2003, 2377, 2380; jeweils m.w.N.

1070 BGH, NJW-RR 1997, 1374; NJW 1999, 2896, 2897; NJW 2003, 2377, 2380; vgl. auch Brückner, in: MüKoBGB, § 906 BGB, Rn. 189; Neumann, S. 141 ff., 146 f.

1071 BGH, NJW 2003, 2377, 2380 m.w.N.

1072 BGH, NJW 2003, 2377, 2380; vgl. auch BGH, NJW 2001, 1865, 1867; dem folgend Brückner, in: MüKoBGB, § 906 BGB, Rn. 189.

1073 BGH, NJW 2003, 2377, 2380; vgl. auch BGH, NJW 2001, 1865, 1867; dem folgend Brückner, in: MüKoBGB, § 906 BGB, Rn. 189.

1074 Maultzsch, S. 240 ff. mit eingehender Auseinandersetzung hiermit; s. auch Neumann, S. 145 ff.; zur Nichtberücksichtigung entgangenen Gewinns nach der Rechtsprechung BGH, NJW 2001, 1865, 1867 f.

ge der Beeinträchtigung ausgebliebene Gewinnerwartungen, da hypothetische künftige Entwicklungen außen vor bleiben.[1075]

(3) Abstrakte oder konkrete Gleichwertigkeit

Die dargestellten Grundsätze zur Höhe des Anspruchsumfangs zeigen, dass nachbarrechtlicher Ausgleichsanspruch und Schadensersatz nach den Grundsätzen des Vertrages mit Schutzwirkung zugunsten Dritter hinsichtlich des Anspruchsumfangs gleichwertig sein können, dass dies jedoch nicht zwangsläufig der Fall ist. Wäre die Beurteilung der Gleichwertigkeit des Anspruchsumfangs anhand einer generalisierenden Betrachtung vorzunehmen, so müsste sie verneint werden. Eine Betrachtung der konkreten Ansprüche könnte dagegen zu dem Ergebnis der Gleichwertigkeit beider Ansprüche gelangen.

Richtigerweise muss es auf eine generelle Gleichwertigkeit ankommen.

Zum Zeitpunkt der Schutzpflichterstreckung auf den Nachbarn steht noch nicht fest, welche Schäden eintreten werden und wie ein Ausgleichsanspruch bei wertender Betrachtung zu bemessen wäre. Es überzeugt nicht, die Frage, ob etwaige Schutzpflichten unmittelbare Wirkung gegenüber dem Nachbarn entfalten, erst in Abhängigkeit von einer nachträglichen Wertungsentscheidung zu beantworten, die aufgrund eines einzelfallbezogenen Vorgehens nicht vorhersehbar ist. Im Sinne der Rechtssicherheit muss bereits zum Zeitpunkt des Vertragsschlusses beurteilt werden können, ob der Vertrag Drittschutzwirkung entfaltet.

Darüber hinaus hätte eine Betrachtung der konkreten Ansprüche zur Folge, dass zwei unmittelbare Nachbarn mit jeweils gleicher Beziehung zum Bauherrn, gleichem Gefährdungsgrad und mit gleicher Substanzbeeinträchtigung unter Umständen unterschiedlich zu behandeln wären, abhängig von den jeweils eingetretenen Schäden. Hat einer der Nachbarn etwa entgangene Gewinnchancen zu verzeichnen, der andere dagegen nicht, so wären etwaiger Schadensersatz- und Ausgleichsanspruch bei letzterem unter Umständen gleichwertig, bei ersterem dagegen nicht. Eine Ungleichbehandlung dahingehend, nur den einen der beiden Nachbarn in den Schutzbereich des Vertrages einzubeziehen, entspricht nicht dem bei

1075 BGH, NJW 2001, 1865, 1867 f., wonach eine Zuwachsrate für künftige Gewinnerwartungen außer Betracht bleibe; BGH, NJW 1972, 243, 246; NJW 1974, 1869, 1872; Maultzsch, S. 240 ff.; Elshorst, NJW 2001, 3222, 3224; Roth, in: Staudinger, § 906 BGB, Rn. 264; Neumann, S. 145 ff.

Vertragsschluss anzunehmenden hypothetischen Parteiwillen und würde zu Rechtsunsicherheiten führen.

Dass auf eine generelle Gleichwertigkeit abzustellen ist, ergibt sich auch aus dem nicht erfüllten Erfordernis der gleichwertigen Zielrichtungen beider Ansprüche – jedenfalls, wenn wie hier dem Vorgehen der Rechtsprechung und der herrschenden Literaturansicht gefolgt wird.[1076]

Ohne explizit auf diese Problematik einzugehen, hat auch das Kammergericht einen nachbarrechtlichen Entschädigungsanspruch gegen den Nachbarn neben einem Schadensersatzanspruch nach den Grundsätzen des Vertrages mit Schutzwirkung zugunsten Dritter gegen den Bauunternehmer angenommen.[1077] Hinsichtlich der Schutzbedürftigkeit des Nachbarn hat es lediglich ausgeführt, dass der Nachbar schutzbedürftig sei, da er keine eigenen vertraglichen Ansprüche habe.[1078] Etwaige deliktische oder sonstige Ansprüche würden dafür nicht genügen.[1079] Dass der Ausgleichsanspruch nach § 906 Abs. 2 S. 2 BGB und Schadensersatzansprüche nach den Grundsätzen des vertraglichen Drittschutzes nicht gleichwertig sind, hat das Kammergericht damit wohl vorausgesetzt.

Im Ergebnis schließt ein Ausgleichsanspruch nach § 906 Abs. 2 S. 2 BGB einen vertraglichen Anspruch nach den Grundsätzen des Vertrages mit Schutzwirkung zugunsten Dritter daher nicht aus, da es an einer Gleichwertigkeit beider Ansprüche fehlt.

c) Schadensersatzansprüche aus dem nachbarlichen Gemeinschaftsverhältnis

Schuldrechtliche Schadensersatzansprüche des geschädigten Nachbarn gegen den Bauherrn könnten sich unmittelbar aus dem nachbarlichen Gemeinschaftsverhältnis herleiten lassen, wenn es sich hierbei um ein gesetzliches Schuldverhältnis oder zumindest um eine Sonderverbindung handeln würde.[1080] Den Bauherrn würden dann Schutzpflichten gemäß § 241

1076 Vgl. hierzu S. 194.

1077 KG, IBRRS 2015, 0388.

1078 KG, IBRRS 2015, 0388.

1079 KG, IBRRS 2015, 0388.

1080 Hierauf weisen Boisserée, S. 46 und sich ihm anschließend Fuchs, S. 211, Fn. 904 hin. Sie führen aus, dass das nachbarliche Gemeinschaftsverhältnis nicht zur Begründung einer Sonderverbindung ausreiche, die als Näheverhältnis qualifiziert werden könne. Selbst wenn eine schuldrechtliche Verbindung der Nachbarn bejaht werde, komme ein Vertrag mit Schutzwirkung zuguns-

Abs. 2 BGB gegenüber seinem Nachbarn treffen. Würde er sich zur Erfüllung dieser Pflichten seines Bauunternehmers bedienen, so hätte er dessen Verschulden in gleichem Umfang zu vertreten wie eigenes Verschulden, § 278 S. 1 BGB.[1081]

aa) Das nachbarliche Gemeinschaftsverhältnis im Allgemeinen

Ob das nachbarliche Gemeinschaftsverhältnis im Allgemeinen ein gesetzliches Schuldverhältnis oder zumindest eine Sonderverbindung darstellt,[1082] ist – wie bereits thematisiert – umstritten.[1083]

Zum Teil wird ausgeführt, die Zugehörigkeit der Grundstücke zu einem Raum mit der folgeweise tatsächlichen gegenseitigen Beeinflussung der Nutzungen löse eine Rechtsbeziehung zwischen den benachbarten Eigentümern aus.[1084] Hierbei handele sich um ein gesetzliches Schuldverhältnis, das aus einer Sphäre gesteigerten sozialen Kontakts hervorgehe.[1085] Die sachenrechtlich bedingte Möglichkeit einer Beeinträchtigung des be-

ten Dritter nicht in Betracht, da sich eine unmittelbare Haftung gegen den Bauherrn ergebe; so auch Inhuber, in: Motzke/Bauer/Seewald, § 12, Rn. 230.

1081 Vgl. Heiseke, MDR 1961, 461, Brox JA 1984, 182, 185 ff. mit einer ausführlichen Darstellung der Anwendbarkeitsfrage des § 278 BGB auf das nachbarliche Gemeinschaftsverhältnis.

1082 Für die Anerkennung als Schuldverhältnis oder Sonderverbindung: Olzen, in: Staudinger, § 241 BGB, Rn. 413 ff.; H.P. Westermann, in: Erman BGB, § 278 BGB, Rn. 6; Westermann/Gursky/Eickmann, § 61, Rn. 42; Krebs, S. 166, 232 ff.; Krebs, in: Dauner-Lieb/Langen, § 241 BGB, Rn. 33; Mühl, NJW 1960, 1133, 1136; H. Westermann, JZ 1963, 407; 408; gegen die Anerkennung als Schuldverhältnis: BGH, NJW 1965, 389, 391; NJW 2006, 992, Rn. 5; Brückner, in: MüKoBGB, § 903 BGB, Rn. 40; Baur, in: Soergel, § 903 BGB, Rn. 57; Baur/Stürner, SachenR, § 5, Rn. 16; Grüneberg, in: Palandt, § 278 BGB, Rn. 3; Schaub, in: BeckOGK BGB, § 278 BGB, Rn. 28; Stadler, in: Jauernig, § 278 BGB, Rn. 5; Schulze, in: HK-BGB, § 278 BGB, Rn. 3; Ring, in: Ring/Grziwotz/Keukenschrijver, § 903 BGB, Rn. 85; Heiseke, MDR 1961, 461; Böhmer, MDR 1959, 141; ders., MDR 1959, 261; Brox, JA 1984, 182, 185 ff.; Deneke, S. 85 ff.; so gerade im Hinblick auf den Vertrag mit Schutzwirkung zugunsten des Nachbarn auch Boisserée, S. 44 f.; Fuchs, S. 211.

1083 Vgl. hierzu S. 140 f.

1084 H. Westermann, JZ 1963, 407, 408.

1085 Westermann/Gursky/Eickmann, § 61, Rn. 42; ähnlich Olzen, in: Staudinger, § 241 BGB, Rn. 414, für eine Sonderverbindung s. auch Krebs, S. 166, 233.

nachbarten Grundstücks erfordere außerdeliktische Rücksichtnahme- und Schutzpflichten.[1086]

Die Gegenansicht lehnt die Begründung eines Schuldverhältnisses mit einer erhöhten Schädigungsgefahr ab.[1087] Diese mache aus allgemeinen Pflichten keine solchen aus einem Schuldverhältnis.[1088] Darüber hinaus wird vor allem angeführt, dass das nachbarliche Gemeinschaftsverhältnis grundsätzlich keine selbstständigen Ansprüche begründen könne, sondern sich hauptsächlich als Schranke der Rechtsausübung auswirke.[1089]

Dies trifft zwar im Grundsatz, nicht jedoch uneingeschränkt zu. Aus dem nachbarlichen Gemeinschaftsverhältnis kann ausnahmsweise auch eine Pflicht zu positivem Handeln folgen.[1090]

Stets betont die Rechtsprechung aber, dass die Pflicht zur gegenseitigen Rücksichtnahme mit Blick auf die nachbarrechtlichen Regelungen eine Ausnahme sei und nur zur Anwendung komme, wenn ein über die gesetzlichen Regelungen hinausgehender billiger Ausgleich der widerstreitenden Interessen dringend geboten erscheine.[1091] Wann ein Interessenausgleich geboten erscheint, lässt sich daher nicht anhand starrer Kriterien beurteilen, sondern richtet sich nach einer Abwägung der jeweiligen Interessen im Einzelfall.[1092] Auch wenn also anerkannt ist, dass aus dem nachbarlichen Gemeinschaftsverhältnis sowohl Duldungs-, Unterlassungs- und so-

---

1086 Krebs, S. 166, der eine Sonderverbindung annimmt; Olzen, in: Staudinger, § 241 BGB, Rn. 414, der ein Schuldverhältnis annimmt; ähnlich Westermann/Gursky/Eickmann, § 61, Rn. 42.

1087 BGH, JurionRS 1958, 13691, Rn. 8 ff. (entgegen der Vorinstanz, die die Anwendung des § 278 BGB auf das Verhältnis zwischen den Nachbarn noch mit dem Vorliegen einer „Gefahrengemeinschaft“ begründet hatte); Böhmer, MDR 1959, 141; ders., MDR 1959, 261; Brox, JA 1984, 182, 187.

1088 Brox, JA 1984, 182, 187; so auch Böhmer, MDR 1959, 141; ders., MDR 1959, 261.

1089 BGH, NJW 1984, 729, 730; NJW 2001, 3119, 3120; Brückner, in: MüKoBGB, § 903 BGB, Rn. 40; Ring, in: Ring/Grziwotz/Keukenschrijver, § 903 BGB, Rn. 85; Riehm, in: BeckOGK BGB, § 280 BGB, Rn. 82; Boisserée, S. 45 f.; Fuchs, S. 211.

1090 BGH, NJW 1977, 1447, 1448; NJW 1991, 1671; NJW-RR 2013, 650, Rn. 6; dies räumen auch Ring, in: Ring/Grziwotz/Keukenschrijver, § 903 BGB, Rn. 85, Brückner, in: MüKoBGB, § 903 BGB, Rn. 40 ein; vgl. auch S. 146.

1091 BGH, NJW-RR 2008, 610, Rn. 19; vgl. auch Ring, in: Ring/Grziwotz/Keukenschrijver, § 903 BGB, Rn. 8.

1092 Auf die Einzelfallprüfung explizit hinweisend J.F. Baur, in: Soergel, § 903 BGB, Rn. 57; Wilhelmi, in: Erman BGB, § 906 BGB, Rn. 75; Brox, JA 1984, 182, 184; vgl. zum Abwägungsvorgang Ring, in: Ring/Grziwotz/Keukenschrijver, § 903 BGB, Rn. 86.

gar Handlungspflichten folgen können, so spricht deren einzelfallabhängige Bestimmung gegen die Annahme eines Schuldverhältnisses.[1093]

Letztlich trifft die Beschreibung *Baurs*[1094] den Kern, wenn er das nachbarliche Gemeinschaftsverhältnis als „Sammelbegriff für die Berücksichtigung von Treu und Glauben (§ 242 BGB) in besonders gelagerten Fallkonstellationen des Nachbarrechts“ bezeichnet.

Festzuhalten ist daher, dass das nachbarliche Gemeinschaftsverhältnis zwar besondere Rücksichtnahmepflichten und daher ein gesteigertes Interesse der Nachbarn am gegenseitigen Schutz begründen kann,[1095] ohne dass hieraus aber ein Schuldverhältnis zwischen den Nachbarn erwächst.

bb) Das nachbarliche Gemeinschaftsverhältnis im Falle einer gemeinsamen Grenzeinrichtung

Eine andere Beurteilung könnte bei Vorliegen einer gemeinsamen Grenzeinrichtung gerechtfertigt sein. Die herrschende Auffassung in der Literatur[1096] und ein Teil der Rechtsprechung[1097] bejaht in diesem Falle ein Schuldverhältnis. Der Bundesgerichtshof dagegen lehnt eine schuldrechtliche Beziehung zwischen den Nachbarn ab.[1098] Überzeugen kann dies allerdings nicht. Das OLG Düsseldorf führt insofern richtigerweise aus, dass die nachbarlichen Beziehungen im Falle einer gemeinsamen Grenzeinrichtung durch eine Übereinkunft der Nachbarn geregelt würden, die ihnen nach Treu und Glauben auferlege, bei der gemeinsamen Benutzung der Giebelwand die Interessen des anderen nicht schuldhaft zu gefährden.[1099]

1093 J.F. Baur, in: Soergel, § 903 BGB, Rn. 57.

1094 J.F. Baur, in: Soergel, § 903 BGB, Rn. 57.

1095 Vgl. hierzu S. 138 ff.; a.A. Boisserée, S. 44 ff.; Fuchs, S. 210 ff.

1096 Olzen, in: Staudinger, § 241 BGB, Rn. 412; Roth, in: Staudinger, § 921 BGB, Rn. 52; Herrler, in: Palandt, § 922 BGB, Rn. 5; Fritzsche, in: BeckOK BGB, § 921 BGB, Rn. 29; Baur/Stürner, SachenR, § 5, Rn. 16; Heiseke, MDR 1961, 461, 462 f., 464; ders., NJW 1965, 391; Brox, JA 1984, 182, 187; Boisserée, S. 46.

1097 OLG Düsseldorf, NJW 1959, 580 f.; OLG Hamm, BeckRS 2017, 126643, Rn. 22 ff.

1098 BGH, NJW 1965, 389; NJW 2011, 3294, Rn. 8; dem folgend Brückner, in: MüKoBGB, § 922 BGB, Rn. 7.

1099 OLG Düsseldorf, NJW 1959, 580 f.

Für die Annahme eines Schuldverhältnisses sprechen zudem die §§ 921, 922 S. 4 BGB, wonach sich das Rechtsverhältnis zwischen den Nachbarn nach den Vorschriften über die Gemeinschaft bestimmt.[1100]

Schadensersatzansprüche gegen den Bauherrn können sich aus diesem Schuldverhältnis ergeben. Da die Ansprüche gleichwertig mit Ansprüchen aus einem Vertrag mit Schutzwirkung zugunsten Dritter sind, fehlt es in diesem Fall an einer Schutzbedürftigkeit.

d) Ansprüche des berechtigten Grundstücksbesitzers

Bei Schädigung des berechtigten Grundstücksbesitzers ist zu überprüfen, ob er vertragliche Ansprüche gegen den Grundstückseigentümer hat, von dem er sein Besitzrecht ableitet. Häufig wird es darauf ankommen, ob ein Mieter vertragliche Schadensersatzansprüche gegen den Vermieter hat.

Eine Einbeziehung des Mieters in den Schutzbereich eines Vertrages zwischen Vermieter und Bauunternehmer lehnte der Bundesgerichtshof ab, weil Mieter durch vertragliche Ansprüche gegen ihren Vermieter regelmäßig ausreichenden Schutz genießen würden.[1101] In einer anderen Entscheidung bejahte der Bundesgerichtshof hingegen die Schutzwirkung zugunsten des Mieters.[1102] Richtigerweise ist zu prüfen, ob im jeweiligen Fall vertragliche Schadensersatzansprüche des Mieters gegen den Vermieter in Betracht kommen. In den Nachbarschädigungsfällen wird dies in der Regel nicht der Fall sein, da den Vermieter kein Verschulden trifft (vgl. § 536a Abs. 1 BGB). Auch ein etwaiges Verschulden des Bauunternehmers oder des Bauherrn auf dem benachbarten Grundstück muss er sich nicht zurechnen lassen.

3. Ergebnis

Hat der Nachbar Schadensersatzansprüche gegen den Bauherrn aus einem Zustimmungsvertrag oder aus einem Schuldverhältnis in Gestalt des nach-

1100 OLG Düsseldorf, NJW 1959, 580, 581; OLG Hamm, BeckRS 2017, 126643, Rn. 25; Olzen, in: Staudinger, § 241 BGB, Rn. 412; Heiseke, MDR 1961, 461, 462; Brox, JA 1984, 182, 187; vgl. auch Boisserée, S. 46.

1101 BGH, NJW-RR 1990, 726, 727; NJW 1994, 2231.

1102 BGH, BeckRS 1983, 30389536; vgl. Pastor, in: Werner/Pastor, Rn. 2270 mit zahlreichen Rechtsprechungsnachweisen zu beiden Auffassungen.

barlichen Gemeinschaftsverhältnisses bei Bestehen einer gemeinsamen Grenzeinrichtung, so kann mangels Schutzbedürftigkeit des Nachbarn kein Vertrag mit Schutzwirkung zu seinen Gunsten vorliegen.

V. Besondere Berücksichtigung der konkreten Umstände des Einzelfalles

Bei den vorangestellten Grundsätzen handelt es sich um eine schematische Betrachtung, wann ein Vertrag mit Schutzwirkung zugunsten des Nachbarn im Regelfall anzunehmen sein wird. Da Grundlage eine ergänzende Vertragsauslegung ist, sind stets die konkreten Umstände des Einzelfalles zu betrachten.[1103] Weil die Lückenfüllung ausgehend vom vereinbarten Vertragsinhalt erfolgt, kann jede Vertragsabrede zu einer abweichenden Beurteilung führen, ob im Einzelfall ein Vertrag mit Schutzwirkung zugunsten des Nachbarn anzunehmen ist.

Haben Bauherr und Bauunternehmer etwa vereinbart, dass der Bauherr auf seine Kosten eine Versicherung abschließt, die Schäden am Nachbargebäude abdecken, deutet dies darauf hin, dass alleine der Bauherr für etwaige Schäden einstehen soll. Die Vereinbarung des Abschlusses einer entsprechenden Versicherung auf Kosten des Bauunternehmers spricht dagegen dafür, dass der Bauunternehmer dem Nachbarn gegenüber haften sollte.[1104]

VI. Rechtsfolge

Wird der Nachbar in den Schutzbereich des Bauvertrages einbezogen, so können ihm gegen den Bauunternehmer unmittelbar eigene vertrag-

---

1103 Vgl. zur Grundlage der ergänzenden Vertragsauslegung S. 62 ff.

1104 Vgl. in diese Richtung für den Vertrag mit Schutzwirkung zugunsten Dritter im Allgemeinen auch Köndgen, Einbeziehung Dritter in den Vertrag, S. 33 f., der für die Annahme eines Vertrages mit Schutzwirkung zugunsten Dritter verlangt, dass der Schuldner den Gläubiger zu geringeren Kosten versichern könne als dieser selbst; einen tatsächlichen Abschluss der Versicherung verlangt er nicht. A.A. scheinbar OLG Frankfurt am Main, IBRRS 2007, 1691, das eine entsprechende Versicherung gerade für die Nichteinbeziehung des Nachbarn anführt.

liche Schadensersatzansprüche zustehen, wenn die Voraussetzungen der §§ 280 ff. BGB vorliegen.[1105]

1. Eigenes Mitverschulden des Nachbarn

Eigenes Mitverschulden muss sich der in den Schutzbereich des Vertrages einbezogene Dritte gemäß § 254 BGB anspruchskürzend entgegenhalten lassen.[1106] In welchen Fällen ein Mitverschulden des Nachbarn anzunehmen ist, wird hauptsächlich im Hinblick auf Schadensersatzansprüche aus § 823 Abs. 2 i.V.m. § 909 BGB thematisiert.[1107] So hat es der Nachbar sich grundsätzlich nicht entgegenhalten zu lassen, dass sich sein Bauwerk bereits im Vorfeld der Bauarbeiten in einem „anfälligen Zustand" befunden hat, der den Eintritt von Schäden begünstigt.[1108] Eine Berücksichtigung kommt ausnahmsweise dann in Betracht, wenn eine Verletzung von Unterhaltungspflichten zum Schadenseintritt beigetragen hat.[1109] Entsprechendes gilt bei einer mangelhaften Errichtung des Bauwerks.[1110] Darüber hinaus kann dem Nachbarn ein Mitverschulden angelastet werden, wenn er nicht auf „verborgene Schadensanlagen" oder besondere Umstände hinweist.[1111]

1105 Vgl. zu dieser Rechtsfolge des vertraglichen Drittschutzes BGH, NJW 2018, 1537; Grüneberg, in: Palandt, § 328 BGB, Rn. 19; Klumpp, in: Staudinger, § 328 BGB, Rn. 129; Gottwald, in: MüKoBGB, § 328 BGB, Rn. 192; Schulze, in: HK-BGB, § 328 BGB, Rn. 19.

1106 Klumpp, in: Staudinger, § 328 BGB, Rn. 136; Gottwald, in: MüKoBGB, § 328 BGB, Rn. 201; Grunewald, Bürgerliches Recht, § 18, Rn. 15.

1107 S. etwa Roth, in: Staudinger, § 909 BGB, Rn. 58; Brückner, in: MüKoBGB, § 909 BGB, Rn. 19 ff., 49; Boisserée, S. 161 ff.

1108 BGH, NJW 1965, 2099, 2100; OLG Düsseldorf, NJW-RR 1997, 146; Roth, in: Staudinger, § 909 BGB, Rn. 58; Brückner, in: MüKoBGB, § 909 BGB, Rn. 20, 49; Boisserée, S. 162 ff. mit Darstellung der Gegenansicht und ausführlicher Auseinandersetzung hiermit.

1109 BGH, NJW 1975, 257, 258 (Mängel bei der Unterhaltung eines Bachs); OLG Düsseldorf, NJW-RR 1997, 146, 147; Brückner, in: MüKoBGB, § 909 BGB, Rn. 20, 49; Klumpp, in: Staudinger, § 909 BGB, Rn. 58; Fritzsche, in: BeckOK BGB, § 909 BGB, Rn. 20; Boisserée, S. 163.

1110 OLG Frankfurt am Main, BeckRS 2005, 9601, Rn. 39; Herrler, in: Palandt, § 909 BGB, Rn. 11; Roth, in: Staudinger, § 909 BGB, Rn. 58; Fritzsche, in: BeckOK BGB, § 909 BGB, Rn. 20.

1111 Brückner, in: MüKoBGB, § 909 BGB, Rn. 49; so bereits Korbion/Scherer, S. 227; Saller, in: Grziwotz/Lüke/Saller, 3. Teil, Rn. 249; Boisserée, S. 161; wei-

Diese Fallgruppen sind auch auf den Schadensersatzanspruch nach den Grundsätzen des Vertrages mit Schutzwirkung zugunsten Dritter anwendbar.

2. Mitverschulden des Bauherrn

Strittig ist, ob der Dritte sich auch das Mitverschulden des Vertragsgläubigers entgegenhalten lassen muss. Die Rechtsprechung und herrschende Literaturansicht bejahen dies unabhängig davon, ob der Gläubiger Erfüllungsgehilfe des Dritten (§ 278 BGB) ist oder nicht.[1112] Begründet wird dies damit, dass der Dritte seine Rechte gegen den Schädiger nur aus der Vertragsbeziehung der unmittelbaren Vertragspartner herleite.[1113] Dann sei es auch folgerichtig, dass ihm keine weitergehenden Rechte zustünden als dem unmittelbaren Vertragspartner.[1114] Gestützt wird dies auf den Rechtsgedanken des § 334 BGB, wonach Einwendungen aus dem Vertrag dem Versprechenden auch gegenüber dem Dritten zustehen.[1115]

Ein Teil der Literatur möchte dem Dritten ein Gläubigerverschulden stattdessen nur dann anrechnen, wenn der Gläubiger gesetzlicher Vertreter oder Erfüllungsgehilfe des Dritten ist (§§ 254 Abs. 2 S. 2, 278 S. 1 BGB).[1116] Eine entsprechende Anwendung des § 334 BGB wird abgelehnt, da dieser

tergehend Roth, in: Staudinger, § 909 BGB, Rn. 58, der eine Hinweispflicht nicht nur für verborgene Schadensanlagen annimmt.

1112 BGH, JZ 1961, 169, 170; NJW 1975, 867, 868 f.; NJW 1995, 392, 393; Klumpp, in: Staudinger, § 328 BGB, Rn. 136; Hadding, in: Soergel, Anh. § 328 BGB, Rn. 23; Westermann, in: Erman BGB, § 328 BGB, Rn. 16; Stadler, in: Jauernig, § 328 BGB, Rn. 30; Lorenz, JZ 1961, 170; Sonnenschein, JA 1979, 225, 231; Höhne/Kühne, JuS 2012, 1063, 1069.

1113 BGH, JZ 1961, 169, 170; vgl. auch BGH, NJW 1975, 867, 869; NJW 1995, 392, 393; Lorenz, JZ 1961, 170; Hadding, in: Soergel, Anh. § 328 BGB, Rn. 23; Klumpp, in: Staudinger, § 328 BGB, Rn. 136 m.w.N.

1114 BGH, JZ 1961, 169, 170; NJW 1995, 392, 393; vgl. auch BGH, NJW 1975, 867, 869; Hadding, in: Soergel, Anh. § 328 BGB, Rn. 23; Klumpp, in: Staudinger, § 328 BGB, Rn. 136 m.w.N.

1115 BGH, JZ 1961, 169, 170; NJW 1995, 392, 393; Westermann, in: Erman BGB, § 328 BGB, Rn. 16; Klumpp, in: Staudinger, § 328 BGB, Rn. 134; Joussen, SchuldR AT, Rn. 1222; Lorenz, JZ 1961, 170; Sonnenschein, JA 1979, 225, 231.

1116 Berg, JuS 1977, 363, 367 m.w.N.; Gernhuber, Das Schuldverhältnis, S. 532; Esser/Schmidt, SchuldR AT, S. 273 f.; Bayer, JuS 1996, 473, 477; Looschelders, Die Mitverantwortlichkeit des Geschädigten, S. 526 ff.; Looschelders, SchuldR AT, § 9, Rn. 16.

sich auf den Vertrag zugunsten Dritter bezieht, bei dem ein Anspruch des Dritten auf Leistung besteht.[1117] Ausgeführt wird, dass der Schuldner insoweit in der Tat nicht schlechter stehen dürfe, wie wenn er die Leistung an den Gläubiger zu erbringen habe, da der Leistungsanspruch sich aus dem Vertrag zwischen Gläubiger und Schuldner ableite.[1118] Bei Verträgen mit Schutzwirkung für Dritte könne diese Problematik dagegen nicht auftreten, weil dem Dritten gerade kein eigener Leistungsanspruch zustehe.[1119]

Nicht vernachlässigt werden darf allerdings, dass die dem Dritten zugutekommenden Rechtswirkungen nicht nur bei Leistungsansprüchen im Falle des Vertrages zugunsten Dritter, sondern auch im Falle der Schutzpflichtverletzung beim Vertrag mit Schutzwirkung zugunsten Dritter aus dem Vertrag zwischen Gläubiger und Schuldner resultieren.[1120] Der Herleitung des Drittschutzes aus diesem Vertrag widerspräche es aber, wenn dem Dritten eine günstigere Rechtsposition zugesprochen werden würde als dem Gläubiger.[1121] Folglich hat der Nachbar sich ein Mitverschulden des Bauherrn unter Umständen anspruchskürzend entgegenhalten zu lassen.

Dies kann dazu führen, dass der Nachbar sich auch ein Verschulden von Architekten und Ingenieuren des Bauherrn entgegenhalten lassen muss, wenn diesem das Verschulden der Planer im Verhältnis zum Bauunternehmer anspruchskürzend zugerechnet wird.

Nach den §§ 254 Abs. 2 S. 2, 278 S. 1 BGB hat der Bauherr sich ein Mitverschulden seiner gesetzlichen Vertreter und seiner Erfüllungsgehilfen entgegenhalten zu lassen. Einzustehen hat der Bauherr für die Personen, deren er sich zur Erfüllung seiner Verbindlichkeiten bedient (§ 278 S. 1 BGB); in diesem Zusammenhang müsste der Planer also Aufgaben über-

---

1117 Berg, JuS 1977, 363, 367; Looschelders, die Mitverantwortlichkeit des Geschädigten, S. 527 f. m.w.N.; Looschelders, SchuldR AT, § 9, Rn. 16; vgl. auch Esser/Schmidt, SchuldR AT, S. 273 f.

1118 Looschelders, die Mitverantwortlichkeit des Geschädigten, S. 527; vgl. insoweit zum Zweck des § 334 BGB: BGH, BeckRS 2011, 5430, Rn. 15; Gottwald, in: MüKoBGB, § 334 BGB, Rn. 1; Jagmann, in: Staudinger, § 334 BGB, Rn. 1.

1119 Looschelders, die Mitverantwortlichkeit des Geschädigten, S. 527 f. m.w.N.; vgl. auch Looschelders, SchuldR AT, § 9, Rn. 16; Berg, JuS 1977, 363, 367.

1120 Vgl. BGH, JZ 1961, 169, 170; NJW 1975, 867, 869; NJW 1995, 392, 393; Hadding, in: Soergel, Anh. § 328 BGB, Rn. 23; Klumpp, in: Staudinger, § 328 BGB, Rn. 136.

1121 BGH, JZ 1961, 169, 170; NJW 1975, 867, 869; NJW 1995, 392, 393; Hadding, in: Soergel, Anh. § 328 BGB, Rn. 23; Klumpp, in: Staudinger, § 328 BGB, Rn. 136 m.w.N.

nommen haben, die dem Bauherrn im Verhältnis zum Bauunternehmer obliegen[1122].

Den Bauherrn trifft bei Vereinbarung der VOB/B aus § 3 Abs. 1 VOB/B die Pflicht[1123] oder ansonsten zumindest die Obliegenheit, dem Auftragnehmer die zur Ausführung notwendigen Unterlagen zur Verfügung zu stellen.[1124] Bedient der Bauherr sich zur Erfüllung hierzu eines Planers, so ist dieser im Verhältnis zum Bauunternehmer Erfüllungsgehilfe des Bauherrn.[1125]

Überwachungsfehler seines Planers hat der Bauherr sich dagegen nicht zurechnen zu lassen, da er dem Bauunternehmer keine Bauüberwachung schuldet und der Planer daher diesbezüglich nicht Erfüllungsgehilfe ist.[1126]

Dies führt dazu, dass auch der Nachbar sich unter Umständen Planungsfehler, nicht dagegen Überwachungsfehler anspruchskürzend entgegenhalten lassen muss.

1122 Vgl. so abstrakt zur Eigenschaft des Erfüllungsgehilfen BGH, NJW 1984, 1748, 1749; Lorenz, in: BeckOK BGB, § 278 BGB, Rn. 11 m.w.N.; s. auch Busche, in: MüKoBGB, § 634 BGB, Rn. 136.

1123 BGH, NJW 1984, 1676, 1677; OLG Hamm, IBR 2011, 260; Leupertz, BauR 2010, 1999, 2001; Havers, in: Kapellmann/Messerschmidt, § 3 VOB/B, Rn. 18; Gartz, in: Nicklisch/Weick/Jansen/Seibel, § 3 VOB/B, Rn. 18; Jurgeleit, in: Kompendium des Baurechts, 5. Teil, Rn. 95.

1124 BGH, NJW 2009, 582, Rn. 30; NJW 2014, 3645, Rn. 24; Leupertz, BauR 2010, 1999, 2003, 2006 f.; Frechen, in: Werner/Pastor, Rn. 2936 m.w.N.; Busche, in: MüKoBGB, § 634 BGB, Rn. 136.

1125 BGH, NJW-RR 2005, 891, 893; NZBau 2009, 185, Rn. 29; NJW 2014, 3645, Rn. 24; Leupertz, BauR 2010, 1999, 2006 f.; Frechen, in: Werner/Pastor, Rn. 2936; Havers, in: Kapellmann/Messerschmidt, § 3 VOB/B, Rn. 4; Döring, in: Ingenstau/Korbion, § 3 VOB/B, Rn. 7; Busche, in: MüKoBGB, § 634 BGB, Rn. 136.

1126 BGH, NJW 1985, 2475 f. m.w.N.; NJW-RR 2002, 1175 f.; Frechen, in: Werner/Pastor, Rn. 2936 m.w.N.; Busche, in: MüKoBGB, § 634 BGB, Rn. 136 m.w.N.; s. hierzu auch Leupertz, BauR 2010, 1999, 2007 f.; speziell für den Vertrag mit Schutzwirkung zugunsten Dritter s. auch Gottwald, in: MüKoBGB, § 328 BGB, Rn. 206.

5. Teil: Der Vertrag mit Schutzwirkung zugunsten des Nachbarn in der Leistungskette

Schaltet der Bauunternehmer einen Subunternehmer ein, stellt sich die Frage, ob auch der Subunternehmervertrag Schutzwirkung zugunsten des Nachbarn entfalten kann. Ob der Nachbar bestimmungsgemäß mit den Gefahren dieses Schuldverhältnisses in Berührung kommt, richtet sich nach den Grundsätzen, die in dieser Arbeit für den Bauvertrag im Allgemeinen herausgearbeitet wurden.[1127]

Ein darüber hinaus notwendiges Gläubigerinteresse setzt voraus, dass der Hauptunternehmer ein Interesse am Schutz des Nachbarn hat.[1128] Ein nachbarliches Gemeinschaftsverhältnis, aus dem sich ein solches herleiten ließe, besteht zwischen Hauptunternehmer und Nachbar nicht.[1129] Auch der alleinige Rückgriff auf § 909 BGB reicht zur Begründung eines besonderen Interesses am Schutz des Nachbarn nicht aus.[1130]

Möglicherweise entfaltet der Bauvertrag zwischen Bauherrn und Hauptunternehmer allerdings Schutzwirkung zugunsten des Nachbarn mit der Folge, dass den Hauptunternehmer gegenüber dem Nachbarn unmittelbar die Schutzpflichten aus § 241 Abs. 2 BGB treffen. Ein Gläubigerinteresse ist dann zu bejahen.

Allerdings entsteht bei einer Schutzpflichtverletzung in diesem Fall gleichzeitig ein vorrangiger vertraglicher Anspruch des Nachbarn aus dem Bauvertrag zwischen Bauherrn und Hauptunternehmer, da dieser sich das Verschulden seines Subunternehmers gemäß § 278 S. 1 BGB zurechnen lassen muss. An einer Schutzbedürftigkeit des Nachbarn fehlt es daher.[1131] Dass der betreffende Anspruch ebenfalls aus einem Vertrag mit Schutzwirkung zugunsten Dritter folgt, steht dem nicht entgegen.[1132] Wäre beim Bauherrn selbst ein Schaden eingetreten, so stünde diesem ausschließlich ein vertraglicher Schadensersatzanspruch gegen den Hauptunternehmer zu; mangels Schutzbedürftigkeit käme ein Anspruch gegen den Subunter-

---

1127 Vgl. S. 76 ff.

1128 Vgl. zu den Voraussetzungen des „Gläubigerinteresses" S. 124 ff.

1129 Vgl. BGH, NJW 2010, 3158, Rn. 15.

1130 Vgl. S. 151 f.

1131 Vgl. zum Kriterium der „Schutzbedürftigkeit" S. 169 ff.

1132 Vgl. BGH, NJW 2018, 1537, Rn. 26 f.

nehmer nach den Grundsätzen des Vertrages mit Schutzwirkung zugunsten Dritter nicht in Betracht.[1133] Würden dem Nachbarn nun vertragliche Ansprüche sowohl gegenüber dem Hauptunternehmer als auch gegenüber dem Subunternehmer zugesprochen, so stünde er besser da als der Bauherr.[1134]

Der Vertrag zwischen Haupt- und Subunternehmer entfaltet somit keine Schutzwirkung zugunsten des Nachbarn.

1133 So die Argumentation des BGH, NJW 2018, 1537, Rn. 27 in einem vergleichbaren Fall: Ein Abrissunternehmer wurde mit dem Abbruch einer Brauerei beauftragt. Zuvor hatte der Auftraggeber einen Gutachter damit beauftragt, das Brauereigelände auf Gefahrenquellen zu untersuchen. Weil der Gutachter ein Gebäude nicht besichtigte und daher eine Gefahrenquelle nicht entdeckte, wurden zwei Mitarbeiter des Abbruchunternehmers bei den späteren Abbrucharbeiten verletzt. Der BGH verneinte einen Anspruch der Mitarbeiter nach den Grundsätzen des vertraglichen Drittschutzes gegen den Gutachter. Der vertragliche Schadensersatzanspruch der Arbeitnehmer sei ausschließlich aus dem zwischen dem Besteller und dem Unternehmer bestehenden Werkvertrag, in dessen Schutzbereich die Arbeitnehmer aufgrund ihres arbeitsrechtlichen Verhältnisses einbezogen seien, herzuleiten.

1134 So die Argumentation des BGH, NJW 2018, 1537, Rn. 27 in einem vergleichbaren Fall; s. hierzu Fn. 1133.

6. Teil: Übertragbarkeit der dargestellten Grundsätze auf den Planer- und Gutachtervertrag

Nachfolgend ist zu überprüfen, ob sich die vorangestellten Ausführungen zur nachbarschützenden Wirkung des Bauvertrages auf den Architekten- und Ingenieurvertrag sowie auf den Gutachtervertrag übertragen lassen. Die Darstellungen hierzu beschränken sich auf einen kurzen Überblick.

I. Übertragbarkeit auf den Planervertrag

Mit Inkrafttreten des neuen Bauvertragsrechts am 01.01.2018 wurden in den §§ 650p ff. BGB erstmals eigenständige Regelungen für den Architekten- und Ingenieurvertrag geschaffen. Er ist dort in Titel 9 „Werkvertrag und ähnliche Verträge“ in einem eigenen Untertitel neben dem „Werkvertrag“ geregelt, wodurch seine grundsätzliche Zuordnung zum Werkvertragsrecht zwar klargestellt, aber gleichzeitig verdeutlicht wird, dass er als nur „werkvertragsähnlicher Vertrag“ eine Sonderstellung einnimmt.[1135]

§ 650p Abs. 1 BGB beschreibt die vertragstypischen Pflichten des Architekten- und Ingenieurvertrages (im Folgenden „Planer“) dahingehend, dass der Unternehmer die Leistungen zu erbringen hat, die nach dem jeweiligen Stand der Planung und Ausführung des Bauwerks erforderlich sind, um die zwischen den Parteien vereinbarten Planungs- und Überwachungsziele zu erreichen.

Als Werkerfolg schuldet der Planer nicht die Herstellung des Bauwerkes selbst, sondern die Erbringung verschiedener geistiger Leistungen, die dazu geeignet sind, ein mangelfreies Bauwerk entstehen zu lassen.[1136] Zu den Leistungspflichten zählen – je nach Beauftragung – sowohl Planungs- als auch Überwachungsleistungen, wobei in der Praxis häufig unterschied-

---

1135 Fuchs, in: BeckOK BauVertrR, § 650p BGB, Rn. 7; Busche, in: MüKoBGB, § 650p BGB, Rn. 1; Berger, in: Langen/Berger/Dauner-Lieb, § 650p BGB, Rn. 6 ff.; Stelzner, in: jurisPK-BGB, § 650p BGB, Rn. 3, 12 ff.

1136 BGH, NJW 1960, 431; NJW 1965, 1175, 1176; Fuchs, in: Fuchs/Berger/Seifert, Syst. A V Rn. 4 ff.; Busche, in: MüKoBGB, § 650p BGB, Rn. 14; Koeble/Locher/Zahn, in: Locher/Koeble/Frik, Einleitung, Rn. 85.

liche Planer mit der Planung einerseits und der Überwachung andererseits beauftragt werden.[1137]

Sowohl Planungs- als auch Überwachungsfehler können Schäden an benachbarten Grundstücken nach sich ziehen, sodass sich die Frage stellt, ob der Planervertrag ebenso wie der Bauvertrag Schutzwirkung zugunsten des Nachbarn entfalten kann.

Das OLG Naumburg[1138] bejahte dies für einen Ingenieurvertrag. Im zugrundeliegenden Fall kam ein Ingenieurvertrag mit einer ARGE über die Planung eines Wasserkraftwerkes zustande. In dessen Nähe befand sich eine Brücke, an der infolge einer fehlerhaften Planung des Wasserkraftwerkes Schäden auftraten. Durch den Betrieb des Kraftwerkes kam es unterhalb der Brücke zu Strömungen, die zu einer Vertiefung des Wasserbettes im Bereich eines Brückenpfeilers führten. Das Gericht nahm einen Vertrag mit Schutzwirkung zugunsten des Landes als Eigentümerin der Brücke an und begründete dies mit Verweis auf die Entscheidungen zum Bauvertrag mit dem nachbarlichen Gemeinschaftsverhältnis.[1139] Der Nachbar komme naturgemäß mit Bauarbeiten auf dem Nachbargrundstück in Berührung und sei deshalb besonders schützenswert.[1140] Im vorliegenden Fall sei zudem zu berücksichtigen gewesen, dass die Planungen gerade auch der Prüfung dienten, eine Gefährdung des Pfeilers zu bewerten.[1141]

Dieser Entscheidung ist zuzustimmen. Die Planerleistung steht in engem Zusammenhang zur Leistung des Bauunternehmers.[1142] Der Planer erstellt die Planung, die der Bauunternehmer umzusetzen hat. Treten Planungsfehler auf und werden diese weder vom Bauunternehmer noch von einem überwachenden Planer erkannt, setzen sie sich durch die Bauleistung unmittelbar in der Ausführung fort.[1143] Und auch die Überwachungsleistung bezieht sich auf die Bauleistung, da der bauüberwachende

---

1137 Vgl. etwa Busche, in: MüKoBGB, § 650p BGB, Rn. 23.

1138 OLG Naumburg, BeckRS 2014, 15045; zustimmend wohl Rodemann, IBR 2014, 559.

1139 OLG Naumburg, BeckRS 2014, 15045.

1140 OLG Naumburg, BeckRS 2014, 15045.

1141 OLG Naumburg, BeckRS 2014, 15045.

1142 S. etwa BGH, NJW 1962, 1764, 1765: „enge Wechselbeziehung".

1143 Vgl. etwa zur „Verkörperung" von Planungs- und Überwachungsfehlern im Bauwerk BGH, NJW 1962, 1764, 1765; NJW 2002, 3543, 3544; BauR 2007, 2083; OLG Düsseldorf, NJW 2018, 2204, Rn. 21; OLG Brandenburg, NZBau 2006, 720, 721; vgl. auch Busche, in: MüKoBGB, § 633 BGB, Rn. 41: „unmittelbare Beziehung zwischen der planerischen Leistung und deren Verkörperung im Bauwerk"; hier geht es zwar nicht um Mängel am zu errichtenden Bauwerk selbst; Planungs- und Überwachungsfehler können sich aber auch derart auf

Planer für die plangerechte Ausführung zu sorgen hat und zu diesem Zwecke die Bauarbeiten zu überwachen hat[1144].

Soweit der Nachbar daher bestimmungsgemäß mit den Gefahren des Bauvertrages in Berührung kommt, ist auch eine bestimmungsgemäße Leistungsnähe mit den sich auf die jeweiligen Bauleistungen beziehenden Planerleistungen anzunehmen.[1145] Insbesondere Planungen, die wie im Falle des OLG Naumburg gerade dem Zweck dienen, Gefahren für die Nachbarbebauung zu bewerten, weisen einen starken Nachbarbezug auf.

II. Übertragbarkeit auf den Gutachtervertrag

Übertragen lassen sich diese Grundsätze auch auf Gutachterverträge.

Wie *Inhuber*[1146] richtig ausführt, werden Aufträge über die Erstellung von Bodengutachten für die Beurteilung von Gründungsmaßnahmen im Grundstücksgrenzbereich Drittschutzwirkung entfalten. Das bedeutet nicht, dass der räumliche Anwendungsbereich des Vertrages mit Schutzwirkung zugunsten Dritter sich zwangsläufig auf den Grundstücksgrenzbereich beschränken muss.[1147] Stattdessen hängt die räumliche Reichweite des Drittschutzes stets vom Zweck des jeweiligen Gutachtens ab.

Hinsichtlich des Interesses des Gläubigers am Schutz des Nachbarn, der Erkennbarkeit von bestimmungsgemäßer Leistungsnähe und Gläubigerinteresse sowie der Schutzbedürftigkeit des Nachbarn gelten die zum Bauvertrag gemachten Ausführungen.

---

die Leistung des Bauunternehmers auswirken, dass Schäden an Nachbargrundstücken auftreten.

1144 BGH, NZBau 2000, 525, 526; vgl. zum Umfang der Bauüberwachung Seifert/Fuchs, in: Fuchs/Berger/Seifert, § 34 HOAI, Rn. 278 ff.; Koeble, in: Locher/Koeble/Frik, § 34 HOAI, Rn. 241 ff.; Busche, in: MüKoBGB, § 650p BGB, Rn. 27 ff.

1145 Für eine Übertragung auf den Planervertrag im Ergebnis auch Inhuber, in: Motzke/Bauer/Seewald, § 12, Rn. 230.

1146 Inhuber, in: Motzke/Bauer/Seewald, § 12, Rn. 230.

1147 So aber wohl Inhuber, in: Motzke/Bauer/Seewald, § 12, Rn. 230.

7. Teil: Ergebnis

Entgegen zum Teil geäußerter Kritik lässt sich der Vertrag mit Schutzwirkung zugunsten Dritter auf eine ergänzende Vertragsauslegung stützen.[1148] Zur Ermittlung des hypothetischen Parteiwillens haben sich in ständiger Rechtsprechung Auslegungsmerkmale für den vertraglichen Drittschutz herausgebildet.[1149] Danach kommt eine drittschützende Wirkung des Bauvertrages in Betracht, wenn für den Bauunternehmer sowohl eine bestimmungsgemäße Leistungsnähe des schutzbedürftigen Nachbarn als auch ein besonderes Interesse des Bauherrn am Schutz des Nachbarn erkennbar sind.

I. Bestimmungsgemäße Leistungsnähe

Eine bestimmungsgemäße Leistungsnähe setzt in den Fällen der Nachbarschädigung naturgemäß eine gewisse räumliche Nähe der Grundstücke des Bauherrn einerseits und des geschädigten Nachbarn andererseits voraus.[1150] Gleichwohl handelt es sich bei dieser Nähe nicht um ein wesentliches Unterscheidungskriterium, das eine Abgrenzung zur Deliktshaftung ermöglicht.[1151] Denn für einen hypothetischen Drittschutzwillen spricht vor allem eine besondere Gefährdung des Nachbargrundstücks, die sich nach den konkreten Umständen des Bauvorhabens richtet.[1152] In den Schutzbereich des Vertrages kann daher nicht nur der unmittelbare Grundstücksnachbar, sondern daneben auch der Drittnachbar einbezogen werden.[1153]

Entscheidender für die bestimmungsgemäße Leistungsnähe ist, dass das Nachbargrundstück typischerweise mit den Gefahren des Bauvertrages in Berührung kommt.[1154] Auszugehen ist hiervon jedenfalls im Falle nach-

---

1148 Vgl. S. 57 ff.
1149 Vgl. S. 73 f.
1150 Vgl. S. 77 ff.
1151 Vgl. S. 83 ff.
1152 Vgl. S. 84 ff.
1153 Vgl. S. 83 ff.
1154 Vgl. S. 76 ff.

barschützender Hauptleistungspflichten.[1155] Dabei handelt es sich um solche Pflichten, deren Leistungszweck vor allem dem Schutz des Nachbargrundstücks dient und deren Verletzung in erster Linie zu Schäden am Nachbargrundstück führt. Auch Arbeiten, bei denen beabsichtigt auf das Nachbargrundstück eingewirkt wird, oder solche, die Bauverbindungsteile oder Grenzeinrichtungen betreffen, gehen mit erheblichen Gefahren für die Nachbarbebauung einher.[1156]

In sonstigen Fällen ist anhand der Umstände des Einzelfalles zu prüfen, ob die Nachbarschädigung eine typische Folge der Vertragsverletzung ist und der Nachbar im Vergleich zu beliebigen Dritten stärker gefährdet wird.[1157] Anzeichen für eine typische Nachbargefährdung ist vor allem eine besondere Bezugnahme auf die Nachbarbebauung in den Vertragsunterlagen.[1158] Daneben geben DIN-Normen Hinweise darauf, in welchen Situationen eine besondere Rücksichtnahme geboten ist.[1159] Schließlich weisen vertraglich einbezogene Gutachten oder Beweissicherungsmaßnahmen auf eine typische Gefährdungslage hin.[1160]

II. Gläubigerinteresse

Neben der bestimmungsgemäßen Leistungsnähe ist erforderlich, dass der Bauherr ein besonderes Interesse am Schutz des Nachbarn hat.[1161]

Der Abschluss eines Vertrages mit nachbarschützender Hauptleistungspflicht indiziert ein Gläubigerinteresse.[1162] Denn hier ist der Nachbarschutz Motiv für die Beauftragung einer bestimmten Leistung.

Haben Bauherr und Nachbar eine Nachbarschaftsvereinbarung getroffen, so ist der Bauherr dem Nachbarn gegenüber gemäß § 241 Abs. 2 BGB zur Rücksichtnahme verpflichtet. Ein berechtigtes Gläubigerinteresse lässt sich daraus herleiten.[1163]

In anderen Fällen kann ein Gläubigerinteresse aus dem nachbarlichen Gemeinschaftsverhältnis folgen, das die Nachbarn zu gegenseitiger Rück-

---

1155 Vgl. S. 102 ff.
1156 Vgl. S. 105 ff.
1157 Vgl. S. 108 ff.
1158 Vgl. S. 112 ff.
1159 Vgl. S. 114.
1160 Vgl. S. 115.
1161 Vgl. S. 124 ff.
1162 Vgl. S. 135 ff.
1163 Vgl. S. 137.

sichtnahme verpflichtet.[1164] Diese Rücksichtnahmepflichten bestehen zwar auch ohne eine Verankerung im Gesetz, sodass ein Gläubigerinteresse auch losgelöst von gesetzlichen Vorschriften allein aus dem Nachbarschaftsverhältnis hergeleitet werden kann.[1165] Hierbei handelt es sich allerdings nur um einen sehr schwachen Anhaltspunkt für einen hypothetischen Drittschutzwillen. Ausschließlich in Fällen, in denen die sonstigen Vertragsumstände auf einen starken Nachbarbezug hinweisen, reicht das nachbarliche Gemeinschaftsverhältnis als Anzeichen für einen drittschützenden Vertrag aus.[1166] Maßgeblich ist insofern die Intensität der bestimmungsgemäßen Leistungsnähe.

Stärkere Anhaltspunkte für ein Gläubigerinteresse liefert das nachbarliche Gemeinschaftsverhältnis in Verbindung mit einer nachbarrechtlichen Sonderregelung. In den praxisrelevanten Vertiefungsfällen kann ein Gläubigerinteresse auf das nachbarliche Gemeinschaftsverhältnis in Verbindung mit § 909 BGB gestützt werden.[1167]

§ 909 BGB alleine ist dagegen keine ausreichende Grundlage für ein Gläubigerinteresse, da sich diese Vorschrift an jeden richtet, der an der Vertiefung mitwirkt, also auch an den Bauunternehmer und Architekten, ohne dass diese aber in einer gesteigerten Verbindung zum Nachbarn stehen.[1168]

III. Erkennbarkeit und Zumutbarkeit

Sowohl die bestimmungsgemäße Leistungsnähe als auch das besondere Interesse des Bauherrn am Schutz des Nachbarn müssen für den Bauunternehmer zum Zeitpunkt des Vertragsschlusses erkennbar und zumutbar sein.[1169] Diese Kriterien wirken einer unkalkulierbaren Haftungsausweitung entgegen.

Führt erst eine Anordnung dazu, dass ein Nachbar gefährdet wird bzw. dass das Gefährdungsrisiko steigt, ist das Kriterium der Erkennbarkeit mit Blick auf die Besonderheiten des Bauvertrages und das Anordnungsrecht zu modifizieren: Eine Kalkulierbarkeit und Zumutbarkeit der Haftungsri-

1164 Vgl. S. 138 ff.
1165 Vgl. S. 148 ff.
1166 Vgl. S. 150.
1167 Vgl. S. 151.
1168 Vgl. S. 151 f.
1169 Vgl. S. 156 ff.

siken ist gewährleistet, wenn der Bauunternehmer zum Zeitpunkt des Vertragsschlusses den Rahmen eines möglichen Anordnungsrechts und die durch dessen Befolgung entstehenden Haftungsrisiken erkennen kann.[1170]

IV. *Schutzbedürftigkeit*

Schließlich kommt eine Schutzwirkung zugunsten des Nachbarn regelmäßig nur in Betracht, wenn dieser schutzbedürftig ist.[1171]

Ein nachbarrechtlicher Ausgleichsanspruch nach § 906 Abs. 2 S. 2 BGB (analog) gegen den Bauherrn ist zwar aufgrund seiner Verschuldensunabhängigkeit für den Nachbarn im Hinblick auf die Anspruchsvoraussetzungen günstiger als der vertragliche Schadensersatzanspruch; da der Umfang beider Ansprüche aber nicht gleichwertig ist, steht der nachbarrechtliche Ausgleichsanspruch der Schutzbedürftigkeit des Nachbarn nicht entgegen.[1172]

Schuldrechtliche Ansprüche gegen den Bauherrn kann der Nachbar im Falle einer gemeinsamen Grenzeinrichtung allerdings aus dem nachbarlichen Gemeinschaftsverhältnis herleiten.[1173] Darüber hinaus können vertragliche Schadensersatzansprüche aus einer Nachbarschaftsvereinbarung folgen.[1174]

In diesen Fällen ist der Nachbar nicht schutzbedürftig, sodass eine Einbeziehung in den vertraglichen Schutzbereich nicht in Betracht kommt.[1175]

V. *Zusammenfassung*

Nach den dargestellten Grundsätzen kann der Bauvertrag Schutzwirkung zugunsten des Nachbarn entfalten. Dies gilt auch für den Planer- und Gutachtervertrag.[1176]

Dass die nachbarschützende Wirkung des Bauvertrages bislang nur wenig Beachtung fand, verwundert angesichts deren Relevanz für die Praxis.

1170 Vgl. S. 161 ff.
1171 Vgl. S. 169 ff.
1172 Vgl. S. 190 ff.
1173 Vgl. S. 201 f.
1174 Vgl. S. 37 ff.
1175 Vgl. S. 169 ff.
1176 Vgl. S. 210 ff.

Denn Nachbarschädigungen infolge von Bauarbeiten sind keine Seltenheit. Angesichts einer stetig zunehmenden Verdichtung der Städte könnte sich die Situation künftig noch verschärfen. Damit dürfte der Bauvertrag mit Schutzwirkung zugunsten des Nachbarn an Bedeutung gewinnen.

Literaturverzeichnis

Achmus, Martin, Prognose und Bewertung von Bauwerkserschütterungen infolge Tiefbauarbeiten, Bautechnik September 2015, Volume 92, Issue 9, S. 617

Aristoteles, Nikomanische Ethik, herausgegeben von Rainer Nickel, übersetzt von Olof Gigon, 2. Auflage 2007

Assmann, Heinz-Dieter, Grundfälle zum Vertrag mit Schutzwirkung für Dritte, JuS 1986, 885

Bamberger, Heinz Georg/Roth, Herbert/Hau, Wolfgang/Poseck, Roman, Beck´scher Online-Kommentar BGB, 53. Edition, Stand 01.02.2020 (zitiert: BeckOK BGB)

Bar, Christian v., Verkehrspflichten, 1980

Bartholomeyczik, Horst, Äquivalenzprinzip, Waffengleichheit und Gegengewichtsprinzip in der modernen Rechtsentwicklung, AcP 166 (1966), 30

Bastein, Peter, Zur Drittwirkung von Verträgen, 1963

Baur, Fritz, Jürgen/Stürner, Rolf, Sachenrecht, 18. Auflage 2009 (zitiert: Baur/Stürner, SachenR)

Bayer, Walter, Vertraglicher Drittschutz, JuS 1996, 473

Bell, Martin, Anwaltshaftung gegenüber Dritten, 1996

Berg, Hans, Verträge mit Drittschutzwirkung und Drittschadensliquidation, JuS 1977, 363

Berg, Hans, Zur Abgrenzung von vertraglicher Drittschutzwirkung und Drittschadensliquidation, NJW 1978, 2018

Blomeyer, Arwed, Allgemeines Schuldrecht, 4. Auflage 1969

Böhmer, Emil, "Gefahrengemeinschaft" von Grundstücksnachbarn – eine Fehlkonstruktion, MDR 1959, 261

Böhmer, Emil, Bedenkliche Konstruktion einer Vertragshaftung, JR 1966, 173

Böhmer, Emil, Entstehen aus bloßer Grundstücksnachbarschaft schuldrechtliche Verbindlichkeiten?, MDR 1959, 141

Böhmer, Emil, Gläubiger, Schuldner und Dritte, MDR 1963, 96

Böhmer, Emil, Zur Frage der Einbeziehung Dritter in vertragliche Schuldverhältnisse, MDR 1960, 807

Boisserée, Alexander, Die Haftung der Baubeteiligten für Schäden an Nachbargebäuden, 2002

Boisserée, Alexander/Fuchs, Bastian, Handbuch Baunachbarrecht, 2006

Brockmann, Tim/Künnen, Simon, Vertrag mit Schutzwirkung für Dritte und Drittschadensliquidation, JA 2019, 729

Brox, Hans, Zur Lösung nachbarlicher Interessenkollisionen, JA 1984, 182

Brox, Hans/Walker, Wolf-Dietrich, Allgemeines Schuldrecht, 44. Auflage 2020 (zitiert: Brox/Walker, SchuldR AT)

Busche, Jan, Privatautonomie und Kontrahierungszwang, 1999

Caemmerer, Ernst v., Verträge zugunsten Dritter, in: Festschrift für Franz Wieacker zum 70. Geburtstag, 1978, S. 311

Canaris, Claus-Wilhelm, Ansprüche wegen "positiver Vertragsverletzung" und "Schutzwirkung für Dritte" bei nichtigen Verträgen, JZ 1965, 475

Canaris, Claus-Wilhelm, Bankgeheimnis und Schutzwirkungen für Dritte im Konzern, ZIP 2004, 1781

Canaris, Claus-Wilhelm, Die Haftung des Sachverständigen zwischen Schutzwirkung für Dritte und Dritthaftung aus culpa in contrahendo, JZ 1998, 603

Canaris, Claus-Wilhelm, Die Reform des Rechts der Leistungsstörungen, JZ 2001, 499

Canaris, Claus-Wilhelm, Schutzgesetze – Verkehrspflichten – Schutzpflichten, in: Festschrift für Karl Larenz, 1983, S. 27

Canaris, Claus-Wilhelm, Schutzwirkungen zugunsten Dritter bei "Gegenläufigkeit" der Interessen, JZ 1995, 441

Cziupka, Johannes, Die ergänzende Vertragsauslegung, JuS 2009, 103

Dahm, Henning, Vorvertraglicher Drittschutz, JZ 1992, 1167

Damm, Reinhard, Entwicklungstendenzen der Expertenhaftung, JZ 1991, 373

Dauner-Lieb, Barbara/Langen, Werner, Bürgerliches Gesetzbuch, Schuldrecht, 3. Auflage 2016

Deneke, Dorothea, Das nachbarliche Gemeinschaftsverhältnis, 1987

Dickes, Claus, Der Vertrag mit Schutzwirkung für Dritte in den Fällen der Auskunftshaftung, 1992

Dierks, Klaus/Wormuth, Rüdiger, Baukonstruktion, 7. Auflage 2012

Dietlein, Johannes/Hellermann, Johannes, Öffentliches Recht in Nordrhein-Westfalen, 7. Auflage 2019

Dölle, Hans, Aussergesetzliche Schuldpflichten, ZgS 1943, 67

Duden, Deutsches Universalwörterbuch, 9. Auflage 2019

Ehricke, Ulrich, Die Bedeutung der Privatautonomie bei der ergänzenden Vertragsauslegung, RabelZ 60 (1996), 661

Eickels, Yvonne van, Die Drittschutzwirkung von Verträgen, 2005

Elshorst, David, Ersatzansprüche benachbarter Grundstücksbesitzer gegen Bauherren bei Beeinträchtigungen durch Baumaßnahmen, NJW 2001, 3222

Englert, Klaus/Bauer, Karlheinz, Rechtsfragen zum Baugrund, 2. Auflage 1991

Englert, Klaus/Grauvogl, Josef/Maurer, Michael, Handbuch des Baugrund- und Tiefbaurechts, 5. Auflage 2016

Englert, Klaus/Katzenbach, Rolf/Motzke, Gerd, Beck´scher VOB-Kommentar, Vergabe- und Vertragsordnung für Bauleistungen Teil C, 3. Auflage 2014

Erman, Walter, Kommentar zum Bürgerlichen Gesetzbuch, 15. Auflage 2017 (zitiert: Erman BGB)

Esser, Josef/Schmidt, Eike, Schuldrecht, Band 1 Allgemeiner Teil, Teilband 2 Durchführungshindernisse und Vertragshaftung, Schadensausgleich und Mehrseitigkeit beim Schuldverhältnis, 8. Auflage 2000 (zitiert: Esser/Schmidt, SchuldR AT)

Feddersen, Christoph, Die Dritthaftung des Wirtschaftsprüfers nach § 323 HGB, WM 1999, 105

Feldmann, Jürgen, Schäden durch Abbrucharbeiten: Nachbarn sind in den Schutzbereich des Bauvertrags einbezogen!, IBR 2012, 148

Fikentscher, Wolfgang/Heinemann, Andreas, Schuldrecht Allgemeiner und Besonderer Teil, 11. Auflage 2017

Flume, Werner, Allgemeiner Teil des Bürgerlichen Rechts II: Das Rechtsgeschäft, 4. Auflage 1992 (zitiert: Flume, BGB AT II)

Frick, Otto/Knöll, Karl, Baukonstruktionslehre 1, 36. Auflage 2015

Fuchs, Bastian, Die Zulässigkeit der Inanspruchnahme von Nachbargrundstücken bei der Ausführung von Tiefbauarbeiten, 2004

Fuchs, Heiko/Berger, Andreas/Seifert, Werner, Beck´scher HOAI- und Architektenrechtskommentar, 1. Auflage 2016

Gaius, Institutiones, herausgegeben, übersetzt und kommentiert von Ulrich Manthe, 2. Auflage 2010, Sonderausgabe 2015

Gärditz, Klaus Ferdinand, VwGO, 2. Auflage 2018

Gernhuber, Joachim, Das Schuldverhältnis, 1989 (zitiert: Gernhuber, Das Schuldverhältnis)

Gernhuber, Joachim, Drittwirkung im Schuldverhältnis kraft Leistungsnähe, in: Festschrift für Arthur Nikisch, 1958, S. 249

Gernhuber, Joachim, Gläubiger, Schuldner und Dritte, JZ 1962, 553

Grigoleit, Hans Christoph, Leistungspflichten und Schutzpflichten, in: Festschrift für Claus-Wilhelm Canaris zum 70. Geburtstag, 2007, S. 275

Grunewald, Barbara, Bürgerliches Recht, 9. Auflage 2014

Grziwotz, Herbert/Lüke, Roland/Saller, Wolfgang, Praxishandbuch Nachbarrecht, 2. Auflage 2013

Gsell, Beate, Gesparte Verjährung kaufvertraglicher Ansprüche auf Ersatz mängelbedingter Schäden?, JZ 2002, 1089

Gsell, Beate/Krüger, Wolfgang/Lorenz, Stephan/Reymann, Christoph, Beck-online Großkommentar BGB, § 278 BGB, Stand: 01.03.2020, § 280 BGB, Stand: 01.02.2020; § 324 BGB, Stand: 01.02.2020, § 328 BGB, Stand: 01.04.2020, § 650b BGB, Stand: 01.04.2020, § 906 BGB, Stand: 01.01.2020 (zitiert: BeckOGK BGB)

Haferkamp, Hans-Peter, Der Vertrag mit Schutzwirkung für Dritte nach der Schuldrechtsreform – ein Auslaufmodell?, in: Dauner-Lieb/Konzen/Schmidt, Das neue Schuldrecht in der Praxis, 2003, S. 171

Harke, Jan Dirk, Allgemeines Schuldrecht, 2010 (zitiert: Harke, SchuldR AT)

Hart, Dieter, Zivilrechtspraxis zwischen Vertragskonsolidierung und Vertragsrechtsfortbildung, KritV 1989, 179

Heidel, Thomas/Hüßtege, Rainer/Mansel, Heinz-Peter/Noack, Ulrich, Bürgerliches Gesetzbuch: Allgemeiner Teil – EGBGB, 3. Auflage 2016

Heiseke, Jürgen, Anmerkung zu BGH, Urteil vom 25.11.1964 – V ZR 185/62, NJW 1965, 391

Heiseke, Jürgen, Das nachbarliche Gemeinschaftsverhältnis und § 278 BGB, MDR 1961, 461

Henckel, Wolfram, Die ergänzende Vertragsauslegung, AcP 159 (1960/1961), 106

Herding, Walter/Schmalzl, Max, Vertragsgestaltung und Haftung im Bauwesen, 2. Auflage 1967

Hirth, René-Alexander, Die Entwicklung der Rechtsprechung zum Vertrag mit Schutzwirkung zugunsten Dritter in ihrer Bedeutung für den Ausgleich von Drittschäden im Zahlungsverkehr, 1991

Historisch-kritischer Kommentar zum BGB, Band II Schuldrecht Allgemeiner Teil, 2. Teilband, §§ 305–432 BGB, 2007 (zitiert: HKK)

Hodes, Fritz, Anmerkung zu OLG Düsseldorf, Urteil vom 09.12.1964 – 9 U 172/63, NJW 1965, 539

Hofer, Sibylle, Drittschutz und Zeitgeist, ZRG (GA) 117 (2000), 377

Höhne, Christiane/Kühne, Aline, Der Vertrag mit Schutzwirkung zu Gunsten Dritter – Anspruchsgrundlage und Anspruchsumfang, JuS 2012, 1063

Honsell, Heinrich, Anmerkung zu BGH, Urteil vom 23.01.1985 – IV a ZR 66/83, JZ 1985, 952

Honsell, Heinrich, Die Haftung für Gutachten und Auskunft unter Berücksichtigung von Drittinteressen, in: Festschrift für Dieter Medicus zum 70. Geburtstag, 1999, S. 211

Hübner, Leonhard/Sagen, Adam, Die Abgrenzung von Vertrag mit Schutzwirkung zugunsten Dritter und Drittschadensliquidation, JA 2013, 741

Ingenstau, Heinz/Korbion, Hermann, VOB/A und B Kommentar, 21. Auflage 2020

Institut für Bauforschung, Analyse der Entwicklung der Bauschäden und Bauschadenskosten, Forschungsbericht vom 19.02.2015

Institut für Bauforschung, Analyse der Entwicklung der Bauschäden und Bauschadenskosten, Update 2018, Bericht vom 30.09.2018

Jauernig, Othmar, Bürgerliches Gesetzbuch, 17. Auflage 2018

Jauernig, Othmar, Zivilrechtlicher Schutz des Grundeigentums in der neueren Rechtsentwicklung, JZ 1986, 605

Joussen, Jacob, Schuldrecht I – Allgemeiner Teil, 5. Auflage 2018 (zitiert: Joussen, SchuldR AT)

Junker, Michael, Die Vertretung im Vertrauen im Schadensrecht, 1991

Juris Praxiskommentar BGB, Band 1: Allgemeiner Teil, 9. Auflage 2020 (zitiert: jurisPK-BGB)

Juris Praxiskommentar BGB, Band 2: Schuldrecht, 9. Auflage 2020 (zitiert: jurisPK-BGB)

Juris Praxiskommentar BGB, Band 3: Sachenrecht, 8. Auflage 2017 (zitiert: jurisPK-BGB)

Kapellmann, Klaus/Messerschmidt, Burkhard, VOB-Kommentar, Teil A/B, 7. Auflage 2020

Karampatzos, Antonios, Vom Vertrag mit Schutzwirkung für Dritte zur deliktischen berufsbezogenen Vertrauenshaftung, 2005

Keitel, Hans-Joachim, Rechtsgrundlage und systematische Stellung des Vertrages mit Schutzwirkung für Dritte, 1987

Kniffka, Rolf, ibr-online-Kommentar Bauvertragsrecht, Stand: 04.05.2020 (zitiert: Kniffka Bauvertragsrecht)

Kniffka, Rolf/Koeble, Wolfgang/Jurgeleit, Andreas/Sacher, Dagmar, Kompendium des Baurechts, 5. Auflage 2020 (zitiert: Kompendium des Baurechts)

Kniffka, Rolf/Retzlaff, Björn, Das neue Recht nach dem Gesetz zur Reform des Bauvertragsrechts, zur Änderung der kaufrechtlichen Mängelhaftung und zur Stärkung des zivilprozessualen Rechtsschutzés (BauVG), BauR 2017, 1747

Köndgen, Johannes, Anmerkung zu BGH, Urteil vom 07.05.2009 – III ZR 277/08, JZ 2010, 418

Kopp, Ferdinand/Schenke, Wolf-Rüdiger, Kommentar Verwaltungsgerichtsordnung, 25. Auflage 2019

Korbion, Hermann/Scherer, Emil, Gesetzliches Bauhaftungsrecht, Bauliches Nachbarrecht, 1964

Krebs, Peter, Sonderverbindung und außerdeliktische Schutzpflichten, 2000

Kreuzer, Karl, Anmerkung zu BGH, Urteil vom 28.01.1976 – VIII ZR 246/74, JZ 1976, 778

Kümmeth, Klaus-Wilhelm, Die dogmatische Begründung des Rechtsinstituts des Vertrages mit Schutzwirkung zugunsten Dritter, 1976

Lackner, Karl/Kühl, Kristian, Strafgesetzbuch, 29. Auflage 2018

Langen, Werner/Berger, Andreas/Dauner-Lieb, Barbara, Kommentar zum neuen Bauvertragsrecht, 2018

Larenz, Karl, Anmerkung zu BGH, Urteil vom 25.04.1956 – VI ZR 34/55, NJW 1956, 1194

Larenz, Karl, Culpa in contrahendo, Verkehrssicherungspflicht und "sozialer Kontakt", MDR 1954, 515

Larenz, Karl, Ergänzende Vertragsauslegung und dispositives Recht, NJW 1963, 737

Larenz, Karl, Lehrbuch des Schuldrechts, 1. Band: Allgemeiner Teil, 14. Auflage 1987 (zitiert: Larenz, SchuldR AT)

Larenz, Karl, Zur Schutzwirkung eines Schuldvertrages gegenüber dritten Personen, NJW 1960, 78

Larenz, Karl/Canaris, Claus-Wilhelm, Lehrbuch des Schuldrechts, 2. Band: Besonderer Teil, 2. Halbband, 13. Auflage 1994 (zitiert: Larenz/Canaris, SchuldR BT)

Leupertz, Stefan, Mitwirkung und Obliegenheit im Bauvertragsrecht, BauR 2010, 1999

Leupertz, Stefan/Preussner, Mathias/Sienz, Christian, Beck-Online-Kommentar Bauvertragsrecht, 8. Edition, Stand: 31.01.2020 (zitiert: BeckOK BauVertrR)

Locher, Ulrich/Koeble, Wolfgang/Frik, Werner, Kommentar zur HOAI, 14. Auflage 2020

Looschelders, Dirk, Die Mitverantwortlichkeit des Geschädigten im Privatrecht, 1999

Looschelders, Dirk, Schuldrecht Allgemeiner Teil, 17. Auflage 2019 (zitiert: Looschelders, SchuldR AT)

Looschelders, Dirk, Schuldrecht Besonderer Teil, 15. Auflage 2020 (zitiert: Looschelders, SchuldR BT)

Looschelders, Dirk/Makowsky, Mark, Relativität des Schuldverhältnisses und Rechtsstellung Dritter, JA 2012, 721

Lorenz, Egon, Karlsruher Forum 1998: Einbeziehung Dritter in den Vertrag, mit Vorträgen von Johannes Köndgen und Walter Bayer, 1999 (zitiert: Einbeziehung Dritter in den Vertrag)

Lorenz, Werner, Anmerkung zu BGH, Urteil vom 07.11.1960 – VII ZR 148/59, JZ 1961, 170

Lorenz, Werner, Die Einbeziehung Dritter in vertragliche Schuldverhältnisse – Grenzen zwischen vertraglicher und deliktischer Haftung, JZ 1960, 108

Martiny, Dieter, Pflichtenorientierter Drittschutz beim Vertrag mit Schutzwirkung für Dritte – Eingrenzung uferloser Haftung, JZ 1996, 19

Maultzsch, Felix, Zivilrechtliche Aufopferungsansprüche und faktische Duldungszwänge, 2006

Medicus, Dieter, Zur Anwendbarkeit des Allgemeinen Schuldrechts auf Schutzpflichten, in: Festschrift für Claus-Wilhelm Canaris zum 70. Geburtstag, 2007, S. 833

Medicus, Dieter/Lorenz, Stephan, Schuldrecht I, Allgemeiner Teil, 21. Auflage 2015 (zitiert: Medicus/Lorenz, SchuldR I AT)

Medicus, Dieter/Lorenz, Stephan, Schuldrecht I, Allgemeiner Teil, 20. Auflage 2012 (zitiert: Medicus/Lorenz, SchuldR I AT)

Medicus, Dieter/Petersen, Jens, Bürgerliches Recht, 27. Auflage 2019 (zitiert: Medicus/Petersen, Bürgerliches Recht)

Messerschmidt, Burkhard/Voit, Wolfgang, Privates Baurecht, 3. Auflage 2018

Motzke, Gerd, Hintergründe und Rechtsfolgen zweier unterschiedlicher Bauvertrag-Legaldefinitionen, NZBau 2017, 515

Motzke, Gerd/Bauer, Günter/Seewald, Thomas, Prozesse in Bausachen, 3. Auflage 2018

Mugdan, Benno, Die gesamten Materialien zum Bürgerlichen Gesetzbuch für das Deutsche Reich, Band 3, Sachenrecht, 1899

Mühl, Otto, Grundlage und Grenzen des nachbarlichen Gemeinschaftsverhältnisses, NJW 1960, 1133

Münchener Kommentar zum Bürgerlichen Gesetzbuch, Band 1: Allgemeiner Teil, §§ 1–240, AllgPersönlR, ProstG, AGG, 8. Auflage 2018 (zitiert: MüKoBGB)

Münchener Kommentar zum Bürgerlichen Gesetzbuch, Band 2: Schuldrecht Allgemeiner Teil I (§§ 241–310), 8. Auflage 2019 (zitiert: MüKoBGB)

Münchener Kommentar zum Bürgerlichen Gesetzbuch, Band 3: Schuldrecht Allgemeiner Teil II (§§ 311–432), 8. Auflage 2019 (zitiert: MüKoBGB)

Münchener Kommentar zum Bürgerlichen Gesetzbuch, Band 6: Schuldrecht Besonderer Teil III, §§ 631–704, 8. Auflage 2020 (zitiert: MüKoBGB)

Münchener Kommentar zum Bürgerlichen Gesetzbuch, Band 6: Schuldrecht Besonderer Teil IV, §§ 705–853, PartGG, ProdhaftG, 7. Auflage 2017 (zitiert: MüKoBGB)

Münchener Kommentar zum Bürgerlichen Gesetzbuch, Band 7: Sachenrecht, §§ 854–1296, WEG, ErbbauRG, 6. Auflage 2013 (zitiert: MüKoBGB)

Münchener Kommentar zum Bürgerlichen Gesetzbuch, Band 8: Sachenrecht, §§ 854–1296, WEG, ErbbauRG, 8. Auflage 2020 (zitiert: MüKoBGB)

Münchener Kommentar zur Zivilprozessordnung, Band 2: §§ 355–945b, 5. Auflage 2016 (zitiert: MüKoZPO)

Musielak, Hans-Joachim, Die Haftung der Banken für falsche Kreditauskünfte, VersR 1977, 973

Neumann, Jochen, Der Ausgleich von Beeinträchtigungen durch benachbarte Bautätigkeiten, 2018

Neuner, Jörg, Allgemeiner Teil des Bürgerlichen Rechts, 12. Auflage 2020 (zitiert: Neuner, BGB AT)

Neuner, Jörg, Der Schutz und die Haftung Dritter nach vertraglichen Grundsätzen, JZ 1999, 126

Nicklisch, Fritz/Weick, Günter/Jansen, Arnold/Seibel, Mark, Vergabe- und Vertragsordnung für Bauleistungen Teil B, 5. Auflage 2019

Orlowski, Matthias, Das gesetzliche Bauvertragsrecht – Übersicht und Stellungnahme zum Gesetzesentwurf der Bundesregierung, ZfBR 2016, 419

Palandt, Otto, Kommentar zum Bürgerlichen Gesetzbuch, 79. Auflage 2020

Picker, Eduard, Vertragliche und deliktische Schadenshaftung, JZ 1987, 1041

Popescu, Paul/Majer, Christian Friedrich, Der nachbarrechtliche Ausgleichsanspruch – Grenzen der Analogie zu § 906 II 2 BGB mit Fallübersicht, NZM 2009, 181

Prütting, Hanns/Wegen, Gerhard/Weinreich, Gerd, BGB Kommentar, 14. Auflage 2019 (zitiert: PWW-BGB)

Puhle, Winfried, Vertrag mit Schutzwirkung zugunsten Dritter und Drittschadensliquidation, 1982

Ring, Gerhard/Grziwotz, Herbert/Keukenschrijver, Alfred, Bürgerliches Recht, Sachenrecht, 4. Auflage 2016

Rodemann, Tobias, Planung eines Wasserkraftwerkes: Ingenieur haftet für Schäden an benachbarter Brücke, IBR 2014, 559

Saar, Stefan Christoph, Grenzen des „vertraglichen Drittschutzes" - BGH, NJW 1996, 2927, JuS 2000, 220

Schellhammer, Kurt, Schuldrecht nach Anspruchsgrundlagen, 10. Auflage 2018 (zitiert: Schellhammer, SchuldR)

Schlechtriem, Peter, Nachbarrechtliche Ausgleichsansprüche und Schadensersatzhaftung, in: Festschrift für Joachim Gernhuber zum 70. Geburtstag, 1993, S. 407

Schmalzbauer, Wolfgang, Die Drittwirkung verpflichtender Verträge, 1982

Schmidt, Jürgen, Ergänzende Bemerkungen zur Besprechung des Lehrbuchs: Josef Esser – Eike Schmidt: Schuldrecht, Band I: Allgemeiner Teil, Teilband 2: Vertragshaftung, Schadensersatz, Personenmehrheit im Schuldverhältnis, AcP 178 (1978), 98

Schulze, Reiner/Dörner, Heinrich/Ebert, Ina/Hoeren, Thomas/Kemper, Rainer/Saenger, Ingo/Scheuch, Alexander/Schreiber, Klaus/Schulte-Nölke, Hans/ Staudinger, Ansgar/Wiese, Volker, Bürgerliches Gesetzbuch, NomosKommentar, 10. Auflage 2019 (zitiert: HK-BGB)

Schwab, Martin, Grundfälle zu culpa in contrahendo, Sachwalterhaftung und Vertrag mit Schutzwirkung für Dritte nach neuem Schuldrecht, JuS 2002, 872

Schwarze, Roland, Subsidiarität des vertraglichen Drittschutzes?, AcP 203 (2003), 348

Schwenker, Hans Christian/Wessel, Markus, Der Bauvertrag, MDR 2017, 1096

Schwerdtner, Peter, Verträge mit Schutzwirkung für Dritte, Jura 1980, 493

Siegburg, Peter, Anmerkung zu KG, Urteil vom 21.08.2003 – 27 U 338/02, EWiR 2004, 219

Simon, Alfons/Busse, Jürgen, Bayerische Bauordnung, 135. Ergänzungslieferung, Dezember 2019

Soergel, Hans Theodor, Kommentar zum Bürgerlichen Gesetzbuch, Band 5/3, Schuldrecht 3/3, §§ 328–432 BGB, 13. Auflage 2010

Soergel, Hans Theodor, Kommentar zum Bürgerlichen Gesetzbuch, Band 10, Schuldrecht 8, §§ 652–704 BGB, 13. Auflage 2012

Soergel, Hans Theodor, Kommentar zum Bürgerlichen Gesetzbuch, Band 14, Sachenrecht 1, §§ 854–984 BGB, 13. Auflage 2002

Sonnenschein, Jürgen, Der Vertrag mit Schutzwirkung für Dritte – und immer neue Fragen, JA 1979, 225

Stahl, Michael, Zur Dritthaftung von Rechtsanwälten, Steuerberatern, Wirtschaftsprüfern und öffentlich bestellten und vereidigten Sachverständigen, 1989

Staudinger, Julius v., Kommentar zum Bürgerlichen Gesetzbuch mit Einführungsgesetz und Nebengesetzen, Buch 2, Recht der Schuldverhältnisse, §§ 328–345 BGB (Vertrag zugunsten Dritter, Draufgabe, Vertragsstrafe), Neubearbeitung 2009

Staudinger, Julius v., Kommentar zum Bürgerlichen Gesetzbuch mit Einführungsgesetz und Nebengesetzen, Buch 1, Allgemeiner Teil, §§ 139–163 BGB (Allgemeiner Teil 4b), Neubearbeitung 2015

Staudinger, Julius v., Kommentar zum Bürgerlichen Gesetzbuch mit Einführungsgesetz und Nebengesetzen, Buch 2, Recht der Schuldverhältnisse, §§ 241–243 BGB (Treu und Glauben), Neubearbeitung 2019

Staudinger, Julius v., Kommentar zum Bürgerlichen Gesetzbuch mit Einführungsgesetz und Nebengesetzen, Buch 2, Recht der Schuldverhältnisse, §§ 249–254 BGB (Schadensersatzrecht), Neubearbeitung 2017

Staudinger, Julius v., Kommentar zum Bürgerlichen Gesetzbuch mit Einführungsgesetz und Nebengesetzen, Buch 2, Recht der Schuldverhältnisse, §§ 255–304 BGB (Leistungsstörungsrecht 1), Neubearbeitung 2019

Staudinger, Julius v., Kommentar zum Bürgerlichen Gesetzbuch mit Einführungsgesetz und Nebengesetzen, Buch 2, Recht der Schuldverhältnisse, §§ 311, 311a-c BGB (Vertragsschluss), Neubearbeitung 2018

Staudinger, Julius v., Kommentar zum Bürgerlichen Gesetzbuch mit Einführungsgesetz und Nebengesetzen, Buch 2, Recht der Schuldverhältnisse, §§ 328–345 BGB (Vertrag zugunsten Dritter, Draufgabe, Vertragsstrafe), Neubearbeitung 2015

Staudinger, Julius v., Kommentar zum Bürgerlichen Gesetzbuch mit Einführungsgesetz und Nebengesetzen, Buch 2, Recht der Schuldverhältnisse, §§ 397–432 BGB (Erlass, Abtretung, Schuldübernahme, Mehrheit von Schuldnern und Gläubigern), Neubearbeitung 2017

Staudinger, Julius v., Kommentar zum Bürgerlichen Gesetzbuch mit Einführungsgesetz und Nebengesetzen, Buch 2, Recht der Schuldverhältnisse, § 823 A–D BGB (Unerlaubte Handlungen 1 – Rechtsgüter und Rechte, Persönlichkeitsrecht, Gewerbebetrieb), Neubearbeitung 2017

Staudinger, Julius v., Kommentar zum Bürgerlichen Gesetzbuch mit Einführungsgesetz und Nebengesetzen, Buch 2, Recht der Schuldverhältnisse, §§ 823 E–I, 824, 825 BGB (Unerlaubte Handlungen 1 – Teilband 2), Neubearbeitung 2009

Staudinger, Julius v., Kommentar zum Bürgerlichen Gesetzbuch mit Einführungsgesetz und Nebengesetzen, Buch 2, Recht der Schuldverhältnisse, §§ 830–838 BGB (Unerlaubte Handlungen 3), Neubearbeitung 2018

Staudinger, Julius v., Kommentar zum Bürgerlichen Gesetzbuch mit Einführungsgesetz und Nebengesetzen, Buch 3, Sachenrecht, §§ 903–924 BGB (Eigentum 1, Privates Nachbarrecht), Neubearbeitung 2016

Staudinger, Julius v., Kommentar zum Bürgerlichen Gesetzbuch mit Einführungsgesetz und Nebengesetzen, EGBGB, Einleitung zu Art. 1 ff. EGBGB, Art. 1–2, 50–218 EGBGB (Inkrafttreten, Verhältnis zu anderen Vorschriften, Übergangsvorschriften), Neubearbeitung 2018

Stoll, Heinrich, Abschied von der Lehre von der positiven Vertragsverletzung, AcP 136 (1932), 257

Stollenwerk, Detlef, NachbarrechtsG NRW, 4. Auflage 2017 (zitiert: Stollenwerk, Nachbarrechtsgesetz NRW)

Strauch, Dieter, Verträge mit Drittschutzwirkung, JuS 1982, 823

Strohbach, Anne, Der Dritte im Schadensersatzrecht, 2006

Sutschet, Holger, Der Schutzanspruch zugunsten Dritter, 1999

Tempel, Otto, Die Einbeziehung der VOB/B und VOB/C in den Bauvertrag – Zugleich ein Beitrag zum Erfordernis der „Möglichkeit zumutbarer Kenntnisnahme" i.S. von § 305 II Nr. 2 BGB, NZBau 2003, 465

Thiele, Wolfgang, Leistungsstörung und Schutzpflichtverletzung, JZ 1967, 649

Vieweg, Klaus, Nachbarrecht und Nachbarschutz, NJW 1993, 2570

Vieweg, Klaus/Röthel, Anne, Der verständige Durchschnittsmensch im privaten Nachbarrecht – Zur Wesentlichkeit i.S. des § 906 BGB, NJW 1999, 969

Walker, Wolf-Dietrich, Rechtsverhältnisse bei der gewerbsmäßigen Arbeitnehmerüberlassung und Schadensersatzansprüche des Entleihers wegen Schlechtleistung, AcP 194 (1994), 295

Weller, Marc-Phillipe, Die Vertragstreue – Vertragsbindung – Naturalerfüllungsgrundsatz – Leistungstreue, 2009

Werner, Ulrich/Pastor, Walter, Der Bauprozess, 16. Auflage 2018

Westermann, Harm Peter, Sachenrecht, 7. Auflage 1998 (zitiert: Westermann, Sachenrecht)

Westermann, Harm Peter, Vertragliche Dritthaftung im neuen Schuldrecht, in: Besonderes Vertragsrecht – aktuelle Probleme, Festschrift für Heinrich Honsell zum 60. Geburtstag, 2002, S. 137

Westermann, Harm Peter/Bydlinski, Peter/Weber, Ralph, BGB, Schuldrecht Allgemeiner Teil, 8. Auflage 2013 (zitiert: Westermann/Bydlinski/Weber, SchuldR AT)

Westermann, Harm Peter/Gursky, Karl-Heinz/Eickmann, Dieter, Sachenrecht, 8. Auflage 2011

Westermann, Harry, Anmerkung zu BGH, Urteil vom 28.09.1962 – V ZR 233/60, JZ 1963, 407

Winterfeld, Rosemarie, Drittschadensliquidation und Vertrag mit Schutzwirkung zugunsten Dritter, 1983

Zenner, Andreas, Der Vertrag mit Schutzwirkung zu Gunsten Dritter – ein Institut im Lichte seiner Rechtsgrundlage, NJW 2009, 1030

Ziegler, Hans Berndt, Personale Abgrenzungskriterien beim Vertrag mit Schutzwirkung zugunsten Dritter, JuS 1979, 328

Siegltrum, Anna, Der Vertrag mit Schutzwirkung für Dritte – vom "Fürsorgeverhältnis" zu "gegenläufigen Interessen", 1992

Zugehör, Horst, Berufliche "Dritthaftung" – insbesondere der Rechtsanwälte, Steuerberater, Wirtschaftsprüfer und Notare – in der deutschen Rechtsprechung, NJW 2000, 1601

Kolibri 360 GmbH
Ferdinand-Jühlke-Straße 7
99095 Erfurt, Deutschland
produktsicherheit@kolibri360.de